Die Schwarzen Führer
Franken

Die Schwarzen Führer

Franken

250 geheimnisvolle Stätten
in 191 Orten
mit 104 Abbildungen,
einer Übersichtskarte
und einer Einführung von
Prof. Lutz Röhrich

Eulen Verlag

Bearbeitung: Peter J. Bräunlein

Redaktion: Hildegard Gerlach

Einband: Neil McBeath

Zweite, überarbeitete und neugestaltete Ausgabe

Gesamtherstellung: Franz X. Stückle, Ettenheim
ISBN: 3-89102-123-2

EINFÜHRUNG

Die Zeit, in der Sagen weithin geglaubte mündliche Überlieferung waren, ist vorbei. Gleichwohl hat die Faszination dieser Erzählgattung auch die Menschen von heute nicht losgelassen. Sagen sind Berichte über rätselhafte und unerklärliche Geschehnisse, Zeugnisse des Aberglaubens wie der Volksfrömmigkeit. Im Unterschied zu den freundlich-optimistischen und schön geformten Märchen sind Sagen nicht selten pessimistisch, schwergewichtiger und problembeladener als die Märchen, in ihren kultur- und sozialhistorischen Bezügen wirklichkeitsnäher, zugleich in ihren Fragestellungen mehr jenseitsbezogen.

Sagen erzählen vom Eingreifen der übernatürlichen Mächte, vom Teufel, von dämonischen Wesen wie Riesen und Zwergen, von Drachen und verborgenen Schätzen. Die Skala der Figuren und Motive ist weit gefächert und regional stark differenziert. Das Unheimliche tritt in Kontrast zum Heimeligen, z. B. bei den Begegnungen der Lebenden mit den Toten in ihren mannigfachen Erscheinungsweisen als Wiedergänger, Arme Seelen oder Vampire. Und jeder weiß, daß es dabei nicht bloß um den Aberglauben von vorgestern geht. Friedhofsangst, Angst vor Dunkelheit, Naturkatastrophen, Erdbeben und Lawinen, Vorahnungen zukünftigen Unglücks vermitteln noch immer nachvollziehbare Gefühle und Phobien. Erinnerungsträchtige Namen wie *‚Galgenberg'* oder *‚Hexentanzplatz'* rufen noch immer eine Gänsehaut oder wenigstens wohliges Gruseln hervor. Sagen sind Zeugnisse von Angst, aber auch von Angstbewältigung. Sagen spiegeln Glaubenserfahrungen und sind damit in einem weiteren Sinne auch Dokumente von Religiosität. Die Rationalität versagt gegenüber der Erklärung übernatürlicher Phänomene. Gerade Nicht-Wissen reizt die Menschen zu Deutungen des Unheimlichen und verlockt sie, sich mit diesen Stoffen immer erneut auseinanderzusetzen. Neben Dramatik und Tragik kennt die Sage aber auch gelegentlich einen Hauch von Humor, vor allem wenn List und schwankhafte Übertölpelung eine Rolle spielen. Auch Kuriositäten und das Anekdotische haben ihren Anteil im volkstümlichen Erzählgut. Oft sind Sagen ausgesprochene Lehrstücke; sie berichten über richtiges oder falsches Verhalten von Menschen, überwiegend jedoch von Fehlverhalten und Normabweichungen und ihrer Bestrafung. Nicht zufällig sind *Frevelsagen* und *Rechtssagen* so häufig. Sagen sprechen gültige Lebenserfah-

rungen von Generationen aus; sie enthalten Modelle zur Lebensbewältigung; sie sind trotz jahrhundertelanger Tradition nicht erstarrt, und darin liegen auch die Gründe ihrer Kreativität bis in die Gegenwart. Nicht zufällig haben Sagen auch in vielfältiger Weise die Literatur angeregt, die Balladen- und Novellendichter des 19. Jh. ebenso wie noch die Schriftsteller der Moderne. Und die Anregungen reichen bis zu den Drehbüchern der allseits beliebten Hexen-, Grusel- und Vampirfilme. Schließlich ist auch Science Fiction eine Form moderner Sagenbildung.
Sagen handeln nicht nur von Erlebnissen mysteriöser Art, sondern auch von bemerkenswerten historischen oder auch nur für historisch gehaltenen Ereignissen, von Hungersnöten und Massensterben der Zeit der Pest, vom Schwedenkrieg und von der Franzosenzeit, von Kriegsnöten und Belagerungen, von Raubrittern und Kreuzfahrern, von untergegangenen Städten und Klöstern. Rettungsmotive stehen neben solchen von Zerstörung und Untergang. Sagen berichten von den Schicksalen der führenden Familien, aber auch der einfachen Bevölkerung. Sie bilden eine Form volkstümlicher Geschichtsschreibung und zeigen dabei häufig die Perspektive einer von unten gesehenen Geschichtsauffassung. Dabei wird Geschichte in der Form von Geschichten wiedergegeben. Selbst wenn das geschichtliche Gedächtnis der mündlichen Volksüberlieferung nicht immer die historische Wahrheit spiegelt, so enthalten Sagen doch häufig wenigstens einen Kern von Wirklichkeit. Fast immer sind es bewegende Erzählungen, ‚unheimlich starke' Geschichten des Wissens und Gewissens.
Im Unterschied zu Märchen, die überall und nirgends angesiedelt sind, spielen Sagen an festen und real nachweisbaren Orten. Die Zeugnisse des Geschehens sind noch allenthalben sichtbar. Oft bilden sie sogar Anknüpfungspunkte heutigen Fremdenverkehrs. Obwohl Sagen örtlich und zeitlich fixiert sind, gibt es jedoch das Phänomen der *‚Wandersage'*, d.h. ein und dasselbe Motiv wird von ganz verschiedenen Orten angeeignet. Die Erzählungen z.B. von der geretteten Unschuld (Jungfernsprung), vom schlafenden Kaiser im Berg (Barbarossa), vom Traum vom Schatz auf der Brücke, vom Riesenspielzeug, von der Vielgeburt (Welfen), von den treuen Frauen von Weinsberg – um nur einige Beispiele zu nennen – werden an vielen Orten mit der lokalen Überzeugung von Historizität berichtet. Solche Erzählungen lösen im Zuhörer oder Leser ein Bekanntheitsgefühl, ein Deja-vu-Erlebnis

aus. Der Mensch der Gegenwart, ob Fußwanderer, Radfahrer oder Autotourist, möchte von der Landschaft, durch die er reist, etwas mehr wissen, als dies Ansichtskarten oder Touristenprospekte vermitteln können. Er möchte im wörtlichen Sinne ‚erfahren', was es mit diesem oder jenem Denkmal, Wegkreuz, Bildstock oder Brunnen, mit den noch sichtbaren Resten von Burgruinen oder Klöstern, mit auffallenden Orts- oder Gebäudenamen auf sich hat.

Gegenüber den alten und unkritisch immer wieder nachgedruckten Sagensammlungen bieten die ‚Schwarzen Führer' einige bemerkenswerte Neuerungen: Abbildungen des Sagengeschehens – meist in Form von Stichen aus älterer Graphik –, vor allem aber genaue Ortsbeschreibungen und historische Nachweise. Dabei werden die Sageninhalte nicht weitschweifend erzählt, sondern auf ihre Grundzüge reduziert. ‚Schwarze Führer' hat es bislang für die Welt der Deutschen Sagen noch nicht gegeben. Als *‚Guides noires'* waren sie eher für Frankreich und die Romania bekannt. Durch die neue Reihe des EULEN VERLAGs kann man sich nun aber auch an die sagenumwobenen Plätze und zu den geheimnisvollen Orten deutscher Landschaften geleiten und in das Land der Phantasie entführen lassen.

Prof. Dr. Lutz Röhrich
Institut für Volkskunde
Universität Freiburg i. Br.
(1986)

Vorwort

Der Schwarze Führer Franken umfaßt die Regierungsbezirke *Ober-, Mittel- und Unterfranken.* Darüber hinaus wurden auch geheimnisvolle Orte und Stätten des sog. *‚badischen Frankenlandes'* (hinterer Odenwald, Tauber-, Jagst-, Kochertal) aufgenommen. Die südliche Grenze bildet die Altmühl. Diese Erweiterung des heutigen politisch definierten Franken begründet sich zum einen durch gemeinsame kulturgeschichtliche Wurzeln, die dieses Gebiet als einheitlich zu betrachten rechtfertigt. Zum anderen wird damit der Schwarze Führer *Schwaben – Bodensee* nahtlos ergänzt, da dort die nördlichen Teile des heutigen Baden-Württemberg ausgespart blieben. Dem Benutzer dieses Franken-Führers wird beim Betrachten der beigefügten Karte auffallen, daß das Netz der beschriebenen Orte nicht gleichmäßig dicht ist. So gibt es ‚Ballungszentren', etwa um die großen Städte (Nürnberg, Würzburg), entlang des Mains oder in Kleinregionen wie der ‚Fränkischen Schweiz'. Dürftiger bestückt sind beispielsweise der Spessart oder die Rhön.
Die Ursachen hierfür liegen z. T. im unterschiedlichen Fleiß der Sagen-Forscher des 19. und frühen 20. Jahrhunderts, deren Sammlungen als Grundlage für diesen Führer dienten. Viele ‚Lücken' ergeben sich aber vor allem aufgrund bestimmter Sagen-Motive. So konnten zahlreiche Geschichten von kopflosen Reitern, Aufhockern, unglückseligen Grenzsteinversetzern, von Waldweiblein und vom Wilden Heer nicht aufgenommen werden, da hierfür sichtbare Anhaltspunkte fehlen. Gerade aber der Besuch sagenumwobener Orte, das Begehen und (eventuelle) Bestaunen gehören jedoch zur Absicht und zur Attraktivität der Schwarzen Führer. Die überwiegende Mehrheit bilden dementsprechend Orte und Stätten, die mit historischen Begebenheiten und Persönlichkeiten verbunden sind. Hier weist Franken als Land der Reichsstädte und der städtischen Kultur einen reichen Sagenschatz auf (Nürnberg, Würzburg, Rothenburg o. d. T., Dinkelsbühl, Weißenburg etc.). Wesentliche Stationen fränkischer Geschichte sind in diesen ‚sagenhaften' Überlieferungen, in Chroniken, Traktaten, Legenden und Flugblättern festgehalten oder nach mündlichen Erzählungen gesammelt.
Reste frühgeschichtlicher Wallburgen erinnern an die keltische Besiedlung (Happurg, Staffelstein, Ehrenbürg). Zeugnis römischer Expansionspolitik ist die ‚Teufelsmauer', der Limes (Weißenburg).

Vom Aufeinandertreffen verschiedener Volksgruppen und Stämme, wie etwa Wenden und Franken, wird berichtet (Ochsenkopf, Gesees). Wir hören von den frühen christlichen Missionsversuchen eines Kilian, Kolonan, Totnan oder der Geschwister Wunibald, Willibald und Walburga (Würzburg, Heidenheim, Eichstätt, Kirchehrenbach).
Spuren Karls des Großen finden sich allenthalben (Maintal, Saale), wobei der Versuch, einen Rhein-Donau-Kanal anzulegen, wohl augenfälligstes Zeugnis eines frühen Scheiterns herrschaftlich verordneter Großprojekte darstellt (Treuchtlingen).
Allerdings sind derlei historische Sagen nicht als objektive Geschichtsquellen zu verstehen. Nicht unbedingt stellt sich hier Geschichte dar, wie sie im Unterricht gelehrt und bisweilen (als langweilig) vergessen wird. Der Reiz dieser Sagen liegt gerade darin, daß nicht abstrakte Geschichtsvorgänge erinnert werden. Hier ist nicht die Rede von rivalisierenden Herrscherhäusern oder den politisch-ökonomischen Strategien verschiedener Machtblöcke, sondern im Mittelpunkt dieser Geschichten steht Individuelles, Anekdotisches, bisweilen Kurioses. So erfahren wir von Krankheit und Eifersucht Kaiser Heinrich II. (Bamberg), von den Streichen, die ein Eppelein von Gailingen den Nürnberger ‚Pfeffersäcken' spielt (Nürnberg, Trainmeusel), von der mörderischen Heimtücke eines Bischofs (Altenstein), von der Schlagfertigkeit eines Paters, der damit sein Stadtschloß rettet (Aschaffenburg) oder von schildbürgerhaften Torheiten biederer Stadtbewohner (Haßfurt, Weißenstadt, Heideck).
Erinnerung an ‚Menschliches' beinhaltet aber auch und vor allem Erinnerung an menschliches Leid, das sich einst auf dem Hintergrund großer Notzeiten ereignete. Hierfür bietet die Geschichte Frankens reichen Stoff. Es sind dies vor allem die verheerenden Kriege, die stets Hungersnöte und Seuchen zur Folge hatten: der Hussiteneinfall (1430), die Markgrafenkriege (1449–1452, 1541–1553), der Bauernkrieg (1525) und der Dreißigjährige Krieg (1618–1648). Nachhaltigsten Eindruck hinterließ der Schwedenkrieg. Er gilt als *der* Krieg schlechthin, und im Rückblick erscheinen in der Volkstradition viele Kriege als der Dreißigjährige. Entsprechend reichhaltig vertreten sind Berichte von Belagerungen und Verwüstungen durch die Schweden, aber auch von glücklichen Umständen, durch die so manche Stadt gerettet wurde. (Aschaffenburg, Bad Kissingen, Bad Windsheim, Kronach, Raitenbuch, Schwarzach u. v. a.). Die auch

überregional bekanntesten Überlieferungen hierzu sind die vom berühmten ‚Meistertrunk' in Rothenburg o. d. T. und die ‚Kinderzeche' in Dinkelsbühl.
Neben Orten, die mit Überlieferungen von Krieg, Krankheit und dem Geschick von Herrscherpersönlichkeiten verbunden sind, werden viele Stätten beschrieben, die das religiöse Leben Frankens im Großen wie im Kleinen bestimmten. Franken weist eine Vielzahl von Klöstern und Wallfahrtsorten auf, deren Entstehung die Legende meist mit wunderbaren Zeichen und Ereignissen begründet. (Walldürn, Vierzehnheiligen, Gößweinstein, Burgwindheim, Birklingen). Das Wirken großer Heiliger wie das des hl. Amor (Amorbach), des hl. Benedikt (Bronnbach) oder der seligen Stilla (Abenberg) führte nach vielen Ursprungslegenden zu Klostergründungen, wobei es hier auch amüsante Ausnahmen gibt: so soll an der Entstehung des bedeutenden Zisterzienserklosters Ebrach ein Wildschwein maßgeblich beteiligt gewesen sein.
Im religiösen Leben Frankens nimmt die Marienverehrung einen zentralen Platz ein. Berichte von Marienerscheinungen, von der segensreichen Hilfe der Gottesmutter, wunderbare Entdeckungen von Gnadenbildern oder auch strafendes Eingreifen Mariens führten zu Wallfahrten (Marienweiher, Birklingen, Iphofen u. a.), Kapellengründungen (Miltenberg) und zur Errichtung von Bildstöcken (Donebach). Daß Marienerscheinungen auch im heutigen Franken noch als geglaubte Realität verstanden werden, zeigt die lebhafte, übrigens offiziell nicht genehmigte Wallfahrt nach Heroldsbach zum ‚Heiligen Berg', auf dem einigen Schulkindern am 9. Oktober 1949 die Mutter Gottes erschienen war.
Ehemals geglaubte Realität spricht aus Berichten von unerlösten Seelen, die auf menschliche Hilfe angewiesen sind, um ihren Frieden zu finden. Die Existenz eines Zwischenreiches, wo die Seelen Verstorbener wegen früherer Verfehlungen leidvoll schmachten müssen, war fester Bestandteil des Volksglaubens (Amorbach, Miltenberg, Förbau). In vielen alten Abteien, auf Burgruinen und an Wegkreuzen soll es nicht geheuer sein: mörderische Burgherren oder unglücklich liebende Jungfrauen schrecken die Vorübergehenden (Schloßgattendorf, Triesdorf); Fuhrleute, die sich gegenseitig im Zorn erschlugen und ein Kaplan, der sich durch seinen Haß am Tode von zwölf Jünglingen schuldig machte, geistern ruhelos umher (Neunstetten, Coburg: Moritzturm).

Im Mittelpunkt einer weiteren Gruppe von Erzählungen stehen die übernatürlichen Wesen des Volksglaubens: Wasserfräulein (Rüdenhausen, Falkendorf, Bronnbach); Feen, Gnome und Zwerge treten den Menschen hilfreich oder schädigend gegenüber (Wassertrüdingen, Dollnstein, Engelhardsberg); schwarze Pudel bewachen Schätze, die sich nur mit magischen Mitteln heben lassen (Enkering, Roth); ein schrecklicher Drache peinigt die Bewohner von Dörfern und Städten (Volkach, Langenzenn); der Teufel ist stets auf der Suche nach Seelen, derer es sich mit List oder Gewalt zu bemächtigen gilt (Lichtenfels, Osterdorf, Waldstein, Nürnberg: Kaiserkapelle, Weimersheim).
Sind die genannten Überlieferungen auch zum größten Teil Wandersagen, deren Motive an vielen anderen Orten und Stätten nachweisbar sind, so seien doch einige ‚Merkwürdigkeiten' hervorgehoben, die zwar nicht originär fränkisch sind, aber als für diesen Raum typisch gelten können:
So ist der Sage nach jene berühmte *‚Weiße Frau'*, die in vielen Schlössern und Burgen Deutschlands umgehen soll, in Franken geboren (Lauenstein), auf der Plassenburg bei Kulmbach soll sie aus Liebe zu einem Nürnberger Hohenzollerngrafen ihre eigenen Kinder ermordet haben. Seither muß sie ruhelos umgehen; ihr Erscheinen soll auf den bevorstehenden Tod von Mitgliedern der Familie Hohenzollern hinweisen. In Franken wurde sie in hochherrschaftlichen Residenzen wie Ansbach, Bayreuth und Aschaffenburg mehrfach gesichtet. – Eine andere ‚sagenumwobene' fränkische Frauengestalt ist die Seherin Sibilla Weiß, die aufgrund ihrer prophetischen Begabung weithin bekannt wurde. Ihr Grab auf dem Lauberberg ist noch erhalten; ihr Schloß soll bei Lonnerstadt gestanden haben. Eine merkwürdige Überlieferung berichtet vom angeblichen Geburtsort des Pontius Pilatus in Franken, als welcher die Orte Forchheim und das benachbarte Hausen gelten. Bis ins 18. Jhdt. wurden sogar die Hosen dieses Mannes im Forchheimer Rathaus aufbewahrt. – Schließlich sei noch Kaspar Hauser erwähnt, dessen tragisches Schicksal zu einer modernen Sagenbildung Anlaß gab. Sein Grab und der Ort seiner Ermordung sind in Ansbach zu besichtigen.
Erstaunlich und ermutigend war beim Erstellen des Schwarzen Führers Franken die große Hilfsbereitschaft von Lehrern, Stadtarchivaren und anderen Heimatfreunden, die mit ihren Auskünften und Informationen wesentlich zum Gelingen beitrugen. Ihnen sei an dieser Stelle herzlich gedankt.

Selbst in unserer modernen Welt ist immer noch eine Vorliebe für solch scheinbar entlegene Bereiche unserer Kulturgeschichte erhalten. Vielleicht trägt dieser Schwarze Führer Franken dazu bei, einer größeren Öffentlichkeit Spuren eigener Geschichte durch Geschichten nahezubringen.

Peter J. Bräunlein

Symbole

Burgen und Schlösser

Wachtürme Burgruinen

Kirchen und Klöster

Kapellen

Flurdenkmäler : Kreuze, Bildstöcke, Gedenksteine

Naturdenkmäler : Steine, Felsen und Berge

Hervorragende Bäume

Quellen und Brunnen

Seen und Wasserfälle, Moore, Brücken

Höhlen und Grotten

Vorgesch. Denkmäler : Hünen- und Hügelgräber

Häuser, Gasthäuser, Mühlen

Standbilder, Reliefs, Skulpturen, Gemälde, Wahrzeichen

Wappen

Abenberg (Lkr. Roth)

Burg und Kloster
10 km westlich von *Roth* liegt das Städtchen Abenberg. Oberhalb stehen die Reste einer Burg, die bis 1200 Stammsitz der Grafen des Rangaus war. Nachweislich war hier der Minnesänger *Wolfram von Eschenbach* zu Gast. Von den weiblichen Angehörigen der Grafen wurde die Komtesse Hadewic als Wohltäterin der Armen bekannt; als selige *Stilla* lebt sie im Andenken fort.
Südlich der Stadt, von dieser durch eine Weihersenke getrennt, liegt auf erhöhtem Grund das ehemalige Kloster *Marienburg*, heute Krankenhaus und Ausbildungsstätte für caritative Aufgaben. Das Kloster wurde Anfang des 12. Jh. von Stilla gegründet, die hier ein Peterskirchlein bauen ließ. In dieser Kirche, auch *‚Stillakirche'* genannt, finden wir vor dem linken Seitenaltar das Grab der Stilla, die 1927 seliggesprochen wurde.
Der Legende nach blieb Stilla Zeit ihres Lebens unverheiratet und legte das Gelübde ewiger Keuschheit ab. Täglich soll sie mit ihren drei Kammerjungfrauen von der Burg in die Kapelle gegangen sein, um darin zu beten. Bereits zu Lebzeiten bestimmte sie diesen Ort zu ihrer Begräbnisstätte. Als sie von ihren Verwandten gefragt wurde, ob sie nicht lieber bei ihren Brüdern in → *Heilsbronn* begraben werden wolle, warf sie von den Zinnen der Abenburg einen Handschuh herab; an der Stelle, wo dieser hinfallen würde, sollte ihr Grab sein. Der Handschuh wurde bald bei der Kapelle gefunden. Dennoch wollte man sich diesem Zeichen widersetzen und plante kurz nach Stillas

Burg Abenberg

Tod eine Überführung des Leichnams in das Kloster Heilsbronn; heftiger Widerspruch der Kammerjungfern Gewehra, Widikuna und Winterbring verhinderte dieses Vorhaben. Schließlich legte man den Sarg auf einen Wagen, der von zwei Ochsen gezogen wurde, die erst vor der Kapelle des Klosters Marienburg stillstanden. Nun erkannten auch ihre nächsten Anverwandten hierin ein Zeichen höheren Willens, und Stilla wurde in der St. Peterskapelle beigesetzt.

ABSBERG (Lkr. Weißenburg-Gunzenhausen)

Evangelische Kirche

In der kleinen ev. Kirche am Marktplatz sind die Grabmäler einiger Ritter von Absberg zu sehen. Diese erinnern daran, daß in Absberg einst eine stattliche Burg stand, deren Reste heute kaum noch zu erkennen sind (am Berghang des kath. Pfarrhofes). Aus dem Geschlecht der Absberger erwarb sich *Hans Thomas* einen Ruf als berüchtigter Raubritter. Er kämpfte bereits 1510 gegen die Nürnberger und wurde deswegen in Acht erklärt. 1520 und später führte er verschiedene Überfälle aus. Im Jahr 1523 ging der schwäbische Bund gegen die Raubritter vor: drei Spießgesellen des Hans Thomas von Absberg wurden ergriffen und in Heideck aufgehängt. Er selbst wurde von seinem Vertrauten, einem Juden namens Salomon, während eines Zechgelages erschossen.
Neben dieser historisch belegbaren Überlieferung findet sich die Sage von Ritter *Kuno von Absberg,* die die Erinnerung an das rauhe Naturell der Absberger Burgherren weiterträgt: Ritter Kuno von Absberg war als Raubritter weithin berüchtigt, aber auch bekannt für seine Vorliebe für aufwendige Turniere, Feste und Jagdzüge. Er wollte die schöne Armgard, Tochter des Heinz von Möhren, heiraten, die schon viele Freier abgewiesen hatte, da keiner die von ihr gestellte Bedingung, ihr einen goldenen Schlüssel, den sie in ihrer Kemenate verborgen hielt, zu bringen, erfüllen konnte. Kuno von Absberg griff zu einer List: er bestach Armgards Dienerin, ihre Herrin mit einem Pulver zu betäuben, so daß er den unter dem Kopfkissen versteckten Schlüssel unbemerkt entwenden konnte. Als Armgard von dem Betrug erfuhr, erstach sie sich aus Verzweiflung mit einem Messer. Zur Strafe für den Selbstmord fand sie keine Ruhe im Grab und mußte nachts im Schloß des Absbergers spuken. Endlich ließ dieser einen als Geisterbeschwörer bekannten Priester kommen, der das Gespenst durch Gebet und

Totenbeschwörung (Kupferstich aus dem 18. Jahrhundert)

Kreuzzeichen bannte. Kuno von Absberg aber soll seitdem menschenscheu geworden und schließlich in ein Kloster eingetreten sein, wo er bis zu seinem Tode blieb.
→ Möhren

ALTENFURT (Lkr. Nürnberg)

Karlskapelle
Südöstlich von Nürnberg, an der Verbindungsstrecke von der Regensburger Straße nach Feucht, liegt Altenfurt. Im Hof eines ehemaligen Herrensitzes steht eine romanische Rundkapelle, die sogenannte *Karlskapelle,* die vermutlich um 1140 als Taufkirche erbaut wurde. Die Maßverhältnisse des ungewöhnlichen Baues entsprechen denen des römischen Pantheon. Schon früh regte diese außergewöhnliche Kapelle zur Sagenbildung an. So finden wir in der Chronik der Reichsstadt Nürnberg von Sigmund Meisterlin (1488) eine

Legende, wonach Karl der Große selbst die Gründung der Kapelle veranlaßt haben soll: Während seiner Jagdausflüge in den Wäldern um Nürnberg pflegte er stets Reliquien der Heiligen Dionysius und Martin bei sich zu führen, die in einem besonderen Zelt aufbewahrt wurden. Schließlich ließ er eine zeltförmige Kapelle bauen, die der hl. Katharina geweiht wurde und in der die Heiligtümer ihren endgültigen Platz fanden.
Eine andere Legende bringt den hl. *Sebald,* der hier als Einsiedler lange Jahre seines Lebens verbracht haben soll, mit der Kapelle in Verbindung. Tatsächlich

Karl der Große, Gemälde von Albrecht Dürer

nachgewiesen ist ein Einsiedler im Jahre 1276. Seit 1952 findet alljährlich am Sebaldustag (19. August) eine Wallfahrt der katholischen Jugend der Stadt Nürnberg hierher statt.

ALTENSTEIN (Maroldsweisach, Lkr. Haßberge)

Ruine

Die erstmals 1225 bezeugte Burg ist Stammsitz der (1875 erloschenen) Stein von Altenstein. Man sieht die Ruine von der B 279 aus, auf der Fahrt von Bamberg in Richtung Königshofen. Der Sage nach führte

Ruine Altenstein

Bischof Iring von Reinstein im Jahre 1254 einen Kriegszug gegen Altenstein. Zwölf Brüder des alten Geschlechts der Altensteiner saßen auf der Burg und wehrten sich tapfer, so daß der Bischof die Festung nicht einnehmen konnte. Schließlich besann er sich auf eine List: er bot den Brüdern einen friedlichen Vergleich an, und diese gewährten seinen Wunsch und öffneten dem Feind die Tore. Nach einem Mahl, das dem Bischof bereitet wurde, zog dieser sich in sein Gemach zurück und bat jeden der Brüder einzeln um ein Gespräch. Sowie nun ein jeder der Altensteiner in die Kammer trat, wurde er durch einen Schwertstreich hinterrücks ermordet. So starben die zwölf durch heimtückischen Verrat. Der dreizehnte Bruder, Seifried, weilte unterdessen in der Fremde. Als er zurückkehrte, hielt er sich eine Weile verborgen und arbeitete als Maurer (wovon sich die drei Hämmer im Wappen der Altensteiner ableiten sollen). Er setzte nun alles daran, in das Erbe der ermordeten Brüder wieder eingesetzt zu werden; tatsächlich nahm er später Burg und Familiengüter als Lehen vom Würzburger Bischof.

Alzenau (Lkr. Aschaffenburg)

Burg

Alzenau liegt am Fuße des Hahnenkammes an der bayerisch-hessischen Grenze. 1395–1399 wurde diese Burg von Kurmainz erbaut, um am Eingang des Kahltales die ausgedehnten Besitzungen zu schützen. Der Name ‚Alzenau' leitet sich wahrscheinlich von ‚Erlengrund' ab; die volksetymologische Deutung dagegen (Alzenau = ‚all zu nah') bringt die Burg mit einer sagenhaften Begebenheit in Verbindung, die zuerst in den Paderborner Annalen überliefert ist:
Nach der verlorenen Schlacht der Welfen gegen den staufischen König Konrad III. im Jahr 1140 durften die Frauen der Feste mitnehmen, was sie auf ihren Schultern tragen konnten. Sie ließen ihre ganze Habe zurück, nahmen ihre Männer auf die Schultern, trugen sie von der Burg herab und retteten sie so vor dem Tod. Als Herzog Friedrich, der Neffe des Königs, dagegen protestierte, erklärte der König, ein Königswort müsse unwandelbar sein. Dies soll am 21. Dezember 1140 geschehen sein. Seit dem 16. Jh. wurde die Geschichte von den treuen Frauen weithin verbreitet und als Wandersage auf andere Burgen übertragen. Wo heute Alzenau liegt, soll früher am linken Ufer der Kahl die Randenburg gestanden haben, deren Herr glücklich verheiratet war und sich von allen Fehden fernhielt. Die benachbarten Edlen von Ronnenburg hatten einst aus Mißgunst und Habgier die Burg überfallen; der arglose Randenburger war gezwungen sich den Feinden auszuliefern, nur für seine Frau erbat er freies Geleit. Die Ronneburger bewillig-

Burg Alzenau, Kupferstich

ten dies und erlaubten der Burgfrau überdies, mitzunehmen, was sie tragen könne. Da nahm diese ihren Ehemann auf den Rücken und trug ihn aus der Burg. Als sie unter der Last zusammenzubrechen drohte und der Ritter sie bat, ihn doch abzusetzen, entgegnete sie nur „All zu nah" und schleppte ihn weiter über die Kahl die Anhöhe hinauf bis in einen Eichwald, wo sie vor den Feinden sicher waren. Als einige Jahre später die Ronneburger in Acht und Bann kamen und die Gegend verließen, kehrte der Ritter der Randenburg zurück und baute an der Stelle, wo seine Frau ihn abzusetzen sich geweigert hatte, eine neue Burg, die er zur Erinnerung *‚Allzunah'* nannte. Später soll sich daraus der Name Alzenau entwickelt haben.

AMORBACH (Lkr. Miltenberg)

Abtei

Das 734 gegründete Benediktinerkloster ist seit 1803 Privatbesitz der Fürsten von Leiningen; die ehemalige Abteikirche wurde im 18. Jh. erneuert und ist jetzt evangelische Pfarrkirche.

Die Legende berichtet, ein fränkischer Gaugraf namens Ruthard habe im Jahre 714 den missionierenden Wanderbischof Pirmin ins Land gerufen und dieser habe westlich von Amorbach bei der später *‚Amorsbrunn'* genannten Quelle ein Kirchlein *‚Mariaborn'* und einige Mönchszellen errichtet; 734 sei das Kloster durch Pirmins Schüler Amor an die Stelle des heutigen Amorbach verlegt worden. Dieser Amor, der auch der erste Abt gewesen sein soll, verdankt seine Existenz wohl einer Namensdeutung (Amerbach = Amorbach).

Aus dem Jahr 1612 ist durch den Kartäusermönch *Peter Fordt* zu Tückelheim († 1631) eine merkwürdige Begebenheit überliefert: In der Neujahrsnacht war in den Kellerräumen des Klosters Amorbach ein großes Gepolter zu hören, das sich auch in den folgenden Nächten wiederholte, ohne daß man eine natürliche Ursache finden konnte. In der Nacht des 15. Januar erschien in der Zelle des Priors eine geisterhafte Gestalt und riß ihm die Bettdecke weg. Voller Angst flüchtete der Prior ins Backhaus, wo er den Rest der Nacht verbrachte. Am anderen Morgen erzählte er den Vorfall einem Schulmeister, der gerade als Gast im Kloster weilte, und dieser riet ihm, den Geist anzusprechen und nach seinem Begehr zu fragen. Der Prior befolgte den Rat und erfuhr, daß er eine Arme Seele vor sich habe, die ein zu Lebzeiten gegebenes Wallfahrtsgelüb-

Abtei Amorbach

de nicht hatte einlösen können und deshalb im Fegfeuer Pein leiden müsse. Der Prior erfüllte die Bitte des Geistes und brachte an seiner Stelle die versprochenen Votivgaben in die Wallfahrtskirche zu Dettelbach. Damit war der Geist erlöst und ließ sich nicht mehr in Amorbach sehen.

Kapelle Amorsbrunn mit Heilquelle

Westlich der Stadt liegt unterhalb der Straße nach Ebrach die Kapelle ‚Amorsbrunn' mit einer wohl schon in heidnischer Zeit verehrten Quelle. Über dem Brunnen stand schon im 12. Jh. ein Kirchlein, das später umgebaut worden ist. Ursprünglich dürfte es sich um einen Marienquell gehandelt haben, denn der hl. Amor taucht erst viel später – im Jahr 1446 – in der Tradition von Amorsbrunn auf: damals wurden Reliquien eines hl. Amor aus den Niederlanden hierherge-

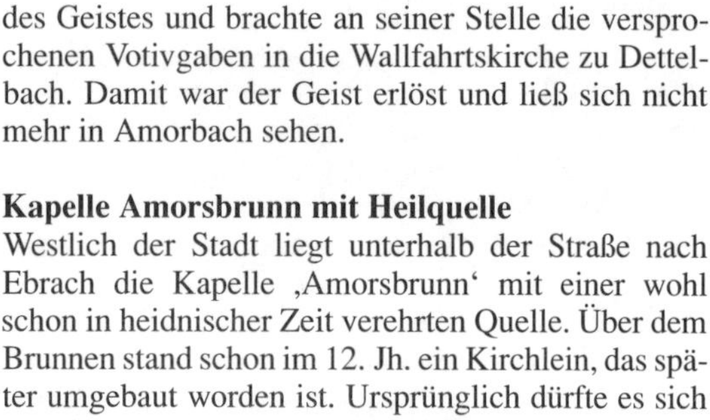

Wallfahrtskapelle Amorsbrunn

bracht, die zum Besuch der Kapelle anregten. Der Legende nach war es der Heilige selbst, der die Quelle entdeckt hat, als er, erschöpft von anstrengender Wanderung, vergebens nach Wasser suchte. Da stieß er im Vertrauen auf Gottes Hilfe seinen Stab in die Erde, und sogleich sprudelte eine Quelle hervor, für die der Heilige von Gott die Gnade besonderer Heilkraft erflehte. Das Wasser des Amorbrunnens soll vor allem bei Unfruchtbarkeit helfen; selbst der Wiener Kaiserhof hat diese Eigenschaft genutzt, wie eine Stiftung Maria Theresias von 1769 bezeugt. Die im Innern der Kapelle entspringende Quelle speist ein außerhalb ausgemauertes Bassin, das als Heilbad dient.

Ansbacher Schloß

Ansbach

Schloß

Das am Ostrand der Stadt gelegene Markgrafenschloß ist neben der Würzburger Residenz einer der bedeutendsten Schloßbauten des 18. Jh. in Franken. Ursprünglich ein Wasserschloß des 15. Jh., verdankt es seine heutige Gestalt dem aus Graubünden stammenden Hofarchitekten Gabriel Gabrieli, der die Prunkfassade 1715 fertigstellte. Auch im Ansbacher Schloß soll – wie in vielen anderen fränkischen Schlössern – die *‚Weiße Frau'*, Kunigunde von Orlamünde, gesehen worden sein; durch Handzeichen kündigt sie das nahende Ende eines Menschen an. Manch einer will sie in den Räumen des Ansbacher Schlosses gesehen haben.

→ Aschaffenburg, Bayreuth, Grossgründlach, Himmelkron, Kulmbach, Lauenstein

Kaspar Hauser Gedenkstein

Im Hofgarten des Schlosses am östlichen Lindenplatz nahe der Orangerie steht ein Denkstein mit der seltsamen Inschrift *‚Hic occultus occulto occisus est‘* (Hier wurde ein Unbekannter von einem Unbekannten ermordet). Der Stein erinnert an das tragische und bisher ungeklärte Ende des geheimnisvollen Findlings Kaspar Hauser, der hier am 17. Dezember 1833 durch Messerstiche ermordet wurde. 1828 war Kaspar Hauser in Nürnberg aufgetaucht, ohne zunächst irgendwelche genauen Angaben über sein Vorleben machen zu können. Später berichtete er von Gefangenschaft in einem Kellerverlies, doch kann diese nur einige Tage oder Wochen gedauert haben. Kaspar Hauser erregte schnell öffentliches Interesse, geriet aber dabei seelisch immer mehr aus dem Gleichgewicht. P. J. A. Ritter von Feuerbach, der väterliche Wohltäter des Kaspar Hauser, vertrat die These, daß Hauser vermutlich mit dem 1812 geborenen badischen Großherzog Karl Ludwig Friedrich identisch sei; die rivalisierende Linie Hochberg hätte den Mord veranlaßt. Letzte Klarheit über Herkunft und Mörder Kaspar Hausers konnte bis heute nicht gewonnen werden. In Ansbach lebte Kaspar Hauser von 1831 bis zu seinem Ende 1833 bei Lehrer Meyer in der Pfarrstraße 16. Er wurde auf dem Ansbacher Friedhof begraben.

Werwolfdokumentation im Stadtmuseum

In der Schaitbergerstraße 10 befindet sich das Stadtmuseum. Gegenwärtig noch im Aufbau und nur teilweise zugänglich, wird nach Fertigstellung der Räumlichkeiten in Form von Flugschriften und alten Abbildungen auf eine berühmte lokale Überlieferung hingewiesen, die den Ansbachern lange Zeit den Ruf *‚Wolfshenker‘* einbrachte. Wie es zu diesem merkwürdigen Spitznamen kam, beschreibt erstmals Theophilus Lauben in seinem 1686 erschienenen Traktat *‚Dialogi und Gespräch von der LYCANTHROPIA, oder Der Menschen in Wölff-Verwandlung‘:*

Demnach trieb im Jahre 1685 ein mordlustiger Wolf in der Gegend von Ansbach sein Unwesen und hatte bereits einen Knaben und eine junge Frau zu Tode gebissen. Das versetzte die Landbevölkerung in Angst und Schrecken; markgräfliche Jäger wurden aufgeboten, um das Tier zur Strecke zu bringen, allerdings ohne Erfolg. Der Zufall wollte jedoch, daß am 9. Oktober des Jahres der Wolf, als er im Weiler Neuses bei Eschenbach einem Hahn nachstellte, in einen mit Reisig überdeckten Brunnen fiel, worauf die Bauern so-

Kaspar Hauser

fort herbeieilten und das Raubtier steinigten. Auf obrigkeitlichen Befehl wurde der Kadaver nach *Onolzbach* (alter Name für Ansbach) gebracht und dort in der Gegend der Windmühle an einem Schnellgalgen in menschlicher Kleidung mit Perücke und Bart aufgehängt. Man schlug dem toten Tier darüberhinaus die Schnauze ab und setzte ihm eine Maske mit menschlichem Gesicht auf. Diese Prozedur brachte den Ansbachern und ihrer Obrigkeit den Spitznamen ‚Wolfshenker' ein. Auf Einblattdrucken wurde die Geschichte verbreitet und erregte großes Aufsehen. Um das seltsame Verfahren mit dem Leichnam des toten Wolfes zu verstehen, muß man wissen, daß mit dem Auftreten des schreckenerregenden Tieres das Gerücht aufkam, der Wolf sei niemand anderes als der ein Jahr zuvor verstorbene verhaßte Bürgermeister Michael Leicht. In der Öffentlichkeit war Leicht, der zweitreichste Mann in Ansbach, wegen seines Geizes, Eigennutzes, Wuchers und vermuteter Amtsuntreue

Werwolf im Markgrafentum Ansbach (Onolzbach), zeitgenössischer Stich

äußerst unbeliebt. Am 6. April 1684 war er eines natürlichen Todes gestorben – doch bald hieß es, er habe vom Dachfenster seines Hauses aus seiner eigenen Beerdigung zugesehen und rumore nachts in der Wohnung.
Die Vorstellung, gewisse Menschen besäßen die Gabe, sich nach Belieben in Wölfe zu verwandeln, ist schon in der Antike bezeugt; auch in Westeuropa war sie bis in neuere Zeit verbreitet und wurde häufig mit dem Vorwurf teuflischer Zauberei in Verbindung gebracht.

Aschaffenburg

Schloß Johannisburg

An der Stelle des Schlosses stand ursprünglich eine mittelalterliche Burg, die 1552 durch Markgraf Albrecht Alcibiades von Kulmbach-Bayreuth zerstört worden war. Der jetzige Renaissance-Bau entstand 1605–14 nach Plänen des Straßburger Meisters Georg Ridinger; Bauherr war Erzbischof Johann Schweickard von Kronberg; von ihm (bzw. vom Patron der Schloßkapelle) hat Schloß Johannisburg seinen Namen. 1945 brannte es völlig aus. Der Wiederaufbau ist abgeschlossen, die Schloßgalerie als Filiale der Bayrischen Staatsgemäldesammlungen neu aufgebaut.
Im Schloß geht der Sage nach die *„Weiße Frau"* um, ein Phantom in weißem Gewand, das in vielen Residenzen Frankens vor wichtigen Begebenheiten, besonders vor Todesfällen, erscheinen soll. Für Schloß Johannisburg sind folgende Anlässe bezeugt: Als während des Dreißigjährigen Krieges im November 1631 der Schwedenkönig Gustav II. Adolf in Aschaffenburg weilte, nahm er im Schloß Quartier. In der Nacht des 23. November hörte er auf dem Gang

Schritte und erblickte eine weiße Gestalt, was ihn sehr beunruhigte. Auf den Tag genau ein Jahr später und zur selben Stunde ist Gustav Adolf an einer in der Schlacht bei Lützen erhaltenen Verwundung gestorben. Sein Kanzler Axel Oxenstierna vermerkt in seinen Erinnerungen diesen ‚Zufall‘ als „eine unerklärliche Verkettung schicksalhafter Ereignisse“.
Im 19. Jh. soll sich die Weiße Frau im Aschaffenburger Schloß mehrmals haben sehen lassen – so in der Nacht des 13./14. Oktober 1854 und des 9./10. März 1864. Ihr Erscheinen zeigte den bevorstehenden Tod der Königin (26. Oktober 1854) bzw. König Maximillians II. Joseph, König von Bayern, (10. März 1864) an. Zum bisher letzten Male machte sich die Weiße Frau am 11. Juni 1886 beim damaligen Kastellan Josef Wintersheimer, einem gebürtigen Münchner, bemerkbar; zwei Tage später fand König Ludwig II. von Bayern unter bisher nicht geklärten Umständen im Starnberger See den Tod.

Schloß Johannisburg, Kupferstich von 1748

Von 982/83 bis zur Säkularisation gehörten Stadt und Umland zum Territorium des Erzstifts und späteren Kurfürstentums Mainz; Aschaffenburg war zweite Residenzstadt der Erzbischöfe. Aus diesem Grund ist am Schloß oberhalb der Fenster das Mainzer Wappen angebracht: es zeigt zwei durch ein Kreuz verbundene sechsspeichige Räder. Als 1631 Gustav Adolf nach Aschaffenburg kam, soll ihm ein Kapuzinermönch entgegengetreten sein und um Schonung gebeten haben. Als sie zum Schloß kamen, sagte der König bewundernd: „Ein prächtiges Schloß! Hätte es

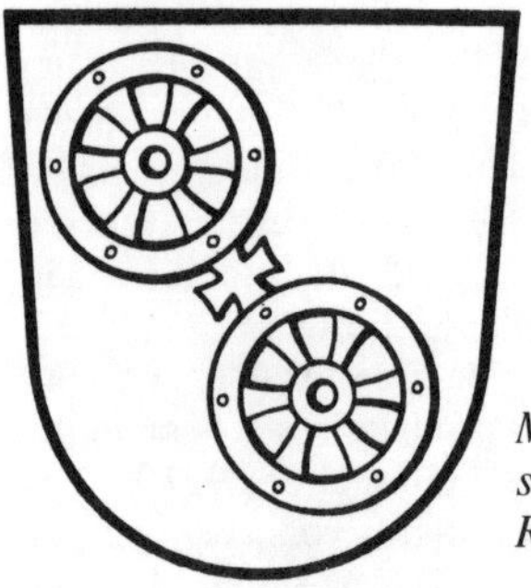

Mainzer Wappen mit den sechsspeichigen silbernen Rädern

Räder, würde ich es nach Schweden transportieren lassen. Da dies aber nicht möglich ist und der Mainzer Bischof und seine Diener es offenbar so gering schätzen, daß sie es gar im Stiche ließen, bin ich geneigt, es dem Kriegsvolk preiszugeben." Der Mönch erwiderte: „Euer Majestät wollen geruhen zu bemerken, daß das Schloß mit mehr als hundert Rädern versehen ist" – und dabei deutete er auf das Mainzer Wappen. Dem Schweden gefiel diese Schlagfertigkeit, und er ließ die Stadt glimpflich davonkommen.

→ Ansbach, Bayreuth, Grossgründlach, Himmelkron, Kulmbach, Lauenstein

Bad Alexandersbad (Lkr. Wunsiedel)

Heilquelle

Alexandersbad – so genannt nach dem letzten Markgrafen von Ansbach-Bayreuth, Carl Alexander († 1806) – ist Kurort mit Stahl- und Moorbädern vor allem bei Herz- und Kreislauferkrankungen. Die Entdeckung der Heilquelle soll auf eine tatsächliche Begebenheit zurückgehen:

In dem Dorf *Sichersreuth* bei Wunsiedel lebte ein Bauer, der schon seit drei Jahren an schwarzem Star und geschwollenem Leib litt. Man riet ihm, nach Karlsbad zu gehen oder Sauerbrunnen zu trinken; doch da diese Heilmittel zu kostspielig waren, glaubte er schon, sich in sein Schicksal fügen zu müssen. In der Nacht des 19. Mai 1734 hatte er einen merkwürdigen Traum, in dem er zusammen mit seiner längst verstorbenen Mutter auf einer Wiese Maulwurfshügel verrechte. Die Mutter stieß dabei den Stiel ihres Rechens in die Erde – und heraus sprudelte klares Wasser, von dem sie trank. Gleich am nächsten Morgen suchte der Bauer die ihm so bezeichnete Stelle auf und fand dort tatsächlich eine Quelle. In den folgenden Wochen trank er regelmäßig von dem Wasser und wurde bald gesund. Die Quelle wurde gefaßt, und ein Heilbad entstand.

Bad Berneck (Lkr. Bayreuth)

Ruine Hohenberneck (Wallenrode)

Erstmals erwähnt wird Berneck im Jahre 1149; seit dem 12. Jh. war sie Sitz der Edelfreien von Walpoten, die auf der Höhe über dem Ort um 1150 eine Burg erbauten. Im 13. Jh. gehörte Berneck zum Herrschaftsgebiet der Grafen von Andechs-Meran, die ihrerseits von den Grafen von Orlamünde beerbt wurden. 1478 beauftragte Albrecht Achilles seinen Amtmann Veit von Wallenrode, eine bewohnbare Burg zu errichten; dieser als Vorburg gedachte Bau wurde um 1484 begonnen, aber erst 1501 fertiggestellt, da Veits Töchter sie 1499 verkauft hatten. Schon 1533 wurde diese Burg wieder zerstört.

Der ehemalige Rittersaal ist Schauplatz der bekannten Sage vom Geistermahl auf *Alt-Berneck:* Einst hatte sich beim Pfarrer von Berneck eine lustige Gesellschaft zusammengefunden. Als um Mitternacht der Wein ausging, rief der Pfarrer in übermütiger Laune seine Magd und befahl ihr, auf die Burg hinaufzugehen: dort zechten allnächtlich die Geister, und sie würden ihm sicher einige Flaschen aus ihrem Keller zu-

Geistermahl auf Altberneck

kommen lassen. Im Rittersaal der Burg fand die Magd auch wirklich die verstorbenen Ritter beim Gastmahl – doch sie benutzten Totenschädel als Pokale. Auf ihre Bitte füllte man ihren Krug mit Wein, warnte sie aber vor dem Wiederkommen. Als die Magd daheim von ihrem Erlebnis erzählte, erntete sie nur Spott. Plötzlich kam jedoch ein heftiges Unwetter auf, und am nächsten Morgen wurde der Hausherr tot gefunden.

Bad Brückenau (Lkr. Bad Kissingen)

Dreistelz

Von Bad Brückenau führt ein 4 km langer Weg zu den Dreistelzhöfen; von hier aus gelangt man in 20 Minuten auf den Dreistelzberg, von dessen Gipfel man bei schönem Wetter einen Teil des Rhöngebirges übersehen kann. Auf dem Gipfel liegen auffällig geformte Basaltbrocken, die zur Sagenbildung anregten. Einer dieser Basaltbrocken wird *‚Willemännchens Tisch'* genannt. Das Willemännchen ist der Wilde Mann, der hier umherzieht. Kleinen Kindern drohte man früher, das Willemännchen zu holen, wenn sie nicht artig wären.

Den Namen Dreistelz erklärt eine ätiologische Sage: An der Einsattelung vom Dreistelz befindet sich ein sumpfiges Stück Land, wo früher ein Weiher war. Dort soll einst ein Schloß gestanden haben, in welchem drei stolze Damen wohnten. Wegen ihrer Schönheit und Hoffahrt nannte man das Schloß *‚Dreistolzenschloß'*, woraus später Dreistelz geworden ist. Die drei Damen waren hart gegen ihre Untergebenen und führten selbst ein üppiges Leben. Eines Tages kam ein armer Pilger, der um Imbiß und Nachtquartier bat. Beides wurde ihm verweigert, und als er nicht gehen wollte, hetzte man sogar Hunde auf ihn. Da berührte der Pilger die Hunde mit seinem Stab, worauf diese tot umfielen. Dann richtete er seinen Stab gegen das Schloß und verfluchte es. Bald darauf öffnete sich der Berg und verschlang das Schloß – an seine Stelle trat ein kleiner See. Das verwunschene Schloß steht immer noch unten im Berg, und dort schlafen die drei stolzen Frauen bis zum jüngsten Tag. In jedem dritten Jahr aber an dem Tag, an dem der Pilger das Schloß verfluchte, kräht dreimal ein Hahn; dann erwachen die Schläferinnen, beten ein Ave Maria und bereuen ihre Missetaten.

Die drei stolzen Damen im ‚Dreistolzenschloß'

Bad Kissingen

Burgruine Bodenlauben
Südlich von Bad Kissingen steht auf einer Bergkuppe die Ruine Bodenlauben. Graf Otto von Bodenlauben aus dem Geschlecht der Henneberger, Kreuzfahrer und berühmter Minnesänger, verkaufte die ererbte Burg 1234 an Würzburg. Im Bauernkrieg wurde 1525 ein großer Teil der Anlage zerstört. Der Sage nach gelang die Erstürmung der Burg nur durch einen schmählichen Verrat: Aufständische Bauern aus Aura hatten vergeblich versucht, die Festung zu erobern – da versprach der Koch, ihnen gegen viel Geld die Tore nachts zu öffnen; als Zeichen werde er auf dem Küchenbrett hacken. So geschah es, und die Burg wurde eingenommen. Dem treulosen Koch aber stachen die Bauern die Augen aus und warfen ihn in die Flammen. Sein ruheloser Geist soll nachts in der Ruine um-

gehen; in stürmischen Nächten hört man deutlich das gespenstige Hacken auf dem Küchenbrett.

Altes Rathaus

Das alte Rathaus, das heute als Polizeigebäude dient, steht am Marktplatz. An der Ostseite ist ein bärtiger Männerkopf dargestellt; er soll an einen Bürger erinnern, der im Jahre 1643, als die Schweden plündernd und sengend auch nach Kissingen kamen, die Stadt gerettet hat. Als nach mehrtägiger Belagerung die Widerstandskraft der Verteidiger erlahmte, gab ein Bürger namens Peter Heil den Rat, die zahlreichen Bienenkörbe der Stadt von der Mauer hinabzuwerfen. Dies geschah – die Bienen fielen über die Feinde her und stachen viele zu Tode. Die Schweden traten schleunigst den Rückzug an, und die Stadt war gerettet. Peter Heil aber wurde am Rathaus verewigt.

Eilingsburg

Die Saale fließt bei Bad Kissingen an einem Berg vorbei, *‚die Patzleiten‘* genannt. In dem östlichen steilen, von Bäumen bewachsenen Abhang steht ein Sandsteinfelsen; dieser Platz trägt den Namen *‚Eilings-*

Burgruine Bodenlauben bei Bad Kissingen

burg'. Der höhlenartige Eingang soll in das Innere des Berges führen, ein Gang sich bis Aura erstrecken. Hier sollen einst Wichtelmänner gelebt haben. Einem Müller an der Saale waren sie freundlich gesinnt, und so war sein Speicher immer mit Getreide gefüllt. Einst stieg ein Wichtel die Treppe zum Speicherboden hinauf, und obwohl er nur eine einzige Kornähre trug, jammerte er unaufhörlich. Der Müller wurde zornig und rief: „Du Bluetkröt, wie kreischt du über dein Ährla Korn!" Diese Beleidigung nahmen die Wichtel übel, und sie brachten alles Getreide fort, so daß der Bauer ein armer Mann wurde.

BAD MERGENTHEIM (Main-Tauber-Kreis)

Heilbad

Bad Mergentheim ist das größte Heilbad Baden-Württembergs und das fünftgrößte in Deutschland. Die 1826 entdeckten Heilquellen helfen bei Gallen-, Leber- und Magenleiden. – In der Wandelhalle des Heilbads ist die Statue eines Schäfers zu sehen, die an den Entdecker der Quellen erinnert:
Franz Gehring, Schäfer des Johanniterhofes, weidete am 13. Oktober 1826 seine Herde am rechten Tauberufer, etwa dort, wo sich heute der Pavillon der Wilhelmsquelle befindet. Erstaunt beobachtete er, wie sich seine Schafe gierig um eine Sickerquelle drängten, um zu saufen. Er kostete selbst und stellte einen auffälligen Salzgeschmack fest, worauf er seinen Fund im Rathaus meldete. Rasch entwickelte sich ein Kurbad mit Heilquelle. Der Entdecker Gehring wurde als Brunnenmeister beim neuerrichteten Quell eingesetzt. Als sich aber die Stadt finanziell verkalkulierte und die erhofften Einnahmen ausblieben, entließ man den Schäfer, der 1851 im Alter von 73 Jahren verarmt, vergessen und verbittert starb.

Gedenkstein

Nordöstlich von Bad Mergentheim steht bei *Löffelstelzen* in der Nähe von Radarstation und Sportplatz ein Gedenkstein, der an den plötzlichen Tod eines Würzburger Fürstbischofs erinnern soll. Es wird erzählt, dieser sei bei einem Besuch in Mergentheim aus politischen Gründen vergiftet worden und bereits während der Heimfahrt gestorben. Seither soll es an der alten Würzburger Straße spuken.
Diese Sage beruht auf einem tatsächlichen Vorfall: Im August des Jahres 1724 war der Fürstbischof

Philipp Franz von Würzburg zu Besuch beim Deutschmeister in Mergentheim, der Residenz des Deutschen Ritterordens. Nach einer großen Jagd und dem Essen fühlte sich der Gast jedoch unwohl und reiste gleich wieder ab; er starb unter einer Eiche unweit Löffelstelzen. Der Vorfall erregte Aufsehen und gab zu mancherlei Spekulationen Anlaß. 1751 ließ Graf Metternich eine Statue des hl. Bruno an der Todesstätte errichten; 1852 wurden folgende Zeilen angebracht: „Hier starb unerwartet schnell Fürstbischof von Würzburg Philipp Franz Graf von Schönborn auf der Heimreise von Mergentheim nach Würzburg am 18. August 1724."

Bad Neustadt a. d. Saale
(Lkr. Rhön-Grabfeld)

Salzburg
Östlich von Bad Neustadt liegt auf einem Bergvorsprung über der Saale die Salzburg. Wegen ihrer Größe und imponierenden Lage gilt sie als eine der interessantesten mittelalterlichen Anlagen in Deutschland. Die Ursprünge liegen im Dunkeln, was die Sagenbildung besonders anregte. In der Pfalz *Salz*, der ersten auf oberfränkischem Boden, weilten häufig deutsche Kaiser und Fürsten: Karl der Große, Ludwig der Fromme, Karl der Dicke, Arnulf von Kärnten u. a. Reichstage wurden 804, 841 und 842 abgehalten. Der Missionar Bonifatius soll im Jahre 741 drei Bischöfe geweiht, Karl der Große 803 eine orientalische Gesandtschaft empfangen haben.
Es ist jedoch kaum anzunehmen, daß Karl die Burg gekannt hat, da sie frühestens im 11. Jh. durch den

Salzburg

Bischofsweihe durch Bonifatius

Bischof von Würzburg befestigt wurde. Die erste urkundliche Nennung eines Burgvogtes ‚von Saltzpergk' datiert von 1161.

Bad Windsheim (Lkr. Neustadt a. d. Aisch – Bad Windsheim)

Alter Turm

Die aus einem karolingischen Königshof erwachsene Siedlung kam 741 an den Bischof von Würzburg, der hier im Jahr 1200 einen planmäßigen Marktort anlegte. 1280 wurde sie Stadt, 1344 freie Reichsstadt. Stark gewachsen, erhielt sie im 15. Jh. einen erweiterten Mauerring. Im Westen liegt als Rest der alten Umwallung ein Wachturm, der 1428 errichtet wurde. 1490 vom Nürnberger Markgrafen zerstört, erbaute man ihn 1496 neu mit Fachwerkobergeschoß und Py-

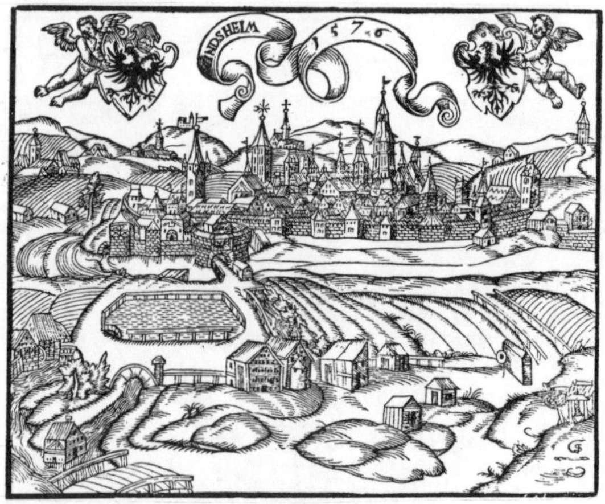

Bad Windsheim, Kupferstich von 1550

ramidendach. In dem alten Turm soll es spuken, und man weiß noch, warum es dazu kam:
Von alters her wurde in der Umgebung von Windsheim Wein angebaut. Die Lese war für die Windsheimer die schönste Zeit des Jahres; abends wurde getanzt und gelacht, und man sprach auch dem Wein recht fleißig zu. Manchmal ging es so ausgelassen zu, daß es dem Pfarrer notwendig erschien, die Menschen an Zucht und Ordnung zu erinnern. Er stellte sich also vor den alten Turm und predigte den Leuten das Wort Gottes. Vor allem, so betonte er, solle man über der Freude am Rebensaft nicht die Tugenden vergessen. Da beschlossen einige übermütige Burschen, dem Pfarrer einen Streich zu spielen. Sie überfielen ihn und sperrten ihn in den alten Turm, wo sie ihn zwangen, Wein zu trinken, bis er sinnlos betrunken war; in diesem Zustand ließen sie ihn liegen und verschwanden. Nach einigen Stunden kam der Pfarrer wieder zu sich und versuchte mühsam, den Heimweg zu finden. Dabei stürzte er so unglücklich, daß er tot liegenblieb. Seitdem erscheint er jede Nacht zwischen zwölf und eins im alten Turm; er trägt sein Gebetbuch in der Hand und hält eine Predigt, aber niemand kann sie hören.

Hufeisen am Weinmarkt
Auf dem Weinmarkt steht links neben dem Schönen Brunnen ein Haus, unter dessen Dachrinne als glückbringender und Unheil abwehrender Talisman ein Hufeisen angebracht ist. Wie es dorthin gekommen

sein soll, erklärt die Sage: als nach der Eroberung Windsheims durch die Schweden am 5. März 1632 das Wanksche Regiment durch die Stadt galoppierte, löste sich vom Pferd des Oberstleutnants Andreas Küchenmeister ein Hufeisen und wurde so heftig in die Höhe geschleudert, daß es am Haus hängenblieb.

BAIERSDORF (Lkr. Erlangen-Höchstadt)

Gedenktafel zu Schloß Scharfeneck

Nördlich der Straße nach Röttenbach steht eine Gedenktafel, die die Erinnerung an eine einst mächtige Burg aufrecht erhalten soll. Die Inschrift lautet:

> „Hier stand Schloß Scharfeneck
> Residenz der Burggrafen von Nürnberg seit 1406
> Markgraf Johann der Alchemist starb hier 1464
> Erste Zerstörung 1553
> wieder aufgebaut 1627
> zerstört 1632
> Ruine abgetragen 1892."

Über die Entstehungszeit der Burg ist nichts Genaues bekannt. 1139 soll sie dem Kloster Münchaurach geschenkt worden sein. 1307 erfolgte die Zerstörung durch die Nürnberger, da sie als berüchtigtes Raubnest verschrien war. In den folgenden Jahrhunderten wechselten hier Zerstörung und Wiederaufbau. Anfang des 17. Jh. wurde ein großer Schloßbau errichtet, von dem noch alte Bilder erhalten sind. Allzulange stand dieser jedoch nicht, denn bereits 1632 setzten ihn die Forchheimer in Brand. Über 200 Jahre blieben die Ruinen stehen, bis sie 1892 verkauft und gänzlich abgetragen wurden.
Der Sage nach waren die Herren dieser Burg zu ihren Untertanen hart und grausam. Manch einer ließ sein Leben in den tiefen Kerkern der Burg. Weil die Burgherren so grausam und ‚scharf' waren, nannten die Leute die Burg *‚das scharfe Eck'*.

BAMBERG

Kaisergrabmal im Dom

Ein *‚castrum Babenberch'* als Sitz eines ostfränkischen Adelsgeschlechts ist im Jahr 902 bezeugt. Dessen Auflehnung gegen das karolingische Herrscherhaus (897–903) führte zur Konfiskation der Besitzungen zugunsten des Königs. 973 kamen Burg und Grundherrschaft durch Schenkung an Herzog Heinrich den Zänker von Bayern. Dessen Sohn Kaiser Heinrich II. (975–1024) schenkte im Frühjahr 1000 seinen Lieblingsaufenthalt Bamberg seiner Frau Kunigunde von Luxemburg (1033) als Heiratsgut und bestimmte den Burgbezirk zum Sitz eines neuen Bistums (1007).

Kaiser Heinrich II. und Kaiserin Kunigunde mit dem Bamberger Dom. Holzschnitt von 1491

Der Bamberger Dom, eine doppelchorige Basilika mit vier Türmen, wurde 1237 geweiht. Er steht an der Stelle eines von Heinrich II. erbauten ersten Doms, der zweimal (1081 und 1185) abgebrannt ist. Im Ostchor (auch Georgschor) befindet sich das Grabmal des 1146 bzw. 1200 heiliggesprochenen Stifterpaares Heinrich und Kunigunde. Es wurde 1499–1513 durch den Bildhauer Tilman Riemenschneider gestaltet und zeigt auf der Deckplatte die ruhenden Gestalten des Paares, an den Seiten Szenen aus der Heiligenlegende: die Feuerprobe der hl. Kunigunde – die Auszahlung der Bauarbeiter von St. Stephan – die Heilung des Kaisers von einem Steinleiden durch den hl. Benedikt – sein Sterben und die Wägung seiner Seele durch den Erzengel Michael. Die Reliefs sind vermut-

lich nach Vorzeichnungen des Bamberger Hofmalers Wolfgang Katzheimer gearbeitet worden.
Die Legende von der Feuerprobe erscheint erstmals 1070 in einer Lebensbeschreibung Kaiser Heinrichs. Danach war Kunigunde der ehelichen Untreue beschuldigt worden und mußte sich einem Gottesurteil unterziehen: auf offenem Markt schritt sie barfuß über sieben glühend gemachte Pflugscharen – blieb jedoch unverletzt, womit ihre Unschuld erwiesen war. (Gottesurteile – von denen es unterschiedliche Formen gab – waren im Rechtsbrauch des Mittelalters sehr verbreitet. Sie beruhen auf dem Glauben, ein Unschuldiger werde in der zu machenden Probe von der Gottheit geschützt. Andere Formen der Feuerprobe waren Tragen eines glühenden Eisens und der sog. ‚Kesselfang', bei dem aus siedendem Wasser mit der bloßen Hand ein Gegenstand herausgeholt werden mußte).
Das Motiv vom ‚Pfennigwunder' findet sich erstmals 1488 in einem in Nürnberg gedruckten *‚Heiligenleben';* ausführlich dargestellt wurde es in dem vom Kustos des Klosters Michaelsberg P. Nonnosus Stettfelder verfaßten Buch *‚Dye legend und leben des heyligen sandt Keysers Heinrichs'* (1511). Das Bistum Bamberg verdankt einen großen Teil seiner materiellen Ausstattung Schenkungen der Kaiserin Kunigunde, so auch das um 1009 gegründete Kollegiatstift St. Stephan (heute evangelische Pfarrkirche). Der Legende nach soll Kunigunde die Handwerker persönlich bezahlt haben; während der Bauzeit setzte sie täglich eine Schale voll Geld auf, aus der jeder seinen Lohn selbst entnehmen konnte – doch keinem war es möglich, mehr Pfennige zu ergreifen, als ihm seiner Leistung nach zustanden. Als einer der Arbeiter sich

Pfennigwunder der heiligen Kunigunde. Holzschnitt von 1488

Mittelschiff des Bamberger Doms

unrechtmäßig zu bereichern versuchte, begannen die Münzen in seiner Hand zu glühen, so daß er sich jämmerlich verbrannte.

Im Jahr 1022 unternahm Kaiser Heinrich einen Italienzug und suchte bei dieser Gelegenheit das Kloster auf dem Monte Cassino auf. Dieser Besuch bildet den historischen Hintergrund einer Legende, nach der Heinrich, der von einem sehr schmerzhaften Steinleiden geplagt wurde, den hl. Benedikt um Hilfe anrief. Dieser erschien ihm im Traum und schnitt den Stein heraus, den der Kaiser beim Erwachen in den Händen hielt.

Am 13. Juli 1024 ist Kaiser Heinrich II. in der Pfalz Grona bei Göttingen gestorben. In seiner Todesstunde waren Ritter und Fürsten und auch die Kaiserin zugegen. Heinrich soll auf Kunigunde gedeutet und gesagt haben: „Diese habe ich von Gott und von Euch als Jungfrau erhalten. Ich gebe sie Euch zurück, wie ich sie erhalten habe." Der Kern dieser Legende – die keusche Ehe – findet sich bereits 1060 in der Chronik

des Leo von Ostia; die kinderlos gebliebene Ehe des Kaiserpaares ist von den Zeitgenossen letztlich ‚sakral', als bewußter Verzicht um höherer Ziele willen, interpretiert worden.
Das letzte Relief zeigt den Erzengel Michael mit der Seelenwaage, an deren eine Schale sich Teufel krallen, während der hl. Laurentius ein schweres goldenes Gefäß in die andere senkt als Zeichen all dessen, was Heinrich dem Eichstätter Laurentiusaltar gestiftet hat. Es wird erzählt, ein Einsiedler habe in der Nähe seiner Klause eine Schar Dämonen vorbeiziehen sehen, von denen er erfuhr, der Kaiser liege im Sterben und sei der Hölle verfallen. Der Einsiedler betete inbrünstig – und zwei Tage später kehrten die Teufel unverrichteter Dinge zurück, da im letzten Augenblick der hl. Laurentius durch Auflegen eines goldenen Kelchs die Wägung zugunsten des Kaisers entschieden hatte. (Das Motiv der Seelenwägung stammt wohl aus dem Alten Ägypten; auch in der Gestalt des Erzengels deutet manches auf vorchristlichen Totenkult. Als Todesengel, der zur bestimmten Stunde abberuft, ist Michael im europäischen Osten und Südosten bekannt. Beim Jüngsten Gericht ruft seine Posaune die Toten aus ihren Gräbern. Als Seelengeleiter wird er noch heute im Totenoffizium angerufen: „Sed signifer sanctus Michael repraesentat eas in lucem sanctam" (Daß der Bannerträger St. Michael sie – die Seelen – ins heilige Licht führen möge).
→ Bullenheim, Burgerroth

Baunach (Lkr. Bamberg)

Magdalenenkapelle und Überkum-Denkmal
Auf dem Baunacher Marktplatz steht das 1935 geschaffene Denkmal des seligen *Viktor* oder *Überkum* († 1440) – eines Volksheiligen, der nie kanonisiert worden ist, dessen Kult jedoch im späten Mittelalter blühte und dessen Grabstätte in der oberhalb des Orts gelegenen Magdalenenkapelle zum Ziel von Wallfahrten wurde. Der Legende nach war Viktor ein frommer und gottesfürchtiger Mensch, der zu Pferd weite Pilgerreisen unternahm, sogar bis nach Rom und Santiago de Compostela in Spanien. Er starb im Rufe der Heiligkeit und hinterließ sein Vermögen teils den Armen, teils stiftete er es für den Bau einer Kapelle. Zum Bauplatz bestimmte er den Ort, an welchem seine beiden treuen Pferde, die inzwischen erblindet waren, mit dem Sarg von selbst stillstehen würden.

Die Magdalenen-Kapelle bei Baunach

Dies geschah an der Stelle, an der jetzt die Kapelle steht. Als man dennoch zunächst versuchte, diese anderswo zu bauen, sollen Engel bei Nacht das Baumaterial an die von den Pferden bezeichnete Stelle zurückgebracht haben.

Bayreuth

Neues Schloß

Bayreuth wurde Mitte des 12. Jh. durch die Grafen von Andechs-Meran gegründet und ging nach dem Aussterben dieses Geschlechts in den Besitz der Hohenzollern über, die dreihundert Jahre von Kulmbach aus regierten. Erst 1603 wurde die Residenz nach Bayreuth verlegt und das *Alte Schloß* erbaut. Im Jahr 1753 gaben Brandschäden erwünschten Anlaß, den französischen Architekten Joseph St. Pierre mit dem Bau eines neuen Schlosses zu beauftragen; es wurde 1755 fertiggestellt.

Im Schloß geht der Sage nach die *‚Weiße Frau‘* um – ein Phantom in weißem Gewand, das in vielen Resi-

Neues Schloß

denzen Frankens vor wichtigen Begebenheiten, besonders vor Todesfällen, erscheinen soll. Vom Bayreuther Schloß wird berichtet, daß während der Napoleonischen Kriege im Jahr 1809 General d'Espagne vom achten Armeekorps hier einquartiert worden sei. Schon in der ersten Nacht wurde er durch Spukphänomene aus dem Schlaf gerissen und berichtete von einer gespenstischen Frauengestalt, die ihn zu erwürgen drohte. Wenige Wochen später fand er in der Schlacht bei Aspern (21. Mai 1809) den Tod.
Auch Napoleon, der am 14. Mai 1812 im Neuen Schloß übernachtete, soll die Weiße Frau gesehen haben; sie sagte den unglücklichen Ausgang des Rußlandfeldzuges voraus, worüber Napoleon sehr verstimmt war und keinesfalls länger in dem ‚verwunschenen Schloß', wie er sich ausdrückte, bleiben wollte. Als er im Jahr darauf während des Angriffs auf Preußen wieder im Neuen Schloß Quartier nehmen sollte, zog er noch in der Nacht weiter nach Plauen, um nicht erneut mit der Weißen Frau zusammenzutreffen.
→ Ansbach, Aschaffenburg, Großgründlach, Himmelkron, Kulmbach, Lauenstein

Freimauerermuseum
Die Freimaurer sind eine weltweit verbreitete Bewegung mit dem Ziel, ihre Anhänger auf der Grundlage einer natürlichen Ethik zu den Idealen edlen Menschentums hinzuführen: sie streben nach Wahrheit, Brüderlichkeit und Toleranz, treten für Frieden und soziale Gerechtigkeit ein. Alle Freimaurer verehren Gott im Symbol des ‚Allmächtigen Baumeisters aller

Welten'. Die gesamte Lehre der Freimaurer ist in drei Grade eingeteilt, welche vom einzelnen stufenweise durchschritten werden müssen. Der Name Freimaurer rührt von symbolischen Riten der Freimaurer her, die auf Bräuche der mittelalterlichen Bauhütten zurückgeführt werden. Die Vereinigungen, in denen sich das Freimaurerleben abspielt, heißen *Logen,* die Versammlungsstätten *Tempel.* Brauchtum, Ritual und Symbole sind geheim.

Die ersten Freimaurerlogen entstanden im frühen 18. Jahrhundert in England (1717 in London); ebenso alt wie die Freimaurerei ist auch der Kampf gegen sie. Politisch hat man sie immer wieder verdächtigt, ein konspirativer Geheimbund mit dem Ziel der Weltrevolution zu sein. In religiöser Hinsicht wurde zwischen der Freimaurerei und der kirchlichen Form des Christentums ein erbitterter Kampf geführt; die katholische Kirche ging mit Kirchenstrafen gegen die Freimauerer vor: die Bannbulle Klemens XII. vom 4. 5. 1738–1751 von Benedikt XIV. bestätigt – belegte die Zugehörigkeit zur Freimaurerei mit der Exkommunikation, weil diese ‚gegen die Kirche und die rechtmäßigen Staatsgewalten' arbeite. Erst in neuerer Zeit trat diese Ablehnung zurück. Die damalige Kampfstellung von Kirche und Staat gegen die Freimaurerei einerseits wie auch die strenge Geheimhaltung von deren symbolhaltigen Riten andererseits weckte überall ängstliches Mißtrauen und regte die volkstümliche Phantasie zu allerlei übertriebenen Vorstellungen von der angeblichen geheimen Macht dieses Bundes an, wobei kollektive Überlieferungen von Zauberern und Teufelsbündnern auf die Freimaurer übertragen sowie gewisse Eigentümlichkeiten der Logenbräuche von den Außenstehenden falsch interpretiert und als Auswirkungen eines Bundes mit dem Satan gedeutet wurden. Um die Mitte des 19. Jh. tauchen die ersten Sagen vom Teufelspakt der Freimaurer auf. Als Freimaurer gelten vor allem vornehme und reiche Leute oder solche, die eines jähen Todes sterben; auch Schiffsführer und Kapitäne werden gern als Freimaurer angesehen. Zum volkstümlichen Bild von den Freimaurern gehören vor allem Teufelsbündnis, Zauberkünste und gewaltsames Ende. Freimaurerlogen tagen in unterirdischen, sargförmigen Sälen, in denen sie auch Schwarze Messen feiern; jährlich wird nach Auslosung ein Mitglied rituell geopfert; Abtrünnige werden durch Fernzauber getötet; viele enden durch Selbstmord; ewige Verdammnis ist das Schicksal aller Freimaurer. Schon bei der Aufnahme eines Neu-

lings in die Freimaurerloge ist der Teufel zugegen, und er erscheint bei allen Festen der Bruderschaft. Ein Freimaurer hat den Teufel stets um sich: dieser besucht ihn jeden Tag in Tier- oder Menschengestalt und holt ihn schließlich in die Hölle. Jedes Jahr will der Teufel einen Freimaurer als Opfer haben, das am Johannistag oder an Sylvester unter den Mitgliedern ausgelost wird. Der Betreffende erhält eine schriftliche Nachricht, am Tag danach kommt der Teufel in Gestalt eines unheimlichen Tieres zu ihm, oder er muß sich selbst umbringen. Nach dem Volksglauben wissen Freimaurer ihren Tod im voraus, da der Teufel sie oft daran erinnert; darum halten sie sich bewußt allein, wenn ihre Stunde da ist. Das Sterben eines Freimaurers ist seltsam: er schließt sich ein, aber man hört großen Spektakel im Zimmer, und am nächsten Morgen sieht es wüst darin aus; die Leiche ist verschwunden oder wird, falls vorhanden, zerrissen, mit schwarzem Gesicht, durchgebissener Kehle, umgedrehtem Genick oder zersprungenem Herzen aufgefunden.
In Bayreuth befindet sich das 1902 gegründete *Deutsche Freimaurermuseum,* dessen Exponate Einblick in Geschichte, Leben und Riten der Freimaurer bieten. Es ist nicht weit von Villa Wahnfried (dem Haus Richard Wagners) im klassizistischen Haus der Loge ‚Eleusis zur Verschwiegenheit‘ (Hofgarten 1) untergebracht. Neben einer Fülle von Kleidungsstücken, Logenabzeichen, Symbolen der Maurerei, Bildern und Dokumenten besitzt das Museum, das zugleich ein freimaurerisches Studienzentrum ist, eine umfassende Fachbibliothek, die den Einfluß der Freimaurerei auf das Geistesleben des 18. und frühen 19. Jh. (Freimaurer waren z. B. Mozart, Fichte, Lessing, Goethe, George Washington, Freiherr vom Stein) verdeutlicht.

Beckstein
(Lauda-Königshofen, Main-Tauberkreis)

Becksteiner Eichelsee
Dort, wo die Straße von Beckstein nach Lauda vom Heckfelder Weg abzweigt, liegt östlich der Straße ein mooriger, mit Erlen und Weiden bewachsener Grund, der sog. *‚Echelsee‘* – Eichelsee, an den sich eine Frevelsage knüpft: Früher soll hier ein Gasthaus gestanden haben, dessen Insassen nicht sehr fromm waren und einen liederlichen Lebenswandel führten. In diesem Gasthaus wurde an einem Fastnachtsdienstag

lustig gefeiert; selbst nach Mitternacht wollte man mit dem Tanzen nicht aufhören. Da brach plötzlich ein fürchterliches Unwetter los, die Erde spaltete sich, und das ganze Anwesen versank mit Mensch und Tier in der Tiefe. Geht man zur Nachtzeit am See vorbei, hört man noch das Klirren der Gläser und das Singen der Gäste.

Tanz für die niederen Schichten, Holzschnitt von Albrecht Glockendon, um 1530

BIRKLINGEN (Iphofen, Lkr. Kitzingen)

Marienkapelle an der Birklinger Steige
Zwischen Birklingen und Iphofen steht etwa in der Mitte der Strecke, beim Waldparkplatz an der sog. „Birklinger Steige", eine Kapelle, die 1715 der Obrist Wirsching errichten ließ. Genau an dieser Stelle ließen die Iphöfer 1501 ihr „falsches" Gnadenbild aufrichten. Dieses wundertätige Marienbild wurde 1501 auf Iphöfer Gemarkung entdeckt, und sehr bald schon wallfahrteten einige Leute dorthin. Diese ‚Entdekkung' und die Einrichtung der Wallfahrt beruhte jedoch, so behaupteten manche Birklinger, auf dem puren Neid der Iphöfer auf die weithin berühmte *Birklinger Wallfahrt*. Birklingen war seit 1455 in Besitz eines Marienbildes. Diese Statue der schmerzhaften Muttergottes mit dem Leichnam Jesu auf dem Schoß erfuhr große Verehrung. Wunderbare Gebetserhörungen hatten eine volkreiche Wallfahrt und entsprechende Einkünfte zur Folge. Bald wurde daher in Birklingen ein Kloster errichtet, und 1459 übernahmen Augustinerchorherren die Wallfahrtsseelsorge. Aus

Böhmen, Ungarn, Italien und anderen Ländern strömten zahlreiche Pilger nach Birklingen. Als 1501 die neidischen Iphöfer mit eigenem Marienbild eine Wallfahrt etablieren wollten, legten die Mönche von Birklingen bei der geistlichen Obrigkeit Protest ein. Mit Erfolg, denn der Würzburger Bischof ließ gegen die Echtheit des Bildes predigen und die Wallfahrt verbieten. Als das nichts nutzte, schickte er Bewaffnete nach Iphofen, die kurzerhand das Bild mit nach Würzburg nahmen. Während des Bauernkrieges (1525) wurde die Wallfahrtskirche in Birklingen völlig zerstört, das Birklinger Gnadenbild schien für immer verschwunden. Doch im Jahre 1700 wurde die alte Birklinger Muttergottes unter den Mauerresten wieder aufgefunden und nach Iphofen gebracht. Dort ist sie heute in der Pfarrkirche St. Vitus zu sehen.
→ Iphofen

Birklinger See
Die Sage erzählt, daß die Glocken der alten, einst weithin berühmten Klosterkirche im tiefen See von Birklingen liegen. In besonders schönen Nächten läuten sie das „Ave Maria". Aber nur Auserwählte können es hören.

BIRNBAUM (Steinwiesen, Lkr. Kronach)

Fünf-Wunden-Kapelle
Das kleine Dorf Birnbaum liegt ca. 20 km nordöstlich von Kronach. Am östlichen Ortsausgang, an der Straßenabzweigung Steinwiesen-Hubertushöhe steht zwischen zwei Kastanienbäumen die kleine Holzkapelle ‚Fünf-Wunden'. Ursprünglich stand hier in freier Landschaft ein *Fünf-Wunden-Kreuz*, das 1880 überdacht wurde. Bemerkenswert ist die um 1800 entstandene Pietà im Innern. Die Stiftungsgeschichte berichtet folgendes Ereignis: Einer Bauersfrau war durch eine wildgewordene Kuh ein Auge ausgestoßen worden; es hing nur noch an den feinsten Muskeln und Nervensträngen, war ansonsten aber unverletzt geblieben. Die Frau nahm das herunterhängende Auge und drückte es ohne ärztliche Hilfe in die Augenhöhle zurück. Zum Dank für die wundersame Rettung der Sehkraft stiftete sie das Bild einer ‚schmerzhaften Mutter Gottes' und gelobte, alljährlich auf den Knien von ihrem Hof bis zur Kapelle zu rutschen. Bis Ende des 19. Jh. wurde diese Kniewallfahrt noch durchgeführt.

BOXBERG (Main-Tauber-Kreis)

Ruine Boxberg
Nicht mehr viel zu sehen ist von der einstigen Burg in Boxberg. Der Name findet sich erstmalig in einer Schenkungsurkunde von 1108, in der eine Frau Guota und ihr Mann Cunrad von Bockesberg genannt werden. Später wechselten die Besitzer der Burg; zeitweilig war sie im Besitz der Grafen von Wertheim, zeitweise in der Hand des Johanniterordens. Unter den Brüdern Arnold, Konrad, Eberhard d. J. und Eberhard d. Ä. begann eine 200jährige Ära von Raubrittern. Besonders berüchtigt waren die Brüder Georg, Arnold und Michael, die um 1450 ihre größten Schandtaten verübten. 1523 wurde die Burg erobert und abgebrannt, 1547 wieder neu erbaut; im 19. Jh. schließlich ist sie als Steinbruch genutzt worden.
Auf Burg Boxberg soll sich des öfteren der sagenumwobene Dr. Faust aufgehalten haben, eine nicht klar faßbare Persönlichkeit des 16. Jh., die als Prototyp des von unstillbarem Wissensdurst beseelten Gelehrten, Abenteurers und Schwarzkünstlers in die Weltliteratur eingegangen ist. Der 1480 in Knittlingen geborene Johann Georg Faust soll in Heidelberg, Ingolstadt und Krakau Medizin, Astrologie und Alchemie studiert und sich bereits früh mit Magie befaßt haben; schließlich schloß er einen Teufelspakt, der ihm für vierundzwanzig Jahre die Dienste eines dämonischen Wesens, Mephistopheles, sicherte. Nach 1500 scheint Faust mit magischen Kunststücken aufgetreten zu sein und sich auch als Wahrsager betätigt zu haben. Schon zu Lebzeiten hat die Sagenbildung um seine Person eingesetzt, wobei bereits bekannte Motive von Zaubertaten, die man auch Albertus Magnus und anderen Gelehrten zugeschrieben hatte, auf Faust übertragen wurden: mit Hilfe des Teufels fliegt er durch die Luft, läßt mitten im Winter Gärten erblühen und Feldwege pflastern, bevor er darüberfährt, um sie dann blitzschnell wieder aufzureißen. 1587 erschien in Frankfurt am Main das Volksbuch ‚Historia von D. Johann Fausten, dem weit beschreyten Zauberer und Schwarzkünstler', das die in der populären Tradition verbreiteten Erzählungen zusammengefaßt hat.
Die Geschichte von den im Winter blühenden Gärten wird auch von Boxberg erzählt: Faust ging eines Tages mit den Frauen des Schlosses im Burggarten spazieren. Es war ein kalter Wintertag, und die Frauen klagten über den Frost. Da ließ Faust sogleich die Sonne scheinen; die schneebedeckten Rasen ergrünten, ja

Das angebliche Faust-Portrait von Rembrandt

sogar Veilchen begannen zu blühen. Die Bäume trugen Früchte, und die Rebstöcke waren mit Trauben behangen. Faust forderte die Damen auf, sich eine Traube abzuschneiden, aber nicht bevor er das Zeichen gäbe. Als sie nach den Früchten griffen, nahm er die Verblendung von ihnen, und da sahen sie, wie sie an ihre eigene Nase das Messer gelegt hatten.

BRONNBACH (Wertheim, Main-Tauber-Kreis)

Kloster

Die romanische Kirche der 1803 säkularisierten ehemaligen Zisterzienserabtei ist heute Pfarrkirche, der Westflügel Wohnung der Fürsten zu Löwenstein-Wertheim-Rosenberg. Gründer des Zisterzienserklosters ist der hl. Bernhard, ein burgundischer Adliger (1091–1153), der 1112 mit dreißig ‚Gesellen' in das Reformkloster Citeaux eintrat und 1115 von dort aus das Tochterkloster Clairvaux gründete, dessen Abt er wurde. Bernhard brachte den Orden zu hoher Blüte: zu seinen Lebzeiten entstanden etwa dreihundert neue Niederlassungen.

Das Kloster Bronnbach soll der Legende nach vom hl. Bernhard selbst gegründet worden sein. Bei einem

Aufenthalt in Würzburg hatte er prophezeit, daß auch im wilden Taubertal ein Kloster seines Ordens entstehen werde. Drei Ritter waren von Bernhards Persönlichkeit so beeindruckt, daß sie ein Kloster stiften wollten. Als sie im Taubertal nach einem geeigneten Platz suchten, flogen plötzlich aus dem Gestrüpp drei weiße Lerchen auf. Die Ritter sahen hierin einen Fingerzeig Gottes, ließen die Abtei an der bezeichneten Stelle bauen und nahmen die Lerche in ihr Wappen auf. Urkundlich ist lediglich belegt, daß Erlebold von Krensheim, Billung von Lindenfels und Sigebodo von Zimmern im Jahr 1151 oberhalb der heutigen Anlage ‚zum Heile ihrer Seelen' das *‚castrum Brunnebach'* stifteten und zwölf Zisterziensermönchen aus Waldsassen übergaben. Da dieser Orden aber stets in Tälern siedelt, schenkte Erzbischof Arnold von Mainz ihnen 1157 den Grund an der Tauber.

Der hl. Bernhard von Clairvaux

In den Klostergebäuden soll es nicht geheuer sein: jede Mitternacht hört man von draußen Wagenrattern, Hufgetrampel, das Knallen von Peitschen sowie mehrere Schüsse. Es heißt, einer der Äbte habe einst in Kriegszeiten den Klosterschatz in Sicherheit bringen wollen, indem er diesen im Schönertwald verbarg. Den Kutscher, der ihm beim Transport geholfen hatte, schoß er anschließend nieder, damit dieser das Versteck nicht verraten könne. Auf Befehl des Fürstbischofs wurde der Mörder enthauptet und der Tote (abschreckungshalber mit dem Kopf im Schoß) nach Bronnbach zurückgebracht, wo er nun sein Unwesen treibt.

Eulschirbenmühle
Hinter Bronnbach liegt an der nach Tauberbischofsheim führenden Straße die urkundlich bereits 1245 belegte Mühle Eulschirben. Ihr jetziges schloßähnliches Aussehen verdankt sie den Besitzern der nahen Gamburg, die bis ins 16. Jh. Lehen der Erzbischöfe und Kurfürsten von Mainz war. Die Eulschirbenmühle ist Schauplatz der in zahlreichen Varianten verbreiteten Melusinensage. In der ältesten Fassung, einem altfranzösischen Prosaroman des 14. Jh., ist Melusine eine schöne Meerfrau, die sich mit einem Ritter verbindet und zur Stammutter der Grafen von Lusignan wird. Als sie von ihrem Gatten verbotenerweise in ihrer Nixengestalt (mit Fisch- oder Schlangenschwanz) überrascht wird, muß sie ihn verlassen und in ihr Element zurückkehren. Dieser Stoff erfreute

Melusine im Bad. Holzschnitt 1474

sich vor allem in Frankreich und Deutschland großer Beliebtheit, wie zahlreiche Volksbuchausgaben (ab 1474), Bearbeitungen der Fabel in epischer, dramatischer und lyrischer Form sowie musikalische und bildliche Gestaltungen bezeugen.
Von der Eulschirbenmühle wird erzählt, der Müller habe einst eine Magd gehabt, die in Wahrheit ein Wasserfräulein war. In diese verliebte sich ein Ritter von der Gamburg und ließ ihr neben der Mühle ein Haus bauen, aus dessen Keller eine Treppe direkt in die Tauber führte. Als der Müller bemerkte, daß die angebliche Magd ein übernatürliches, in seinen Augen ‚teuflisches' Wesen war, wandte er sich an den Abt des Klosters Bronnbach um Rat. Er erhielt geweihtes Wachs sowie ein beschriebenes Blatt, die er auf die Kellertreppe legen mußte; der Wasserfrau war damit der Zugang ins Reich der Menschen versperrt, und sie ließ sich nicht wieder im Hause sehen.

Buchen (Neckar-Odenwald-Kreis)

Röhrenbrunnen
Am Buchener Marktplatz steht der Röhrenbrunnen, von dem die Sage geht, daß in der Neujahrsnacht Wein statt Wasser in ihm fließen soll. Zwei Burschen wollten dies überprüfen, und der eine stieg die lange Treppe hinunter, die früher zu dem Brunnen führte. Da er lange nichts von sich hören ließ, rief der andere hinunter: ‚Sag' mal du, ist's Wein?' Der Bursche unten erschrak fürchterlich, denn er verstand ‚Du bist mein' und glaubte, der Teufel würde ihn holen. Er bekam einen Herzschlag und fiel tot ins Brunnenbecken. Seither wagte niemand mehr zu probieren, ob in der Neujahrsnacht wirklich Wein fließt.

‚Blecker'
Am Torturm der alten Stadtmauer befindet sich das Wahrzeichen von Buchen, der sog. *‚Arschblecker'*, eine Skulptur von wahrscheinlich apotropäischer (= unheilabwehrender) Bedeutung.
Warum diese Figur dort angebracht worden ist, erklärt die Sage folgendermaßen: Buchen soll früher außerordentlich reich gewesen sein, so daß seine Bürger sich rühmten, ihre Straßen mit Kronentalern pflastern zu können. Wegen dieser Prahlerei suchten die Ortschaften der Umgebung sich von Buchen unabhängig zu machen. Die Buchener ließen daraufhin an den gegen Odenwald und Bauland gerichteten Toren die

Figuren spottender Affen anbringen, außerdem einen Mann mit nacktem Hintern, der gerade seine Notdurft verrichtete. Damit wollten sie andeuten, daß die Meinung der andern ihnen völlig gleichgültig sei. Zur Strafe für diesen Übermut geriet Buchen bald in Armut und sank zu einem bedeutungslosen Städtchen herab.

BUCHENBACH (Mulfingen, Hohenlohekreis)

Schloß

In Buchenbach befindet sich ein recht ansehnliches Schloß. Seit dem 11. Jh. war es Sitz des Ortsadels, der wahrscheinlich schon damals mit den von Stetten verwandt war. Später wechselten häufig die Besitzer, so die Herren von Bächlingen, von Hohenlohe, von Stetten. Unter diesen letztgenannten bildete sich dann eine eigene Linie Stetten-Buchenbach heraus. Um eine Bewohnerin dieses Schlosses rankt sich eine Sage:

Im Schlößchen wohnte einst ein Fräulein von Stetten, welches im Alter dem Kartenspielen fröhnte. Zu ihrem Leidwesen fand sich jedoch kein standesgemäßer Spielpartner, und so mußte der Schulmeister als Angestellter derer von Stetten regelmäßig zum Kartenspielen ins Schloß kommen. Zugleich hatte aber der Mann die Aufgabe, das Glockengeläut in der Kirche zu versehen, was ihm sehr lästig war. Eines Abends setzte er als Einsatz die Bedingung, das Zwölfuhrläuten unterlassen zu dürfen, falls er gewänne. Tatsächlich war er erfolgreich, und von nun an unterblieb das Läuten der Glocken. Als die beiden gestorben waren, wollte man das regelmäßige Läuten wieder einführen. Doch als der neue Schulmeister zum erstenmal wieder am Glockenseil zog, öffnete sich am Schloß ein Fenster, das alte Fräulein erschien und bedeutete ihm, das Geläut zu unterlassen. Schreckensbleich floh der Schulmeister, und seither unterblieb das Läuten endgültig.

BULLENHEIM (Ippesheim, Lkr. Neustadt a. d. Aisch-Bad Windsheim)

Kunigundenkapelle

Östlich von Bullenheim liegen Mauerreste der Kunigundenkapelle aus dem Jahr 1500. Die Gründung dieser Kapelle führt die Legende direkt auf Kunigunde, die Gemahlin Kaiser Heinrichs II. zurück: Die Kaiserin Kunigunde kam einst auf einer beschwerlichen

Reise vom Weg ab und verirrte sich. In ihrer Not flehte sie zu Gott um Hilfe und gelobte, eine Kapelle zu erbauen, wenn sie gerettet würde. Kaum war ihr Gebet zu Ende, hörte sie ein Glöcklein läuten und erblickte ein Licht, das ihr den Weg nach Bullenheim wies. Sie erfüllte ihr Gelöbnis, erbaute auf dem Bullenheimer Berg die Kapelle und schenkte dem Dorf einen großen Wald.
→ Bamberg, Burgerroth

BURGBERNHEIM (Lkr. Neustadt a. d. Aisch-Bad Windsheim)

Heilquelle Wildbad

Etwa 3 km von Burgbernheim entfernt liegt am Anfang der Tiefenbachschlucht das Kneippsanatorium Wildbad. Seine Brunnen werden den erdigen Bitterquellen zugerechnet; sie enthalten Edelgase mit radioaktiver Wirkung. Ihre Heilkraft ist schon seit mehr als 800 Jahren bekannt, denn schon 1128 wurde zum Reichstag in Nürnberg Burgbernheimer Wasser geliefert.
Wie die Quelle entdeckt wurde, erzählt die folgende Sage:
Ein geiziger Bauer hatte einen alten, kranken Schimmel, den er, um Futter und Heilmittel zu sparen, einfach fortjagte. Wenig später entdeckten Waldarbeiter das Pferd frisch und gesund bei einer Quelle, aus der es soff. Man erkannte daran die heilende Wirkung des Wassers und wandte es mit bestem Erfolg auch bei Menschen an.

BURGERROTH (Aub, Lkr. Würzburg)

Kunigundiskapelle

Über dem Gollachtal liegt die weithin sichtbare Kunigundiskapelle. Vermutlich handelt es sich hier um eine Hohenlohische Stiftung des 13. Jh. Der Kult der Kunigunde verbreitete sich nach ihrer Heiligsprechung im Jahre 1200 sehr schnell. Die Kapelle bei Burgerroth geht der Legende nach direkt auf die heilige Kunigunde zurück: Diese hatte gelobt, drei Kirchen zu erbauen – die Wahl der Bauplätze wollte sie göttlicher Fügung überlassen. Darum ließ sie vom Bamberger Schloß aus drei weiße Schleier fliegen; wo diese gefunden würden, sollte jeweils eine Kirche gebaut werden. Einen der Schleier trug der Wind bis nach Burgerroth, wo er an einer Linde hängenblieb.

Entstehung der Kunigundiskapelle bei Burgerroth

Das neue Kirchlein sollte sowohl Burgerroth als auch dem benachbarten Buch als Pfarrkirche dienen (das umliegende Feld wurde zum Totenacker) – doch schien den Buchern der Platz zu weit entfernt, weshalb sie das Baumaterial eigenmächtig nach Buch schafften. Am nächsten Morgen aber lag alles wieder am vorgesehenen Ort, und so wurde die Kirche hier gebaut.
→ Bamberg, Bullenheim

Burggaillenreuth
(Wiesenttal, Lkr. Forchheim)

Burg
Der Ort wird erstmals als *‚Geulenriut‘* erwähnt. Im 14. und 15. Jh. gehörte er zu den Besitzungen der Grafen von Schlüsselberg. 1347 starb der letzte Schlüsselberger, und so fiel die Burg an das Bistum Bamberg. 1359 wurden die Egloffsteiner belehnt, die daraufhin 300 Jahre das Anwesen besaßen.
In vielen Erzählungen und Sagen wird Burggaillenreuth als das Stammschloß des Eppelein von Gailingen bezeichnet. So reimt etwa der Nürnberger Heimatforscher Dr. Christof Beck in seinen *‚Poetischen Erinnerungen und Eindrücken an die fränkische Schweiz‘*:

Schloß Burggaillenreuth

„Hoch am Felsen kühnverwegen
hängt das Schloß Burggailenreuth,
Drin haust' Eppelein der Geiling
Der als Ritter rings gescheut."

Historisch läßt sich Burggaillenreuth mit Eppelein nicht in Zusammenhang bringen; allein das 300jährige Lehen der Egloffsteiner macht dies unwahrscheinlich.
→ Nürnberg, Trainmeusel, Wohlmanngesees

Burgwindheim (Lkr. Bamberg)

Wallfahrt zum Heiligen Blut
Burgwindheim kam 1278 an das Zisterzienserkloster Ebrach, dem es die Förderung der ‚Heilig-Blut-Wallfahrt' verdankt. Die heutige Wallfahrtskirche, durch ein Mirakel des Jahres 1465 veranlaßt, wurde 1467 errichtet und 1594–97 erneuert. Unter dem Altartisch ist eine kleine Bühne eingebaut mit der Darstellung einer eucharistischen Wundererscheinung; die zugehörige Inschrift lautet: „Hier ist derj. Ort, auf welchem im Jahr 1465 bei d. Corporis-Christi Prozession sich die Monstranz ohne Mitwirkung des Priesters, d. Windes oder sonst einer natürlichen Ursache von selbst geöffnet u. sich d. hl. Hostie auf d. Erde herabgesenkt u. gelegen hat." Die Prozessionsteilnehmer erkannten in dem wunderbaren Fall der Hostie den Willen Gottes, diese Stätte zu heiligen; der herbeigerufene Ebracher Abt brachte am Oktavtag von Fronleichnam die Hostie in die Pfarrkirche zurück und weihte am 4. Oktober 1467 eine erste Wallfahrtskapelle ein. (Berichte von solch wunderbaren Geschehnissen in Zusammenhang mit der Eucharistie sind im

Mittelalter vielfach überliefert; sie wurzeln in einer tiefen Ehrfurcht vor dem Altarsakrament, aber auch in magischem Wunderglauben).
Die Burgwindheimer Wallfahrt fand großen Zulauf – um so mehr, als man im Jahr 1626 unterhalb der Kapelle eine heilkräftige Quelle entdeckte, die später mit einem Brunnenhaus überbaut wurde. In der katholischen Pfarrkirche St. Jakob stellen Deckengemälde des 18. Jh. die drei wichtigsten Ereignisse dar, die sich auf die Wallfahrt beziehen: das Fallen der Hostie, ihre Erhebung durch den Abt, Kranke an der Heilquelle.
→ Iphofen, Walldürn

COBURG

Veste und Moritzkirche

Oberhalb der Stadt liegt die Veste Coburg, eine der größten Burganlagen Deutschlands, deren älteste Teile aus dem späten 12. Jh. stammen – doch hat wohl schon vorher hier eine Burg gestanden. Ursprünglich Königsgut, gelangte Coburg 1074 an die Benediktinerabtei *Saalfeld,* an deren Stelle im Lauf des 12./13. Jh. zunächst die Grafen von Andechs-Meran und schließlich die Grafen von Henneberg traten. 1353 kam Coburg an die Wettiner, die sie im 16. Jh. zur Residenz ausgestalteten. Heute birgt die Veste reichhaltige Sammlungen zur Kunst- und Kulturgeschichte.
Während des Augsburger Reichstags (April – Oktober 1530) weilte der Reformator *Martin Luther*, da er als Geächteter nicht teilnehmen konnte, auf der Veste Coburg. Bis zur Rückkehr nach Wittenberg verfaßte er hier sechzehn Schriften, dazu Übersetzungen aus dem Alten Testament, Briefe und Predigten. Der Sage nach suchte ihn der Teufel in Gestalt einer Ratte dabei zu stören – doch Luther warf einen Schemel nach dem Tier und zerschmetterte ihm ein Bein. Seine Studierstube, das sog. *‚Lutherzimmer‘,* ist nachträglich mit zeitgenössischen Möbeln und einem lebensgroßen Bildnis Luthers ausgestattet worden.
Auf der Burg soll ein Geist umgehen, von dem folgende Sage erzählt wird: Graf Hermann von Henneberg lag einst mit dem Bamberger Bischof in Fehde, weil dieser dem Mörder seines Vaters Aufnahme gewährt hatte. Hermann hielt zwölf Soldaten des Bischofs auf der Veste gefangen – doch war die Haft nicht streng, so daß sie sich nach Belieben die Zeit vertreiben konnten. Als sie jedoch eines Tages aus Übermut Erbsen

Stadt und Veste Coburg. Kupferstich von 1648

auf die Treppe gestreut hatten, auf denen der Schloßkaplan ausrutschte, da rächte sich dieser, indem er dem Grafen erklärte, der Mörder von dessen Vater befände sich unter den Gefangenen. Hermann wollte daraufhin alle zwölf um Mitternacht köpfen lassen, wobei der Türmer der Moritzkirche mit seinem Horn das Signal geben sollte. Seiner Frau gelang es jedoch, ihn zu besänftigen und die Todesstrafe in eine Scheinhinrichtung umzuwandeln. Der Kaplan war jedoch heimlich mit dem Horn auf den Kirchturm gestiegen – und auf die von ihm gegebenen Signale hin wurden alle zwölf Gefangenen wirklich enthauptet. Aus Zorn über diese Mißachtung seiner Befehle warf der Graf den Geistlichen über die Brüstung hinab. Seither läßt dieser sich regelmäßig mit Rosenkranz, Schlüsselbund und Wächterhorn auf dem Turm sehen. Sein Erscheinen bedeutet nie etwas Gutes und droht Gefahr, so hört man das Horn zwölfmal erschallen.

Marktbrunnen

Auf dem Marktbrunnen stehen als Wasserspeier zwei steinerne Löwen, um die sich eine Sage rankt: Ein reicher Geizhals wollte, um sich noch auf dem Sterbebett die ewige Seligkeit zu sichern, sein Geld einem Waisenhaus vermachen. Der Abt des Barfüßerklosters hörte davon und wollte ihn mit den Sterbesakramenten versehen, um so vielleicht das Geld seinem Kloster zuwenden zu können. Als er unterwegs an dem Brunnen vorbeikam, begannen die Löwen zu brüllen, stürzten sich auf den Abt und verschlangen ihn mitsamt der Monstranz, worauf sie wieder zu Stein erstarrten. Der Abt soll identisch sein mit dem Geist, der manchmal auf dem Turm der Moritzkirche erscheint.

Stadtwappen
Seit dem frühen 16. Jh. zeigt das Wappen von Coburg auf goldenem Grund einen Mohrenkopf mit goldenem Ohrring. Es handelt sich um das Haupt des Stadtpatrons St. Mauritius (Moritz), der schon auf den ältesten Coburger Münzen (14. Jh.) erscheint und dem auch die evangelische Pfarrkirche geweiht ist. Der Legende nach war Mauritius Anführer des afrikanischen Teils der Thebäischen Legion, einer Abteilung von zum Christentum übergetretenen römischen Legionären, die zwischen 287 und 300 auf Befehl Kaiser Maximians in Agaunum/Rhône hingerichtet wurden, weil sie sich weigerten, den alten Göttern zu

Der Mohrenkopf im Stadtwappen von Coburg

opfern. Da Mauritius aus Afrika stammt, wird er gern als Mohr dargestellt. Spätere Legendenbildung bringt das Coburger Wappen mit den Heiligen Drei Königen (von denen einer, meist Caspar, als Mohr dargestellt wird) in Zusammenhang. Als im Jahr 1164 ihre Gebeine von Mailand in den Kölner Dom überführt wurden, machte man unterwegs nächtliche Rast in der Stadt Coburg, die zum Andenken einen Mohrenkopf in ihr Wappen aufnahm.

Schloßkapelle Callenberg
Nordwestlich von Coburg liegt auf einer Anhöhe Schloß Callenberg. Erstmals 1122 genannt, war es bis 1231 im Besitz des gleichnamigen Geschlechtes. Anschließend kam es in den Besitz der Henneberger, die es den Herren von Sternberg zu Lehen gaben. Bei ihrem Aussterben fiel das Schloß an die Landesherrschaft. Von dem im 17. Jh. erbauten Oberschloß ist nur die Kirche erhalten geblieben.
Auf der Kanzel ist neben anderen Gestalten ein Schäfer mit Hund zu sehen. Es wird erzählt, dieser Schäfer habe wegen eines schweren Verbrechens hingerichtet

werden sollen. Doch bot man ihm an, durch Vollendung der noch im Bau befindlichen Kirche seine Tat zu sühnen. Der Schäfer erklärte sich bereit und brachte allwöchentlich einen Ranzen voller Goldstüke. Mit dem Geld wurden Arbeitskräfte angeworben, so daß die Kirche rasch fertig war.

Schloß Callenberg

DIEDESHEIM (Mosbach, Neckar-Odenwald-Kreis)

Hebenkreuz

Im Wald an der alten Gemarkungsgrenze zwischen Diedesheim, Reichenbach und Nüstenbach steht das ‚Hebenkreuz', ein niederes Sandsteinkreuz. Der Sage nach verdankt es folgendem Vorfall seine Entstehung: Eine Hebamme aus Nüstenbach hatte in Reichenbach einer Frau in Geburtsnöten geholfen, jedoch kein Geld dafür erhalten, da die Familie sehr arm war. Auf dem Heimweg wurde sie von einem Räuber, der Geld bei ihr vermutete, überfallen und umgebracht. Zum Andenken an diese Hebamme stellte man das ‚Hebenkreuz' auf.

Viele ähnliche Sagen ranken sich um solche ‚Hebenkreuze'. Der Name kommt jedoch nicht von Hebamme, sondern von *‚Heppe'* oder *‚Hippe'*, einem Weinbergmesser, das sich oft als Zeichen auf solchen Steinkreuzen eingeritzt findet. Am Diedesheimer Stein sind solche Ritzungen jedoch nicht zu entdecken.

DIMBACH (Volkach, Lkr. Kitzingen)

Muttergottesstatue in der Wallfahrtskirche

Oberhalb des Ortes liegt die 1330 erbaute Wallfahrtskirche Sancta Maria de Rosario. Das Gnadenbild,

eine um 1320 entstandene Madonna mit Kind, weist eine Besonderheit auf: das Jesuskind strebt von seiner Mutter weg – es scheint ihr auf dem ‚falschen' Arm zu sitzen. Diesen Umstand erklärt eine Legende, die sich erstmals in der Chronik des benachbarten Klosters Schwarzach (1744) findet:
Im Jahr 1312 hatte eine Frau aus Dimbach ihren kleinen Sohn mit in den Wald genommen und dort auf den Boden gesetzt, während sie mit Holzsammeln beschäftigt war. Da kam ein Wolf und schleppte das Kind fort. Die erschreckte Mutter eilte in die Dorfkirche, nahm der Statue der Muttergottes das Kind vom Arm und erklärte, sie werde es ihr nicht eher zurückgeben, bis sie ihr eigenes Kind wiederhabe. Sie trug die Figur in den Wald, wo der Wolf das geraubte Kind auch wirklich unversehrt zurückbrachte. Voller Freude brachte die Frau das Jesuskind in die Kirche zurück – setzte es aber versehentlich nicht auf den linken, sondern den rechten Arm Marias, wo es sich jetzt noch befindet.
Eine andere Legende berichtet von einem mißlungenen Kirchendiebstahl: 1336 wollte ein Mann das wundertätige, mit Gold und Silber behängte Marienbild stehlen – doch als er zugriff, streckte das Jesuskind seine Ärmchen aus und hielt den Dieb fest bis zum andern Morgen, wo er gefangengenommen und entsprechend bestraft wurde.

DINKELSBÜHL (Lkr. Ansbach)

Dinkelbauer

Dinkelsbühl wurde wahrscheinlich um 1180 unter Einbeziehung einer älteren Siedlung als staufische Stadt gegründet; als *‚burgus Tinkelspuhel'* taucht sie erstmals 1180 im Ehevertrag zwischen Konrad von Rothenburg, dem Sohn Kaiser Friedrich Barbarossas, und der kastilischen Königstochter Berengaria auf. Der Name Dinkelsbühl leitet sich nicht, wie früher behauptet, von ‚Ding' oder ‚thing' (germ. Bezeichnung für Gerichtsverhandlungen an bestimmten Orten, den sog. Dingstätten) ab. Vermutlich ist er aus dem Eigennamen Thingolt oder Dingolf hervorgegangen. Die Sage hingegen führt den Namen der Stadt auf einen Bauern zurück, der, weil er besonders Dinkel (eine heute seltene Weizenart) anbaute, der ‚Dinkelbauer' genannt wurde. Sein Hof, neben dem er eine kleine Kapelle gebaut hatte, stand da, wo heute Dinkelsbühl liegt. Später soll er seinen Besitz Würzburger Mönchen geschenkt haben, die hier ein

Dinkelsbühl. Kupferstich mit allegorischen Figuren, um 1650

Karmeliterkloster bauten; dieses Kloster war die Keimzelle einer Siedlung, aus der sich die Stadt Dinkelsbühl entwickelte. Eine Figur, die den sagenhaften Dinkelbauern zeigt, stand früher auf dem Marktbrunnen und ist heute im Stadtpark aufgestellt.

Kinderzeche

Das alljährlich im Juli stattfindende Volksfest der ‚Kinderzeche' erinnert an die Eroberung der Stadt durch die Schweden 1632 und die Errettung vor der Plünderung. Ein von der Tochter des Torwärters, der ‚Kinder-Lore', angeführter Zug von Kindern soll damals ins feindliche Lager gezogen und den schwedischen Obristen um Schonung angefleht haben.
Es handelt sich um eine Wandersage, die von verschiedenen Städten erzählt wird und sich in Dinkelsbühl mit einem hier bereits bestehenden Kinderfest verbunden hat. Das historische Festspiel ‚Die Kinderzeche' wurde am 12. Juli 1897 uraufgeführt; es wird heute im Schrannen-Saal gespielt. Hinzu kommen während der neuntägigen Festwoche ein historischer Umzug sowie ein reichhaltiges Unterhaltungsprogramm, das vor allem auf Belange der Fremdenverkehrswerbung abgestimmt ist. Der ursprüngliche Kern des Festes wird im Text des Schauspiels so geschildert:

„Vernehmt ihr Leute, groß und klein,
Was ich euch jetzt berichte!
Ich schenk euch gute Märe ein
Aus unserer Stadtgeschichte.

Man weiß ja wohl das schwere Jahr,
Da ließ es Gott geschehen,
Daß sie befreit war aus Gefahr
Durch ihrer Kinder Flehen.

Der Feind stand dräuend vor dem Tor;
Oh weh! wer hilft uns Armen?
Da drang die Bitte an sein Ohr:
Hab doch mit uns Erbarmen!

Sieh hier der zarten Kinder Schar,
Wer soll uns speisen, tränken!
Willst du der Stadt, die uns gebar,
Nicht Gnad und Frieden schenken? –

Da ward des Feindes Herz erweicht,
Das Schwert fuhr in die Scheide;
Viel Mutterherzen wurden leicht,
Und alles war voll Freude.

Des zum Gedächtnis feiert man
Dies Fest seit vielen Jahren,
Und stimmet dem ein Loblied an,
Der uns aus Kriegsgefahren

Errettet hat zu seiner Zeit
Durch Kindermundes Lallen;
Er lasse sichs voll Freundlichkeit
Auch heute wohl gefallen.

Er gebe uns ein frommes Herz
Und lehr uns kühnlich treten
Vor ihn, in Freude wie in Schmerz
Für unsre Stadt zu beten.“

DOLLNSTEIN (Lkr. Eichstätt)

Mühle Bubenroth und Felsen

Bei Dollnstein an der Altmühl liegt die Mühle Bubenroth (heute ein Sägewerk). Ihr gegenüber erhebt sich jenseits der Altmühl ein hoher, steiler Felsen, an dessen Fuß sich eine Öffnung befindet. Sie ist der Eingang zu einem unterirdischen Gang, der sich durch den Mühlberg ziehen und in den Fels münden soll.
In diesem Berg sollen vor vielen Jahren Wichtelmänner gelebt haben. Abends nach dem Gebetläuten kamen sie herüber zur Mühle und verrichteten alle anstehenden Arbeiten. Am nächsten Morgen, noch vor dem ersten Glockenschlag, waren sie wieder verschwunden. Die Müllerin wollte ihnen aus Dankbarkeit und Mitleid schöne Kleider machen. Als diese fertig waren, legte man sie auf den Steg, der über die

Altmühl zur Bubenrother Mühle führte. Als nun die Wichtele über den Steg liefen, sahen sie die neuen Kleider und wurden darüber ganz traurig. Unter lautem Weinen kehrten sie zurück in ihre Felsenbehausung und haben sich seither nicht mehr sehen lassen.

(Im bäuerlichen Milieu war es früher üblich, Knechte und Mägde, die meist Saisonarbeiter waren, außer mit Geld auch in Naturalien und Kleidungsstücken zu entlohnen, bevor sie wieder weiterzogen. Wurde man in dieser Weise ‚ausgelohnt', so bedeutete das die Kündigung des Dienstverhältnisses.)

DONEBACH (Mudau, Neckar-Odenwald-Kreis)

Bildstock

In Donebach steht am Ende der Reitersgasse, am Ortsausgang in Richtung Mörschenhardt, ein alter Bildstock ohne Datierung. Auf dem Schaft ist noch zu entziffern: „Josef / Jesus / Maria / P . . ." In der Nische unter dem Satteldach befindet sich ein Vesperbild. Mit diesem Bildstock soll es folgende Bewandtnis haben: Als im Schwedenkrieg die Soldaten plündernd durch das Land zogen, kamen sie auch nach Donebach. Die Einwohner flohen oder versteckten sich. Ein altes Weiblein aber, nicht mehr gut zu Fuß, setzte sich in seiner Angst unter einen großen Weidenbusch und bat die Muttergottes, ihren Mantel über sie zu breiten. Tatsächlich ritten die Schweden an dem Busch vorbei, ohne das Weiblein zu sehen. Als die feindlichen Truppen vorbei waren, kroch die alte Frau wieder hervor und ließ zum Dank für ihre Rettung der Muttergottes einen Bildstock errichten. Die Gasse, durch die die Schweden geritten waren, nannte man fortan ‚Reitersgasse'.

E

EBRACH (Lkr. Bamberg)

Ehemaliges Kloster

Die einstige Zisterzienserabtei, in deren Gebäuden heute eine Strafanstalt untergebracht ist, wurde 1127 als älteste Niederlassung des Zisterzienserordens in Franken gegründet und vom Stammkloster Morimond aus besiedelt.

In der Klosterkirche, deren Inneres im 18. Jh. in klassizistischer Manier gestaltet wurde, ist unter der Empore ein prächtiges Gitter zu sehen: es wurde 1743 vom Würzburger Hofschlosser Johann Georg Oegg gearbeitet und sperrte ursprünglich den Chor. Auf ihm ist ein Eberkopf mit einem Krummstab zu sehen, der auf die Gründungslegende des Klosters anspielt: ursprünglich hatte die Abtei in der Gegend von Untersteinach gebaut werden sollen – doch was man tagsüber errichtete, wurde bei Nacht von zwei riesigen Kröten wieder zerstört. Etwa eine Stunde vom Bauplatz entfernt wühlte im Wald ein wilder Eber in der Erde, wobei ein goldener Abtsstab zum Vorschein kam. Man erkannte darin einen Fingerzeig Gottes und baute hier das Kloster. Der Eber mit dem Stab wurde zur Erinnerung ins Klosterwappen aufgenommen, die in Stein gehauenen Kröten an der Giebelseite der Kirche angebracht.

Das Treppenhaus der Abtei wurde ebenfalls im 18. Jh. nach dem Vorbild von Pommersfelden gestaltet und mit einer Reihe von allegorischen Figuren geschmückt. Unter ihnen befindet sich auch eine Darstellung der Zeit: eine geflügelte Gestalt, die eine Sense in den Händen trägt. Der Sage nach soll dies ein Ebenbild des Riesen sein, der zur Zeit der Heuernte nach Ebrach kam und den Mönchen eine Wette vorschlug: er erbot sich, in der Zeit von Tagesanbruch bis Mittag sämtliche Wiesen ganz allein abzumähen und dabei nur eine einzige Essenspause einzulegen – werde er fertig, so solle ihm das Kloster mit allem Besitz zufallen. Die Mönche gingen darauf ein, aber der Riese arbeitete so schnell, daß sie die Wette zu verlieren fürchteten. Sie mischten darum Gift in das ihm zugedachte Frühstück, und der Riese starb. Sein Bild wurde in Stein gehauen und im Treppenhaus aufgestellt.

Kloster Ebrach. Stahlstich nach einer Zeichnung von L. Richter, 1838

EFFELTRICH (Lkr. Forchheim)

Linde

Gegenüber der alten Kirchenburg inmitten des Dorfplatzes steht die ‚Tausendjährige Linde'. Sie gilt als eine der schönsten in Deutschland. Der Sage nach soll der Baum zur Gründung des Bistums Bamberg 1007 gepflanzt worden sein. Von Fachleuten wird der Baum auf mindestens 800 Jahre geschätzt.
Die eigenartige Gestalt des Baumes hängt mit der Bedeutung des Obstbaues in dieser Gegend zusammen. Der für die Veredelung junger Obstbäume benötigte Bast wurde aus den jungen, in die Höhe strebenden Zweigen der Linde gewonnen; so entstand die auffallend weitgespannte Krone. Der Baum war zu Beginn unseres Jahrhunderts Mittelpunkt des Dorfes als Rats-, Gerichts- und Tanzlinde.

EICHSTÄTT

Klosterkirche St. Walburg

Die heilige Walburgis, Schwester des ersten Eichstätter Bischofs Willibald und nach dem Tod ihres Bruders Wunibald Leiterin des Benediktinerklosters Hei-

Eichstätt im 15. Jahrhundert. Holzschnitt aus H. Schedel, Das Buch der Chroniken und Geschichten, 1493

Die heilige Walburga

denheim, ist dort am 25. Februar 779 gestorben und wurde Ende des 9. Jh. in die vor den Mauern Eichstätts gelegene Hl. Kreuzkirche überführt, wobei es zu außerordentlichen Wunderzeichen gekommen sein soll: zum ersten Mal wurde der sog. ‚Ölfluß' beobachtet, d. h. man fand die Gebeine ‚feucht wie von Tautropfen'. Das mit der nun in ‚St. Walburg' umbenannten Kirche verbundene Kanonissenstift wurde 1035 in ein Benediktinerinnenkloster umgewandelt. Der heutige Kirchenbau stammt aus dem 17. Jh. und ist eine vielbesuchte Wallfahrtsstätte. Die Heilige, deren Grab sich in einer 1706 erneuerten Gruftkapelle befindet, wird in Kindsnöten, bei Unfällen und Krankheiten von Tier und Mensch und vor allem bei Augenleiden angerufen. Die Flüssigkeit, die der Reliquien-

schrein von Zeit zu Zeit absondert, gilt als das heilkräftige ‚*Walburgisöl*'.
→ Heidenheim, Kirchehrenbach

Ordelbach

Hinter dem Kloster St. Walburg liegt am Berghang ein weit vorspringender Felsen, in dessen Mitte sich eine Öffnung befindet. Bei starken Regenfällen, besonders im Frühjahr, fließt hier ein Wasserfall, der sog. Ordelbach; er wird unter dem Kloster durch einen Kanal in die Altmühl geleitet. Es heißt, der Ordelbach werde einst den Felsen sprengen und Kloster und Stadt vernichten; diese Katastrophe kann jedoch verhindert werden, wenn die Nonnen das aus den Gebeinen der hl. Walburga fließende Öl an einem bestimmten Tag in die Felsöffnung gießen.

EINERSHEIM (Lkr. Kitzingen)

Ruine Speckfeld

Nordöstlich von Einersheim liegt auf einem freistehenden Bergkegel die Ruine Speckfeld. Im Bauernkrieg wurde die Burg niedergebrannt. Einige Jahre nach der Zerstörung ließ ein Bauer verlauten, er wisse bei der Ruine einen Schatz, der unter einem Haselbusch vergraben liege. Er wandte sich sogar an den Bischof mit der Bitte, ihm die Erlaubnis zur Hebung zu geben – dafür werde er die Hälfte des Schatzes an den Bischof abtreten. Der Bischof gab die Erlaubnis mit der Auflage, daß zwei Diener der Schatzhebung beiwohnen sollten. Leider wurde nichts gefunden, und alle drei, besonders aber der Bauer, wurden kräftig ausgelacht und verspottet.

ENGELHARDSBERG (Wiesenttal, Lkr. Forchheim)

Quackenschloß

Südlich von Engelhardsberg erhebt sich der *Adlerstein,* mit seinen 531 m die vierthöchste Erhebung der Fränkischen Schweiz. Unmittelbar zu Füßen des Berges liegt eine riesige Felsmasse, die man mit einiger Phantasie für eine alte Ruine halten könnte; in der nordwestlichen Ecke befindet sich eine Grotte. Dieses merkwürdige Naturgebilde, ein beliebtes Ausflugsziel, ist allgemein als ‚Quackenschloß' bekannt. ‚Quacke' bezeichnet die löchrige Beschaffenheit des Gesteins.

Daß hier wirklich einmal ein Schloß gestanden haben soll, berichtet die Sage, die von einem jungen Jäger er-

Das Quackenschloß

zählt, der bei der Verfolgung eines kapitalen Hirsches plötzlich vor einem prächtigen Schloß stand. Zwerge winkten ihm, näher zu treten, und voller Verwunderung betrat er durch das Alabastertor einen Saal, der von Smaragden, Jaspis und Opal funkelte und glitzerte. Auf einem Marmorthron saß eine wunderschöne Frau, die Feenkönigin, die ihn zum Bleiben einlud. Der Jäger hatte nun alles in Hülle und Fülle, doch ganz zufrieden war er nicht, denn es fehlten ihm der Wald und die Jagd. Endlich bat er nach vielen Wochen die Feenkönigin um Entlassung aus ihrem Reich. Mit einem Aufschrei brach diese ohnmächtig zusammen, denn sie wollte ihn nach Ablauf einer Probefrist zu ihrem Gemahl machen. Durch seine Bitte hatte er nun wenige Tage vor diesem Termin sein und ihr Glück zerstört. Mit einem mächtigen Donnerschlag sank das Schloß in Trümmer; mächtige Rauchwolken stiegen auf, aus denen sich allmählich eine Felsmasse bildete: das heutige Quackenschloß. Der Jäger wurde tot aufgefunden.
Noch heute sollen sich im Quackenschloß Erdgeister aufhalten: mancher, der an dieser unheimlichen Felsmasse vorbeiging, wurde von kleinen Steinchen getroffen, ohne zu wissen, woher sie kamen.

ENKERING (Kinding, Lkr. Eichstätt)

Rumburg

Von der Rumburg existiert nur noch eine Ruine mit teilweise erhaltenem Mauerwerk. Der Ort Enkering ist schon um 900 bezeugt. 1119 wird hier ein Edelgeschlecht derer von Angeringen genannt. Heinrich von Absberg erhielt um 1374 von Kaiser Karl IV. das Recht, Enkering zur Stadt mit Markt und Mauerrecht zu erheben. 1546 wurde der ganze Besitz von Enkering samt der Rumburg an den Bischof Moritz von Hutten für 18 600 Gulden verkauft, was zu einem Prozeß zwischen dem Absberg zu Enkering und dem Absberg zu Absberg führte. Erst um 1563 wurde die Burg Eichstätt ganz zugesprochen. Zu Beginn des 17. Jh. ist die Burg ‚durch einen Jeger verprennt worden ...'
Auf der Rumburg soll einst ein Ritter seine Frau umgebracht haben, die, weil sie unerlöst blieb, in Gestalt eines schwarzen Pudels mit feurigen Augen umgehen muß. In der Walpurgisnacht erscheint der Hund im Burghof; er trägt einen goldenen Schlüssel, der die Schatzgewölbe der Burg öffnet, im Maul. Wer um Mitternacht schweigend zur Burg geht, dem überläßt der Pudel den Schlüssel. Vor vielen Jahren machten sich einmal drei Männer auf, um die Schätze zu heben. Es war kurz vor der Geisterstunde, als sie ganz nahe an die Ruine herangekommen waren. Da hörten sie plötzlich aus dem Burghof Scharren und Gejaul und sahen eine riesige Flamme über der Mauer schweben. Entsetzt rannten sie davon, und der Schatz blieb ungehoben.

EUERDORF (Lkr. Bad Kissingen)

Pfaffensteine

Fährt man die B 287 von Bad Kissingen in Richtung Hammelburg, kommt man nach wenigen Kilometern in den Ort Euerdorf. In dem nordöstlich gelegenen Waldstück, das die Flurbezeichnung ‚Sommerberg' trägt, stehen zwei Steinkreuze, die im Volksmund die ‚Pfaffensteine im Heiligenholz' genannt werden. Es wird erzählt, daß sich hier zwei Geistliche aus dem Kloster Aura umgebracht hätten: Ein junger Mann verliebte sich in eine Müllerstochter, die ihn aber abwies. In seinem Kummer trat er ins Kloster Aura ein. Hier wurde ihm zugetragen, daß seine Geliebte sich der besonderen Gunst eines Paters erfreue, der bei seinen Besuchen der Filialkirchen immer in der Mühle übernachte. In seiner Eifersucht lauerte der junge Mönch dem Pater nachts im Walde auf, um ihn zur Rede zu stellen. Es entbrannte ein heftiger Kampf, bei dem beide ums Leben kamen und zusammen begraben wurden. Die Müllerstochter aber heiratete den Knecht ihres Vaters und führte ein glückliches Leben.

FÄHRBRÜCK (Hausen, Lkr. Würzburg)

Wallfahrtskirche und Gregoriusstein

Auf dem *Eichelberg* steht weithin sichtbar die im 17. Jh. erbaute Wallfahrtskirche Maria Himmelfahrt. Der Berg war im 12. Jh. im Besitz des Benediktinerklosters Neustadt, das hier eine Kapelle zu Ehren des hl. Gregorius errichten ließ. Über die Gründe des späteren Patroziniumwechsels ist nichts Genaues bekannt. Ziel der früheren Wallfahrten war der sogenannte ‚Gregoriusstein', ein für seine Wunderkraft berühmtes Taufbecken, in dem der Legende nach Papst Gregor der Große (590–640) getauft worden ist; das Wasser soll vor allem bei fiebrigen Erkrankungen helfen. Als man einst dieses Becken versetzen wollte, war es selbst mit einem Gespann von sechzehn Pferden nicht von der Stelle zu bewegen. – Auch von der Kirche selbst werden seltsame Dinge berichtet: hier erscheinen Lichter, die aber beim Näherkommen verschwinden, und die Glocken sollen manchmal von selbst läuten.

FALKENDORF (Aurachtal, Lkr. Erlangen-Höchstadt)

Eichenbrünnlein

Wenn man auf der Straße von Herzogenaurach nach Münchaurach fährt, liegt etwa 2 km hinter Falkendorf an der linken Straßenseite im Eichenwald das Eichenbrünnlein. Die alte Quelle wurde 1933 neu gefaßt. An dieser Stelle soll es nicht geheuer sein. Wie es dazu kam, erzählt folgende Geschichte:
In früheren Zeiten gab es in Falkendorf einen Vogelherd. Hier hat ein Ritter von der Burg in Herzogenaurach Eulen angelockt und gefangen. Einst saß er hier und ahmte den Lockruf der Eulen nach, als ihm eine wunderschöne Jungfrau erschien. Sie winkte ihm, und er folgte ihr. Sie führte ihn zum Eichenbrünnlein, wo er voller Erstaunen zahlreiche Nixen im klaren Quellwasser baden sah. Sie zwangen den Ritter, seine Kleider abzulegen und ins Wasser zu steigen. Dann zogen sie ihn in die Tiefe, und er ertrank. Niemand

Nixe. Holzschnitt, 1579

sah wieder etwas von ihm. Wenn jemand in einer klaren Mondnacht Wasser aus dem Eichenbrünnlein schöpft, kann er das Klagen und Stöhnen des unglücklichen Ritters hören.

FEUCHTWANGEN (Lkr. Ansbach)

Taubenbrünnlein

Geht man vom Kirchplatz ‚Am Kasten' die Treppe hinunter, so kommt man zum Taubenbrünnlein. Es erinnert an die Gründungsgeschichte der Stadt, die mit Kaiser Karl d. Gr. in Verbindung gebracht wird: Als dieser einst in der Gegend jagte, verirrte er sich im Walde und wurde von heftigem Durst gepeinigt. Da sah er eine Taube auffliegen, eilte diesem Platz zu und fand zu seiner Freude eine Quelle. Aus Dankbarkeit gegen Gott baute er in der Nähe eine Kirche und ein Kloster, wodurch er auch zum Gründer der Stadt Feuchtwangen wurde.

Aufgrund historischer Forschung ist eine Klostergründung durch Karl den Großen nicht aufrechtzuerhalten. Das Kloster dürfte eine grundherrliche Stiftung aus dem 8. Jh. sein, wobei die Umwandlung zur

Reichsabtei vielleicht durch eine Schenkung an Karl d. Gr. erfolgte. Die früheste Nennung als *‚Fiuchtinwang‘* ist in einer Urkunde des Jahres 817 zu finden, als Kaiser Ludwig der Fromme die Äbte der Reichsklöster zu einer Synode nach Aachen berief.

FÖHRENREUTH (Konradsreuth, Lkr. Hof)

Kreuzstein

Vor dem Dorf Föhrenreuth, dort, wo die Straßen nach Pretschenreuth und Leupoldsgrün zusammenstoßen, befindet sich auf dem kleinen Wegdreieck unter Weißdornbäumen eine Granitplatte. Auf ihr ist ein großes, daneben ein kleineres Kreuz eingemeißelt; eine 50 cm lange Einmeißelung an der linken Seite wird als Schäferschaufel gedeutet. An dieser Stelle soll vor Jahren ein Kampf stattgefunden haben: Der Dorfhirte des einstigen Gutes Pretschenreuth und ein Bauer waren wegen der Wässerung und Behütung aneinandergeraten. Der Bauer schlug mit der Reutehaue zu, und der Hirte wehrte sich mit seiner Wurfschaufel, bis beide tot waren. Beide wurden auch hier begraben, und mancher, der in der Geisterstunde vorbeiging, will gespenstische Gestalten gesehen haben.
Der Streit zwischen dem Spitalbauern von Föhrenreuth und dem Gutsschäfer ist aktenkundig. Nach einem alten Recht durfte der Schäfer die Flur von Föhrenreuth vom 1. Mai bis 29. September nicht behüten. Später wurde das Hutrecht auf den 24. Juni verlegt, und daraufhin weigerten sich die Föhrenreuther, weiterhin Frondienst für das Spital in Hof zu leisten.

FÖRBAU (Schwarzenbach a. d. Saale, Lkr. Hof)

Steinkreuze

In Nähe des nordöstlichen Ortsrandes von Förbau stehen links der Straße Förbau-Schwarzenbach/Saale auf der Straßenböschung zwei Steinkreuze aus Granit. Der Sage nach sollen hier ein Ritter und dessen Schwester getötet worden sein:
Ein Ritter des Schlosses Hallerstein hatte einst ein Edelfräulein geraubt und hielt sie, da sie ihn nicht heiraten wollte, auf dem Burgsöller gefangen. Der Bruder des Edelfräuleins, der als Kreuzritter lange Zeit im Heiligen Land geweilt hatte, fand bei der Heimkehr seine Schwester nicht mehr und machte sich sogleich auf die Suche. Nach langem Umherziehen sah er eines Tages ihren weißen Schleier vom Hallerstei-

ner Söller wehen – das vereinbarte Erkennungszeichen – und es gelang ihm auch, sie zu befreien. Ihre Flucht war jedoch verraten worden: der Entführer lauerte den beiden auf, als sie gerade die bereitstehenden Pferde besteigen wollten, und tötete sie nach kurzem Kampf. Zur Buße mußte er an der betreffenden Stelle zwei Sühnekreuze errichten. Nach seinem Tod fand er im Grab keine Ruhe; vor allem in Novembernächten (wenn die Tat sich jährt), geht er jammernd an der Mordstelle um.

FORCHHEIM

Pilatushof

Das erstmals 805 genannte Forchheim war karolingische Pfalz und bis ins 12. Jh. häufiger Tagungsort von Reichsversammlungen. Im Zentrum der Stadt liegt ein kleiner Platz mit dem ungewöhnlichen Namen ‚Pilatushof'. Diese Bezeichnung ist sehr alt; schon im Jahre 1077 traten während des Investiturstreites die Fürsten im damals schon so benannten Pilatushof in Forchheim zusammen. Namengebend ist nach einer merkwürdigen Überlieferung der römische Prokurator Pontius Pilatus, der in Forchheim geboren sein soll. Bereits in der 1156 niedergeschriebenen Klosterchronik von Petershausen wird der Geburtsort des Pilatus mit Forchheim angegeben: „Aus diesem Ort (Forchheim) soll Pilatus, der den Herrn kreuzigen ließ, stammen. Sein Vater hieß Atus, die Mutter Pila; daraus ist der Name Pilatus gebildet. Dort, wo Pilatus geboren ist, bringt die Erde überhaupt gar keinen Samen hervor."
Im Mittelalter entstand ein Knittelvers, der lautet:

> Vorchemii natus est Pontius ille Pilatus
> Teutonicae gentis crucifixor omnipotentis.
> (Zu Forchheim ist geboren jener Pontius Pilatus, der, aus deutschem Geschlecht, gekreuzigt hat den Allmächtigen.)

Diese Legende war offenbar seit dem hohen Mittelalter weitbekannt und wird von vielen Besuchern verwundert erwähnt. Als Beweis für die Richtigkeit der alten Überlieferung galten die angeblichen Hosen des Pilatus, die jahrhundertelang im Rathaus aufbewahrt wurden. Manche Zeitgenossen beschrieben sie als eine aus rotem Bast geflochtene Ritterhose; ein anderer Augenzeuge, der Historiker Oetters, spricht von schwarzem Tuch (1752).

Solche augenfälligen Beweise schienen nötig, denn auch der benachbarte Ort *Hausen* erhob den Anspruch, als Geburtsstätte des römischen Landpflegers zu gelten. So wird in vielen Chroniken erzählt, Pilatus habe an seinem Geburtsort Hausen eine große Stadt errichtet, die aber in die Erde versunken sei, als er Jesus zum Tode verurteilte. Außerdem wird ein Flurteil zwischen Hausen und dem Forchheimer Ortsteil Burk als ‚Pilodes' (Pilatus-Feld) bezeichnet. Wenn sich eines Tages Hausen so vergrößert hat, daß ein Hahn in das Pilodes kommt, wird das Tier die versunkenen Turmspitzen der Stadt ausscharren und an deren Stelle sich eine neue reiche Stadt erheben. In Hausen will man sogar wissen, in welchem Haus Pilatus gewohnt hat: die einen sagen, es sei Nummer 48, andere führen dagegen das Haus Nr. 73 an, das an der Stelle des alten Rathauses steht. Bis heute ist der Streit um die Geburtsstätte des Pilatus nicht entschieden.

Rathaus
Das Forchheimer Rathaus gilt als eines der schönsten seiner Gattung. Der fränkische Fachwerkbau entstand 1491, der westlich anliegende Flügel kam 1535 hinzu. Auf einem Schriftband ist zu lesen: „Hans Rvhalm ein Meister gebesen dieses Pavs". Seit dem Mittelalter tagten hier die Stadtherren Forchheims; es waren meist reiche Bürger, aus deren Mitte auch der Bürgermeister gewählt wurde. An einen von ihnen, den sog. *‚Rathauspöpel'*, knüpft sich eine sozialkritische Sage:
Vor vielen Jahren gab es einen Bürgermeister in Forchheim, der auf sehr unlautere Art sein Amt versah: er unterschlug Gemeindegelder, fälschte Urkunden und machte sich vieler Erpressungen schuldig. Schließlich brachte er sich selbst um und hinterließ ein großes Durcheinander. Seit dieser Zeit spukt es im Rathaus: nachts hält sich hier ein Mann in mittelalterlicher Tracht auf; er blättert in Büchern und Listen, durchwühlt Schränke und Kästen – offenbar ohne zu finden, was er sucht. Beim ersten Schlag der Rathausuhr verschwindet der Spuk. Der ‚Rathauspöpel', wie ihn die Forchheimer nennen, schaut bisweilen mit feurigen Augen aus den oberen Fenstern des Stadthauses. Sein Erscheinen zeigt den Tod eines Ratsherren an, und wenn er die Uhr um Mitternacht dreizehnmal schlagen läßt, so ist dies ein untrügliches Zeichen, daß noch im gleichen Jahr der Bürgermeister sterben wird.

FRICKENHAUSEN (Mellrichstadt, Lkr. Rhön-Grabfeld)

Frickenhäuser See

Etwa 1 km südlich der Ortschaft liegt an einem steilen Felssturz der Frickenhäuser See. Er ist durch einen Einbruch entstanden und wird von unterirdischen Quellen gespeist. Der Sage nach besteht eine unterirdische Verbindung zum fernen Weltmeer. Die Tiefe des Sees soll unergründlich sein. Einst, so wird berichtet, wird er mit Gewalt ausbrechen und ganz Franken überfluten. Viele Bewohner der Gegend beten deshalb zu Gott, daß er sie den Ausbruch nicht erleben lassen möge; in der Domkirche zu Würzburg wird alljährlich eine Messe gelesen, daß Gott diese verheerende Katastrophe verhüte. 1793 erblickte ein Jäger in dem See einen Fisch von der Größe eines ausgewachsenen Schweines. Als sich diese Kunde verbreitete, lief das Volk zusammen, um den Wunderfisch zu bestaunen – doch er war spurlos verschwunden. Ein anderer Jäger schlief einst am Ufer, als ihn ein heftiges Geräusch im See weckte und er zwei riesige Seeungeheuer schwimmen sah. Sogleich ergriff er sein Gewehr und schoß, worauf sie untertauchten. Einige Schuppen des getroffenen Tieres, die auf dem Wasser schwammen, konnte der Jäger auffischen: sie waren so groß wie zinnerne Teller.

Seeungeheuer

Fürth

Der Ortsname von Fürth, 8 km von Nürnberg entfernt am Zusammenfluß von Rednitz und Pegnitz, leitet sich von ‚*Furt*' ab und bezeichnet eine seichte Flußstelle, die das Durchwaten, Durchreiten oder Durchfahren gestattet. Im Mittelalter waren solche Furten von großer Bedeutung: sie bestimmten die Anlage von Verkehrswegen und begünstigten die Entwicklung von Siedlungen. Der einstige Königshof Fürth lag besonders günstig an der Handelsstraße Regensburg – Frankfurt. Der Sage nach wurde Fürth von Kaiser Karl dem Großen gegründet, der hier dem hl. Martin eine Kapelle gebaut hatte, die bald viele Pilger anzog. Zu ihrer Unterbringung und Verpflegung legte man Herbergen an, so daß sich die Siedlung rasch vergrößerte.

Karlsberg

Im Stadtpark liegt ein Hügel, der ‚Karlsberg' genannt wird. Ein unterirdischer Gang soll von der Nürnberger Burg bis hierher führen. An diesen Hügel knüpft sich die bekannte Sage von einem jahrhundertelang im Berg schlafenden Kaiser, der in Zeiten der Not wiederkommen und sein Land retten wird. Im Karlsberg soll der angebliche Gründer der Stadt, Karl der Große, im Kreis seiner Ritter an einem Tisch sitzen, um welchen sein Bart dreimal herumgewachsen ist. Im Berg sollen reiche Schätze liegen. Ein Bäckerjunge, der täglich mit einem Korb Brezeln zum Verkauf ausgeschickt wurde, ging einst am Karlsberg vorbei, als dieser sich öffnete. Der Junge ging hinein, verkaufte alles und erhielt dafür ganz neues Geld. So ging es lange Zeit, bis der Meister – neugierig geworden – nach der Herkunft des Geldes fragte und schließlich durch Prügel ein Geständnis erzwang. Am Tag darauf ging der Junge wieder in den Berg, kehrte aber nie mehr zurück.

Hauswappen

Am Haus Marktplatz Nummer 10 (ehemals Gasthof ‚Zum goldenen Engel', heute Musikalienhandlung) ist ein Wappen angebracht; es zeigt eine Dohle, die einen Ring in ihren Klauen trägt. In diesem Haus soll ein Goldschmied namens Birker gewohnt haben, der Friedrich Billing, den Sohn des Totengräbers, als Lehrling angenommen hatte. Friedrich liebte die Hausmagd Martha und wollte sie nach dem Freispruch als Geselle und der Rückkehr von der obligatorischen Wanderschaft heiraten. Als eines Tages Meister Birker verreisen wollte, gab er seiner Magd den Auftrag, die wertvollen Gold- und Silberarbeiten gut zu bewachen. Martha nahm darum die Nacht über den Schmuck mit auf ihre Kammer; am anderen Morgen aber fehlte zu ihrem Entsetzen ein kostbarer Ring. Der Meister verdächtigte sie als Diebin und schickte sie fort, doch fand sie Aufnahme beim Pfarrer von Poppenreuth. Erst als Friedrich zurückgekehrt war und eines Nachts ebenfalls Schmuck zu hüten hatte, klärte sich infolge einiger glücklicher Umstände das zweimalige Verschwinden von Kostbarkeiten auf: ein adliger Freund des jungen Goldschmieds hatte bei einem Jagdausflug eine Dohle geschossen, in deren Krallen sich einer der vermißten Ringe fand. Friedrich konnte nun Martha heiraten; später erbte er das Haus am Markt und ließ zur Erinnerung an den Vorfall ein Wappen mit einer Dohle anbringen.

Steinkreuz in Poppenreuth

Im Stadtteil Poppenreuth steht an der Straße nach Wetzendorf ein Steinkreuz, das an einen tragischen Todesfall erinnern soll. Es gibt dazu drei verschiedene, mehr oder weniger sagenhafte Überlieferungen: so soll eine Magd aus Poppenreuth eine Hostienschändung begangen haben, indem sie bei Empfang des Abendmahls die Hostie im Mund behielt, um sie vor der Kirchentür auszuspucken. Am nächsten Tag fand man sie tot auf und errichtete zur Erinnerung das Steinkreuz.

Nach einer anderen Version war ein Bauer gerade bei der Heuernte, als ein Gewitter losbrach, so daß das trockene Heu vom Regen völlig durchnäßt wurde. Der Bauer stieß einen Fluch aus und rief: „Du da oben, kannst wohl nicht warten, bis ich mein Heu eingefahren habe? Da soll mich doch gleich der Blitz erschlagen!“ Die Folge dieser gotteslästerlichen Worte war, daß den Bauern tatsächlich sogleich ein Blitz traf und auf der Stelle tötete. Seine Angehörigen sollen zur Erinnerung und Mahnung das Kreuz errichtet haben.

Eine dritte Überlieferung besagt, daß es während des Bauernkrieges 1525 auch in Poppenreuth zu Aufruhr kam; die Nürnberger Patrizier ließen jedoch die Rädelsführer, insgesamt dreizehn Bauern, ergreifen und hinrichten. Am Ort der Hinrichtung wurde das Steinkreuz aufgestellt.

Marktplatz in Fürth. Kupferstich um 1750

Steinkreuz in Unterfarrnbach

Im Stadtteil Unterfarrnbach steht an der Ecke Würzburger Straße und Kieselbühl ein Steinkreuz. Volkstümlicher Überlieferung nach soll es an einen Mord erinnern: Ein Freiherr von Wolfsthal, der als lebenslustig und gastfreundlich bekannt war, vermißte nach einem seiner Feste einen goldenen Becher. Er verdächtigte seinen Diener, der vergeblich seine Unschuld beteuerte. Der Freiherr wollte ihm nicht glauben und erschlug im Zorn den vermeintlichen Dieb und Lügner auf dem Wege nach Fürth. Als er auf sein Schloß zurückkam, hatte der Becher sich inzwischen wiedergefunden. Zur Sühne ließ der Freiherr an der Stelle der Untat das Kreuz errichten.
Ein Manuskript des Gräflichen Archivs zu Burgfarrnbach berichtet von historischen Hintergründen jener Mordtat: demnach hat Wolf Balthasar von Wolfsthal, damaliger Besitzer des Schlosses zu Farrnbach, am 19. April 1598 seinen ehemaligen Kammerdiener Heinrich Hehdt, von dem er sich bestohlen glaubte, mit Stichverletzungen und Schüssen in den Unterleib getötet. Wie aus einem Brief des Freiherrn hervorgeht, war er selbst nicht mehr ganz nüchtern. In einem anschließenden Prozeß wurde er zu einer Geldstrafe und zu einer einwöchigen Teilnahme am Türkenkrieg verurteilt, wobei ihm Letzteres einige Zeit später erlassen wurde.

GAMBURG (Werbach, Main-Tauber-Kreis)

Burg

Auf einer Bergzunge hoch über dem Taubergrund liegt die Gamburg. Nach dem Erlöschen des gleichnamigen Geschlechts kamen Burg und Dorf an das Erzstift Mainz. Der erhaltene Bergfried stammt aus dem 12. Jh., die Zwingmauern entstanden im 14. Jh. Einst sollen hier Geister umgegangen sein, die Seelen Ermordeter, die vor Ablauf ihrer natürlichen Lebenszeit umgekommen waren. Während eines Krieges hatte der Bischof von Salzburg mit anderen Priestern und Ordensleuten fliehen müssen; den Kirchenschatz konnten sie mitnehmen. Auf ihrer Flucht kamen sie auch an der Gamburg vorbei und baten um Aufnahme, die ihnen vom Grafen auch gerne gewährt wurde. Kaum war der Schatz jedoch in der Burg, ließ er sämtliche Gäste ermorden. Der Graf konnte sich aber nur kurze Zeit über seine Beute freuen, denn bald wurde seine Burg erstürmt, und er kam ums Leben. Seit dieser Zeit geisterte es auf der Burg. Man hörte, wie schwere Kisten über den Boden geschleift wurden, und sah den Bischof in festlicher Kleidung umgehen. Der Graf wurde in einer schwarzen Kutte gesehen oder auch in einem weißen Gewand mit einem schwarzen Flecken in der Herzgegend. Jede Nacht irrten die Geister umher, manchmal auch am hellen Tage. Als zuletzt niemand mehr in der Burg wohnen wollte, beschloß man, den Geistern durch Gebet Ruhe zu verschaffen. Dies gelang; die Geister zeigten sich immer weniger und blieben schließlich ganz weg.

GEISELWIND (Lkr. Kitzingen)

Der Murrmaunck

10 km südlich von Ebrach liegt Geiselwind. Am Marktbrunnen ist die Figur des sog. ‚Murrmaunck' zu sehen, eine sagenumwobene Gestalt, die seit über 300 Jahren bekannt ist. Die erste schriftliche Beschreibung findet sich in M. J. Willers *‚Das Teutsche Paradeiß in dem vortrefflichen Fichtelberg ...'* von 1692. Hier heißt es: „In dem ‚Schwarzenbergische(n) Fleken Geißelwin, woselbst an der Straß', bei einem Springbrunn', eine hölzerne Säule und darauf das Bild eines Fuhrmannes stehet, dem die um den Hals liegende Katz' die Bratwürst aus dem Mund nimmet und insgemein der Murrmaunk heißet, auch vielen ein kaltes Bad verursachet, wenn sie freventlich rufen: ‚Murrmaunck Geisselwin, es sind viel Hexen und Truden drin!' Denn wenn man sie ergreifet, so werden sie in den Brunn' geworfen und hernach mit Steinen und Kot zum Flecken hinaus verfolget."

Später deutete man die Gestalt des Fuhrmanns auf dem Brunnen als schwedischen General, der einst Geiselwind belagerte. Er war überzeugt, das Dorf zu erobern und schwor dies bei der Wurst, die er gerade essen wollte. In diesem Augenblick sprang ihm eine Katze auf die Schulter und entriß ihm die Wurst. Das ermutigte die Belagerten zum Durchhalten, und bald zogen die Schweden wieder ab. Die steinerne Figur, die den schwedischen General Murrmann mit Wurst und Katze darstellt, wurde zum Wahrzeichen Geisel-winds.

GESEES (Lkr. Bayreuth)

Ev. Pfarrkirche

Die Kirche, die als eine der schönsten Wehrkirchen gilt, ist eine ehemalige Wallfahrtskirche: St. Marien zum Gesees. 1321 werden Kirchenburg und Wallfahrt erstmals urkundlich erwähnt. Der *Sophienberg*, auf dem die Kirche steht, soll einst eine heidnische Kultstätte gewesen sein. Über den Ursprung der Marienwallfahrt erzählt die Legende, die Muttergottes sei einst über das Gebirge gegangen, um einen Ort zu suchen, an welchem man ihr dienen und den sie segnen würde. Nach mühevoller Wanderung kam sie endlich in das Tal von Gesees, das ihr wegen seiner friedlichen Ruhe gut gefiel. Sie setzte sich in der Mitte des Dorfes auf einen Stein und ruhte aus, deshalb soll der Ort den Namen *Mariageseeß* erhalten haben, d. h. das Dorf am Gesäß der Maria. Man baute hier eine hölzerne Kapelle, die jedoch bald zu klein wurde, so daß eine größere Kirche errichtet werden sollte. Man konnte sich aber über den Bauplatz nicht einig werden: die einen wollten sie an den Abhang des Sophienberges bauen, die anderen fürchteten aber diese heidnische Stätte. Schließlich entschied man sich, bei der Holzkapelle zu bauen – eines Morgens jedoch waren Bauholz und Steine fort und wurden am Abhang des Sophienberges wiedergefunden. Man erkannte hierin einen Fingerzeig Gottes und errichtete hier die neue Kirche.
Als im Jahre 1592 der Turm der Kirche durch Blitzschlag zerstört wurde, hieß es, dies sei die späte Rache des heidnischen Donnergottes Perum, der den Geseesern zürne, weil sie auf dem geheiligten Platz die christliche Kirche erbaut hatten.

GÖSSWEINSTEIN (Lkr. Forchheim)

Burg und Wallfahrtskirche

Die im 19. Jh. neugotisch umgebaute Burg ist heute in Privatbesitz. Mutmaßlicher Erbauer war Graf Gozwin von Höchstadt und Stahleck, der 1058 als

Teilnehmer einer Bamberger Synode genannt wird; als *‚Gozwinesteyn‘* (Stein des Gozwin) erscheint die Burg erstmals in einer Urkunde von 1124. Sie war damals Eigentum des Hochstifts Bamberg, kam aber 1234 an die Grafen von Schlüsselberg, die im 13./14. Jh. große Teile der Fränkischen Schweiz beherrschten.

Ortsmittelpunkt ist die Wallfahrtskirche *‚Zur Heiligen Dreifaltigkeit‘*, ein Werk Balthasar Neumanns und seines Schülers Michael Küchel (1730–46). Eine Wallfahrt ist bereits für das 14. Jh. belegt; der Bau der ersten Kirche geht der Legende nach auf einen Schlüsselberger zurück, der damit ein Gelübde erfüllte. Als die Burg einst von heidnischen Slawen (oder Sachsen) belagert wurde, forderte der Schlüsselberger

Burg Gößweinstein

Wallfahrtskirche

ihren Anführer, einen gewissen Groß, zum Zweikampf mit der Auflage, der Unterliegende müsse die Religion des Siegers annehmen und gelobte, im Falle des Sieges dem Dreieinigen Gott eine Kirche zu bauen. Der Heide unterlag, rief „Groß ist der Christen Gott!“ und ließ sich taufen.
Sicher ist, daß unter den Grafen von Schlüsselberg (der letzte starb 1348) die Wallfahrt zum Gnadenbild der ‚Freudenreichen Dreifaltigkeit‘ großen Aufschwung nahm. Das älteste Gnadenbild ist wohl verlorengegangen; das jetzige, eine spätgotische Marienkrönung, wurde angeblich aus der Geiselhöhle nahe Gößweinstein geborgen. Am Dreifaltigkeitsfest ist es Ziel von Wallfahrten.

GÖTZINGEN (Buchen, Neckar-Odenwald-Kreis)

Bildstock
Bei Götzingen steht am alten Weg nach Buchen ein kleiner Bildstock. Die Aufschrift erinnert daran, daß hier vor vielen Jahren ein junger Mann aus Götzingen im Schnee erfroren ist. So lautet die Inschrift:

> „Dieses Bilt hat Andreas Hetinger und seine Frau Catarina aus Götzingen Gott zu Lob und zu Gedechnus ihres Sohnes Valentini aufrichten lassen so de 10ten Jan. 1695 in der größten Kält auff diesem Platz sein Leben gefunden dem Got Gnadt!“

Die Sage weiß hierzu folgendes zu berichten: Einst lebte eine wohlhabende Familie etwas außerhalb des Dorfes. Am Heiligen Abend kam es zu einem großen Streit zwischen dem Sohn und den Eltern. Der Sohn verließ noch am gleichen Abend das Haus, obgleich es stürmte und heftig schneite. Auf der Straße nach Buchen geriet er vom Weg ab und blieb im hohen Schnee stecken; daraus konnte er sich nicht befreien und erfror. Nach langem Suchen hat man ihn später gefunden und an der Stelle diesen Bildstock errichtet. Drei Bäume wurden ringsum gepflanzt. Ein Baum ist jedoch nicht so hoch und so breit wie die anderen; man sagt, dieser Baum gedeihe deshalb nicht so gut, weil genau an dieser Stelle der Tote lag.

GRÄFENBERG (Lkr. Forchheim)

Teufelstisch auf dem Eberhardsberg

Südlich von Gräfenberg liegt der Eberhardsberg. Hier befindet sich ein sonderbares Felsgebilde: ein riesiger, auf einem Fuß stehender, einem Tisch ähnlicher Felsbrocken, genannt ‚Teufelstisch'. Man erreicht ihn von Gräfenberg aus, wenn man der Guttenbergstraße bergauf folgt und dann in den Teufelstischweg einbiegt. Durch die Schlucht folgt man der Markierung nach links in den Wald.
Folgende Sage wird von diesem Felsen erzählt: Alljährlich versammeln sich in der Walpurgisnacht verschiedene fränkische Könige um den Teufelstisch, der dann inmitten eines prächtigen Palastes steht, wo ein fröhliches Zechgelage stattfindet. Vor vielen Jahren wanderten zwei Musikanten in der betreffenden Nacht über den Berg, um nach Gräfenberg zu kommen, wo sie am folgenden Tag zum Tanz aufspielen sollten. Da standen sie unversehens vor dem Geister-

Das tanzende Paar in der Schänke, Radierung von 1656

schloß, gingen kurz entschlossen hinein und setzten sich zu der erlauchten Runde. Sie schliefen aber, ohne es zu merken, ein, und als sie endlich erwachten, waren auf den Tag hundert Jahre verflossen. Sie nahmen ihre Instrumente und begaben sich unverzüglich nach Gräfenberg. Dort war man nicht schlecht erstaunt, als die beiden Musikanten in der Tracht einer längst vergangenen Zeit auftauchten. Als die Musiker nach den Leuten fragten, bei denen sie aufspielen sollten, erfuhren sie, daß diese schon vor Jahren gestorben waren. Nun wurde es den beiden unheimlich, und sie begaben sich in die Kirche, um Gott zu bitten, die vom Bösen um sie geschlungenen Fesseln von ihnen zu nehmen. Sie hatten aber kaum die Kirchenschwelle überschritten, als sie leblos zu Boden sanken.

GROSSGRÜNDLACH (Stadt Nürnberg)

Klosterkirche St. Laurentius

Mit dem alten Ort Großgründlach im Knoblauchsland und mit seinem Kloster *Himmelthron* wird die Sage von der *Weißen Frau der Hohenzollern* verbunden. In der Überlieferung gilt hier *Kunigunde von Orlamünde* als die *Weiße Frau*, die aufgrund ihres Kindsmordes ruhelos umherirren und die Lebenden ängstigen soll.

Die liebeshungrige Kunigunde, so heißt es, soll ihre Zwillingsbuben mit einer goldenen Nadel durch den Kopf gestoßen und getötet haben, da sie einer Verbindung mit dem schönen Burggrafen Albrecht von Nürnberg im Wege gestanden hätten. Dennoch konnte sie durch diese Schandtat die Liebe des Burggrafen nicht gewinnen, und so sei sie von tiefer Reue gepackt auf ihren Knien von Nürnberg nach Grossgründlach gerutscht, um hier ein Kloster zu gründen und fortan in frommer Abgeschiedenheit Buße zu tun. (→ *Ansbach, Aschaffenburg, Bayreuth, Himmelkron, Kulmbach, Lauenstein*). Das Grabmal der Kunigunde von Orlamünde, bis 1817 Abdeckung einer Gruft, ist heute in die Nordwand der Kirche eingelassen.

Obwohl die Sage von der kindermordenden Weißen Frau sich keineswegs durch geschichtliche Tatsachen erhärten läßt, wird sie immer weiter tradiert.

Erwiesen ist, daß Kunigunde nach dem Tode ihres viel älteren Gatten Otto VII. von Orlamünde (1341) von der Plassenburg nach Nürnberg zog. Aufgrund ihrer Initiative und mit Hilfe des reichen Geschäftsmannes Konrad Groß wurde im dortigen Heilig-Geist-Spital für 16 Frauen 1343 ein Kloster eingerichtet. 1348 wurde dieses Kloster nach „Grindlach“ verlegt, das wenige Jahre zuvor an die Reichsstadt gefallen war. Man gab diesem Zisterzienserinnenkloster den Namen „Himmelthron“ und wählte alsbald die Stifterin zur Äbtissin. Zwischen 1361 bis zu ihrem Tode 1382 versah die tatkräftige Kunigunde dieses Amt. 1525, nach der Reformation, wurde das Kloster säkularisiert, im Dreißigjährigen Krieg wurde es zerstört. Auf dem Klostergrund steht heute das Barockschloß, das seit 1764 im Besitz der Familie Haller von Hallerstein ist. Die Klosterkirche wurde 1719 von Christoph von Pfinzing renoviert und barockisiert.

Zisterzienserinnenkloster Himmelthron in Großgründlach. Federzeichnung von J. A. Delsenbach, um 1730.

GROSSWENKHEIM
(Münnerstadt, Lkr. Bad Kissingen)

Johannes-Nepomuk-Figur
Auf der Wannigbrücke steht eine aus dem Jahr 1733 stammende Sandsteinfigur, die den heiligen Johannes von Nepomuk darstellt. Der 1340 in Pomuk/Böhmen geborene Kleriker war seit 1389 Generalvikar des Erzbischofs von Prag. Während der politischen Auseinandersetzungen zwischen diesem und König Wenzel wurde Johannes gefoltert und schließlich in der Moldau ertränkt, indem man ihn von einer Brücke hinunterstieß (1393). Der ans Ufer gespülte Leichnam wur-

de im Dom bestattet. Schon bald nach seinem Tod wurde er als Märtyrer verehrt; 1729 erfolgte die Heiligsprechung. 1693 erhielt er ein Standbild auf der Prager Karlsbrücke und wurde bald zum bekanntesten Brückenheiligen der neueren Zeit. Johannes Nepomuk gilt u. a. als Helfer in Wassersnot; als zweiseitige Doppelgestalt steht er auch auf der Großwenkheimer Wannigbrücke.
In einer lokalen Aufzeichnung heißt es: „Bei der erstmaligen Aufstellung war das Gesicht des Heiligen dem Wasser zugekehrt. Dies weiß man aus der Überlieferung: Der hießige Basilius Balling, genannt Wilmanöz, geb. 14. 6. 1787, wohnhaft Haus Nr. 83, war als Soldat Reiter zur Zeit der Franzosenkriege. Als seine Militärzeit beendet war, da ist er gegen ein jedesmaliges Entgelt von 200 Gulden für mehrere andere hiesiege Burschen ‚eingestanden'. Dadurch mußte er 1812 mit nach Rußland. Dort erlebte er zum Schluß die Niederlage Napoleons. Er konnte sich nur dadurch retten, daß er als kühner Reiter, nachdem er mit dem geschlagenen Heer an die eisführende Beresina kam, seine Sünden bereute, sich bekreuzigte und mit seinem treuen Pferd in die reißenden Fluten ging. Schwer war der Kampf von Roß und Reiter mit dem Wasser und mit den Eisschollen. Doch kamen beide wieder glücklich herüber und erreichten die Heimat. Mittlerweile (1806) war unsere Wannigbrücke neu gebaut worden und man hatte die Johannes Statue umgewendet, Gesicht gegen die Straße. Als nun der Wilmenmöz von Kleinwenkheim herauf, die Wannig entlang, an die Brücke kam, da klopfte er mit seinem Stock an den heiligen Johannes und sagte: ‚Na, du Mann, hast dich auch rumgedreht!'"

Gunzenhausen
(Lkr. Weißenburg-Gunzenhausen)

Altmühlkreuz
Nördlich von Gunzenhausen steht jenseits der Altmühlbrücke rechter Hand ein Bildstock, der als ‚Altmühlkreuz' bekannt ist und auf das Jahr 1482 datiert wird. Vermutlich handelt es sich um eine Stiftung des Eichstätter Bischofs Wilhelm von Reichenau. Der Sage nach ließ ihn ein Ritter Burkhard von Seckendorf errichten, der 1349 die Stadt Gunzenhausen kaufte und dessen monumentale Grabplatte heute noch in der evangelischen Spitalkirche zu sehen ist. Es wird erzählt, daß Burkhard, ein leidenschaftlicher Jäger, sich in ein armes Mädchen namens Hedwig verliebt

hatte und sie häufig besuchte. Eines Tages fand er ihre Hütte leer; im Weiterreiten hörte er in den Büschen ein Geräusch, vermutete ein Tier und schoß einen Pfeil ab – mußte aber zu seinem Entsetzen feststellen, daß er Hedwig tödlich getroffen hatte. Zum Gedenken ließ er an der betreffenden Stelle einen Bildstock errichten, baute in Gunzenhausen ein Spital und stiftete sein Vermögen der Kirche. Diese tragische Liebesgeschichte ist Thema des Heimatspiels ‚Das Kreuz im Altmühltal'.

H

Hallerstein

(Schwarzenbach a. d. Saale, Lkr. Hof)

Haselnußsträucher an der Burg

Das Dorf Hallerstein liegt am Nordrand des Hallersteiner Waldes. Auf dem Kreuzstein über dem Ort befindet sich die Ruine der Burg Hallerstein, von der man weit über das Saaletal blickt. Zwischen 1400 und 1420 bauten hier die Herren von Sparneck ein festes, 1439 erstmals bezeugtes Schloß, das sie Hallerstein nannten. Die vielen Haselnußsträucher um den Burgberg sollen ihre Entstehung den schändlichen Machenschaften eines Zauberers verdanken. Der Ritter von Hallerstein und der Ritter von Epprechtstein zogen einst gemeinsam zu einem Kreuzzug in das Gelobte Land. Der Hallersteiner lernte während seiner Rückreise vom Teufel die Schwarze Kunst und verschrieb ihm dafür seine Seele. Der andere Ritter aber war durch seine Erlebnisse im Heiligen Land um so gottesfürchtiger geworden. Bald konnten sie sich nicht mehr verstehen, und ihre Freundschaft zerbrach. Der Zauberer behexte den Epprechtsteiner und hing ihm ein unheilbares Gebrechen an. Das Verlöbnis seines Sohnes mit der Tochter seines ehemaligen Freundes hob er auf – doch die Brautleute wollten nicht voneinander lassen. Voller Wut verwandelte daraufhin der Hallersteiner seinen eigenen Sohn in einen Haselnußstrauch und das Mädchen, das ihm vom Ufer eines Teiches aus mit einem weißen Tüchlein zuwinkte, in eine Wasserrose. Das Schloß zerfiel. Der Haselnußstrauch verzweigte sich immer mehr, und von ihm sollen die vielen Haselnußsträucher dieser Gegend abstammen. Aus der Seerose sind die vielen Wasserrosen geworden, die in den stillen Weihern zwischen dem Epprechtstein und dem Hallerstein blühen.

Noch immer streckt der Haselnußstrauch vergebens seine Zweige nach den Wasserrosen aus – der Fluch des Zauberers läßt sich nicht lösen, und so werden die beiden nie und nimmer ein Paar werden.

HAMMELBURG (Lkr. Bad Kissingen)

Der Tränenstein auf Saaleck

Südlich von Hammelburg liegt die Burgruine Saaleck. Seit dem 12. Jh. schützte diese Anlage die Stadt Hammelburg und beherrschte den Saaleübergang an der Straße Fulda–Würzburg. Von 1228 bis zur Säkularisation gehörte sie ständig der Abtei Fulda. Im Krieg 1866 wurde sie zerstört. Seit 1964 ist die Ruine Eigentum der Stadt Hammelburg.
Im Schloßhof liegt ein Monolith mit einer länglich ovalen schalenartigen Aushöhlung, in der sich Wasser ansammelt. Ursprünglich lag der Stein nordwestlich des benachbarten Untereschenbach. Der Stein ist vermutlich prähistorisch und wird auch *‚Warzenstein‘* genannt, denn er besitzt – so die Überlieferung – besondere Heilkraft. Hat jemand Warzen oder Geschwüre an der Hand, so müssen diese im Wasser des Steins gebadet werden. Auch für Schulkinder, die schlecht lernen, ist der Stein heilsam. Man sagt ihnen: „Du mußt einmal in den Tränenstein schauen!“ An diese Redensart knüpft sich eine Sage: Eine arme Witwe hatte ein Büblein, das sehr dumm und einfältig war. Das machte der Frau großen Kummer, und so ging sie eines Tages auf das Feld, setzte sich auf einen Stein am Wegrand nieder und ließ ihren Tränen freien Lauf. Lange flehte sie zu Gott, daß er ihr helfen möge. Dabei höhlten ihre Tränen den Stein und blieben in einer Pfütze darin liegen. Am nächsten Tag kam ihr Sohn zufällig an den Stein, tauchte wie von ungefähr sei-

Burg Saaleck

nen Finger hinein und strich sich über die Stirn. Da vollzog sich das Wunder! Von nun an lernte der Knabe fleißig, gab vernünftige Antworten und wurde geschickt in der Schule. Das Gebet der Mutter war erhört worden, und der Stein soll heute noch diese Wunderkraft besitzen.

HAPPURG (Lkr. Nürnberger Land)

Ringwall auf der Houbirg

Dicht bei Happurg liegt eine Hochfläche, die sog. ‚Houbirg'. Aufgrund der geschützten Lage wurde sie bereits seit frühester Zeit von Menschen besiedelt: Spuren altsteinzeitlicher Jäger und Sammler fanden sich im mittleren Südhang des Berges.

Auffällig ist der große Ringwall, der auf einem Fußweg von Happurg aus erreicht werden kann. Die ursprüngliche Errichtung des Walles wird den Illyrern zugeschrieben. Im 1. Jh. v. Chr. bauten Kelten die Befestigungsanlage zu einer stadtartigen Siedlung, deren Grundfläche fast 90 ha umfaßte, aus. Hier, auf halber Strecke zwischen den oppida bei → Staffelstein und dem Michelsberg bei Kelheim, dürfte die keltische Hauptstadt für das Gebiet der mittleren Frankenalb und ihrem westlichen Vorland gelegen haben. Mit der Germaneneinwanderung um Christi Geburt wurden die Kelten vertrieben.

Der Sage nach ist hier der Hunnenkönig Attila (453) begraben. Damit sein Grab niemals gefunden werden kann, versenkte man den Leichnam tief in die Erde und stattete ihn mit unermeßlichen Schätzen aus. Bis heute haben sich viele vergeblich bemüht, diese zu heben. Der große Ringwall wurde als gigantische Grabesmauer aufgeschüttet und ist heute einziges sichtbares Zeichen von Attilas letzter Ruhestätte.

HARDHEIM (Neckar-Odenwald-Kreis)

Schloß und Steinerner Turm

In Hardheim ist bereits 782 eine Siedlung beurkundet, Ortsadel für das 12. Jh. belegt. Seit 1324 sind zwei Schlösser bekannt: die Obere Burg, ein ehemaliges Wasserschloß der Herren von Hardheim, entstand 1561 und dient seit 1927 als Rathaus. Von der Unteren Burg, die 1444 zerstört wurde, sind nur noch Reste des Bergfrieds vorhanden.

Im Schloß soll früher ein Geist gehaust haben, der an Stelle menschlicher Füße die Beine eines Geißbockes hatte. Ein unterirdischer Gang (vermutlich zu Fluchtzwecken angelegt) führte vom Schloß zum Steinernen Turm in der Riedbergstraße. Dieser Turm war früher von zahlreichen Eulen, darunter auch weißen, bewohnt. Die Leute sagten: „Die weißen Eulen, das sind die Pfarrer."

Hasenbruck (Roth, Lkr. Roth)

Kapelle

Westlich von Polsdorf, nahe der Straße nach Hilpoltstein, steht am Weiler Hasenbruck eine kleine Kapelle, an die sich eine konfessionelle Warnsage knüpft: Der benachbarte Müller, dessen Vorfahren vor langer Zeit evangelisch geworden waren, wußte mit der Kapelle nichts anzufangen, so daß sie bereits zur Hälfte verfallen war. Eines Tages beobachtete der Müller eine schwarze Katze in der Nähe seiner Mühle – gleichzeitig stellte er fest, daß die Räder seiner Mühle sich nicht bewegten, so sehr er sich auch abmühte. Schließlich holte er sein Gewehr und wollte das Tier töten. Doch obwohl er ein guter Schütze war, ging sein Schuß fehl. Da wurde ihm klar, daß das alles nicht mit rechten Dingen zugehen konnte, und er wandte sich an ein nahegelegenes Franziskanerkloster um Hilfe. Einer der Mönche begleitete ihn zur Mühle, wo er durch Kreuzzeichen und lateinische Beschwörungen den Spuk bannte; die schwarze Katze blieb von da an verschwunden, und der Müller ließ zum Dank die Kapelle wieder herrichten.

Hasloch (Lkr. Main-Spessart)

Sankt-Markus-Kapelle

Folgt man von Hasloch dem engen Wiesental des Hesselbaches, erblickt man nach einer Dreiviertelstunde am Fuße eines Berges die Sankt-Markus-Kapelle, die heute allerdings verfallen ist. Der Legende nach soll die Kapelle vom Wertheimer Grafen Johann mit dem Barte erbaut worden sein. Als er einst seiner Jagdleidenschaft selbst am Ostertag nachging, sprang vor ihm ein weißer Hirsch auf und lockte ihn immer weiter und tiefer in den Wald. Schließlich war der Graf so erschöpft, daß er vom Pferd sank. Da gedachte er sehnsüchtig seiner Gemahlin, die ihn so oft flehentlich vor dem gottlosen Übermaß der Jagdlust gewarnt hatte. Als nun innige Reue in ihm erwachte, da hörte er neben sich ein Brünnlein rauschen, das ihn vor dem

Verschmachten rettete. Dann wies ihn der Klang eines Glöckleins wieder heim auf seine Burg. Zum Dank für seine wunderbare Errettung baute der Graf an der Stätte, wo die Quelle geflossen war, eine kleine Kapelle.

HASSFURT (Lkr. Haßberge)

Stadtwappen am Maintor und Bratspieß am Rathaus
Die Stadt entstand vermutlich im 13. Jh. um einen noch älteren Kern an einer seichten und daher leicht zu durchquerenden Flußstelle; erstmals genannt wird sie 1234 als *‚Hasevuorte‘*. Seit dem 16. Jh. zeigt das Stadtwappen einen springenden Hasen, womit der Ortsname (falsch) als *‚Hasenfurt‘* gedeutet wird.

Stadtwappen mit Hasen

Eine schwankhafte Überlieferung bringt Ortsnamen und Wappentier mit der aufregenden Jagd Haßfurter Bürger auf einen Hasen in Verbindung: als dieser zunächst entkommen war, stellte man scharfsinnig fest, daß der *‚Has' furt‘* sei – und benannte danach die Stadt. Schließlich konnten sie das Tier aber doch noch erlegen, brachten es heim und brieten es am Spieß. Dieser Spieß soll zur Erinnerung in die Außenwand des Rathauses eingemauert worden sein.
Das Stadtwappen mit dem springenden Hasen ist im Kreuzgewölbe des Maintores auf dem Scheitelstein angebracht.

HEIDECK (Lkr. Roth)

Stadtwappen an der Stadthalle
Die 1288 gegründete Siedlung erhielt ihren Namen von der Burg, die um 1250 von dem gleichnamigen Adelsgeschlecht erbaut worden war. Bereits das um

1320 entstandene älteste Stadtsiegel ist an Figuren des adligen Familienwappens orientiert. Auch das heutige Wappen (über dem Eingang der Stadthalle in bunten Kacheln ausgeführt) zeigt im linken Feld eine stilisierte schwarze Schwinge – vermutlich eine Helmzier. Eine schwankhafte Überlieferung deutet diese jedoch ganz anders:
Einem Bauern aus der Umgebung von Heideck war ein Ochse mit ausnehmend großen Hörnern eingegangen. Um sich aus einem dieser Hörner ein Musikinstrument oder ein Trinkgefäß anfertigen zu lassen, ging der Bauer nach Heideck, wo er, bevor er einen Handwerker aufsuchte, im Wirtshaus einkehrte. Sein Durst war groß, und so vergaß er schnell sein Vorhaben, ließ das Horn liegen und machte sich spät nachts auf den Heimweg. Die Bedienung warf das Horn zum Fenster hinaus auf den Marktplatz, wo es am nächsten Morgen der Apotheker fand. Er konnte mit diesem merkwürdigen, ihm völlig unbekannten Gegenstand nichts anfangen; auch die übrigen Honoratioren der Stadt zerbrachen sich vergeblich den Kopf darüber, was das wohl sein könne. Schließlich kam der belesene Stadtarzt auf den Gedanken, daß es sich um eine Greifenklaue handeln müsse.
(Der Vogel Greif ist ein mythisches Fabeltier mit dem Leib eines Löwen, Adlerkopf, Flügeln und Krallen. Er stammt aus dem orientalischen Kulturkreis und wurde im Abendland vor allem durch den mittelalterlichen Abenteuerroman ‚Herzog Ernst‘ bekannt).
Da die Heidecker es als besondere Ehre ansahen, daß dieser König aller Vögel gerade über ihrer Stadt die Klaue hatte fallen lassen, wurde beschlossen, diese ins Wappen aufzunehmen.

Greifenklaue im Stadtwappen

Heidenfeld (Röthlein, Lkr. Schweinfurt)

Ehemaliges Augustinerchorherrenstift
Das 1723–32 nach Plänen von Balthasar Neumann erbaute Konventsgebäude dient heute als Erholungsheim und Lungenheilstätte für Klosterfrauen. Gegründet wurde es im Jahre 1069 durch die Gräfin Alberada (aus dem Haus der Markgrafen von Schweinfurt) und ihren Gatten Graf Hermann von Habsberg; 1802 wurde es säkularisiert.
Über die Gründung berichtet die Legende, der einzige verbliebene Sohn Alberadas habe einst im Winter auf dem vereisten Main bei Schweinfurt gespielt und sei dabei ertrunken; die Leiche wurde erst später abwärts bei Heidenfeld gefunden. Die tiefbetrübte Mutter soll zum Andenken hier ein Stift gegründet haben.

Pfarrkirche St. Laurentius
In der katholischen Pfarrkirche befinden sich die früher in der Klosterkirche aufbewahrten Gebeine des seligen Priesters und Märtyrers Liborius Wagner. Er wurde 1593 in Thüringen als Sohn evangelischer Eltern geboren, trat aber während des Studiums zum Katholizismus über und empfing 1625 die Priesterweihe. Als im Jahr 1631 die Schweden einfielen, geriet Liborius Wagner zwischen die Fronten politisch-konfessioneller Auseinandersetzung und soll von den eigenen Gemeindeangehörigen an die Schweden ausgeliefert worden sein. Er wurde nach Schloß Mainberg gebracht und fünf Tage von Soldaten gefoltert, um ihn zum Glaubensabfall zu bewegen; standhaft weigerte er sich jedoch, seinem kath. Glauben abzuschwören. Schließlich wurde der Gepeinigte am 9. Dezember 1631 auf den Mainwiesen bei Schonungen ermordet. Fischer holten seine Leiche heimlich aus dem Main und bestatteten ihn. 1637 wurde er in Heidenfeld beigesetzt und bald vom Volk als Heiliger verehrt. Im Würzburger Dom ist die spätgotische Pfarrsakristei zur Liborius-Wagner-Kapelle umgestaltet worden, um den 1974 seliggesprochenen Märtyrerpriester zu ehren.
→ Würzburg

Heidenheim (Lkr. Weißenburg-Gunzenhausen)

Walburg-Grab in der Basilika und Heidenbrunnen
Von der ehemaligen Benediktinerabtei Heidenheim ist die romanische Basilika aus dem 12. Jh. teilweise erhalten. Die Gründung des Klosters erfolgte 752

durch die beiden Brüder Wunibald und Willibald, Söhne des legendären angelsächsischen Königs Richard des Heiligen und wohl verwandt mit dem Heidenapostel Bonifatius.

Östlich der ehemaligen Klosterkirche liegt der sog. ‚Heidenbrunnen', eine mit einer spätgotischen Halle überbaute Quelle, mit deren Wasser Wunibald getauft haben soll. Der Legende nach wurde sie durch einen von den Missionaren mitgeführten Esel entdeckt und an dieser Stelle das Kloster erbaut. Wunibald war der erste Abt von Heidenheim; nach seinem im Jahr 761 erfolgten Tod übernahm seine Schwester Walburga die Leitung und erweiterte die Abtei durch einen Nonnenkonvent zum Doppelkloster. Sie starb am 25. Februar 779 und wurde zunächst in Heidenheim begraben. Rund hundert Jahre später überführte man sie nach → Eichstätt, den Bischofssitz ihres Bruders Willibald, wo sie noch heute verehrt wird. Die Überführung soll der Legende zufolge durch ein übernatürliches Zeichen veranlaßt worden sein: als um 870 eine neue Kirche gebaut wurde, traten die Arbeiter achtlos auf das Grab der Heiligen – ein kurz darauf erfolgender Mauereinsturz wurde mit dieser ‚Mißachtung' in Verbindung gebracht, und man brachte die Gebeine feierlich nach Eichstätt, wobei es zu außerordentlichen Wunderzeichen gekommen sein soll.

Beim ‚Walburg-Grab' in Heidenheim handelt es sich um eine im frühen 13. Jh. errichtete Grabkapelle; im Innern stand ursprünglich eine Reliquientumba, von der aber nur noch die Deckplatte erhalten ist.

→ Eichstätt, Kirchehrenbach

Heilsbronn (Lkr. Ansbach)

Grabmal in der ehemaligen Klosterkirche

Die ehemalige Zisterzienserabtei wurde 1132 von Bischof Otto dem Heiligen von Bamberg gegründet und von Ebrach aus besiedelt; sie hat bis 1555 bestanden und wurde danach evangelische Kloster- und Fürstenschule.

Die Klosterkirche war seit dem 12. Jh. Grablege fränkischer Adelsfamilien. Neben anderen Grabmälern birgt sie das Hochgrab des 1357 verstorbenen Konrad von Heideck (an der Nordseite des Mittelschiffs). Der Legende nach soll einer aus dem Geschlecht der Heideck hier eine Heilquelle entdeckt haben, was später zur Gründung des Klosters führte. Der Ritter war mit einer Fußverletzung aus dem Krieg heimgekehrt; die

Wunde wollte aber nicht heilen, und er litt häufig unter Fieberanfällen. Während eines Jagdausflugs gelangte er zu einer Quelle, die er nie zuvor gesehen hatte, trank von dem Wasser und wurde in kürzester Zeit gesund. Er nannte die Quelle *‚Heilsbrunnen‘* und ließ hier eine Kapelle bauen. Die Geschichte von seiner wunderbaren Genesung wurde bald im Lande bekannt, und die Kranken kamen von weither, um Heilung zu suchen. Später entstand das Kloster Heilsbrunn.
Der Ortsname ist aus *‚Haholtesbrunnen‘* zusammengezogen und verweist auf die ursprünglichen Grundherren der Gegend. Später wurde dieser Name aber in *‚fons salutatis‘* (Brunnen des Heils) umgedeutet. Tatsächlich entspringt unter dem Münster eine der drei Schwabachquellen. Versuche, Heilsbronn zum Kurort zu machen, schlugen jedoch fehl, da das Wasser keinerlei heilkräftige Substanzen enthält.

HEROLDSBACH (Lkr. Forchheim)

Der ‚Heilige Berg‘

7 km von Forchheim entfernt, an der Bundesstraße 4 nach Erlangen liegt der kleine Ort Heroldsbach. Im Heroldsbacher Birkenwald liegt der ‚Heilige Berg‘. Hier hatten am 9. Oktober 1949 Heroldsbacher Schulkinder eine Marienvision: sie sahen die Muttergottes in einem Strahlenglanz. In den folgenden drei Jahren häuften sich diese Visionen, und es erschienen ihnen Jesus, die Hl. Familie, Engel und Heilige. Rasch entwickelte sich eine Wallfahrt, die jedoch von der Katholischen Kirche nicht anerkannt ist.
Auf dem ‚Heiligen Berg‘ findet man eine kleine Kapelle, Gebetsstätten, Holzkreuze und am Waldrand die Erscheinungsstätten. Höhepunkte der Wallfahrt sind das Fest Maria Himmelfahrt (15. August) mit Festandacht und Lichterprozession sowie der Jahrestag der ersten Erscheinung am 9. Oktober. Zu diesen Zeiten wird Heroldsbach von Tausenden von Pilgern besucht.

HERSBRUCK (Lkr. Nürnberger Land)

Stadtwappen am Nürnberger Tor

Der aus einem Königshof entstandene Ort wurde während der Hussiteneinfälle im frühen 15. Jh. mit einer Ummauerung versehen, die teilweise erhalten ist, darunter auch insgesamt drei Tortürme. Im Nordosten der Stadt steht das (im 19. Jh. veränderte) Nürnberger

Stadtwappen

Tor, an dem ein Wappen angebracht ist. Noch heute zeigt das Ortswappen von Hersbruck über silberner Zinnenmauer zwei silberne Türme mit roten Spitzdächern, zwischen denen auf schrägem Brückenbalken ein goldener Hirsch hinanspringt. Die Bedeutung dieses Tieres wird von einer Sage erklärt: Vor Jahren war in dem Städtchen der Rat zusammengetreten, um endlich einen Namen für die blühende Siedlung zu finden. Man beschloß, sie nach dem zu benennen, der an einem bestimmten Tag als erster die Pegnitzbrücke überquere. Dieser erste war ein großer Hirsch, der jenseits der Pegnitz aus dem Gehölz trat, mit ein paar Sprüngen über die Brücke setzte und verschwand. Nur der Bürgermeister behauptete, das Tier sei kein Hirsch, sondern ein Steinbock gewesen. Im nun folgenden Streit, welches Tier der Namengeber sein solle, wurde schließlich entschieden, die Stadt solle den Namen des Hirschen tragen – im Wappen aber den Steinbock führen.
Daß der Name der Stadt sich von *Herschbruck* (Hirschbrücke) ableiten soll, ist eine mundartlich bedingte Fehlinterpretation. Als *Haderichsbruck* (‚Haderhesprucga') erscheint der Ort erstmals in einer Urkunde aus dem Jahr 1011. Das erste Siegel von 1314 zeigt auf der für den Ortsnamen redenden Brücke einen Widder, der aber allmählich dem (falsch) redenden Hirsch weichen mußte.

HETTINGEN (Buchen, Neckar-Odenwald-Kreis)

Kirche
Von der Elfuhrglocke im Kirchturm erzählt man sich folgende Sage: In einem großen Krieg kamen feindliche Soldaten auch nach Hettingen. Aus dem Kirchturm holten sie die Glocken und machten daraus Kugeln. Nur die kleinste Glocke verschonten sie, weil sie zuwenig hergab. Damit sie nicht doch noch ge-

raubt würde, gruben die Hettinger das Glöcklein tief in die Erde ein, und zwar im Gewann ‚Gedaun' südwestlich des Dorfes. Nach dem Krieg suchte man nach der Glocke, konnte sie aber nicht mehr finden, und so geriet sie in Vergessenheit. Viele Jahre später ackerten im ‚Gedaun' Bauern, die einen Hund bei sich hatten. Dieser wühlte an einer bestimmten Stelle in der Erde, aber die Bauern achteten nicht darauf, da sie dachten, er würde nach Mäusen graben. Zum Ausruhen legten sich die Bauern nieder und schliefen ein, wurden aber plötzlich durch leises Läuten geweckt und entdeckten an der Stelle, wo der Hund gegraben hatte, das alte Glöcklein; gleichzeitig entsprang hier das *Gedaunbrünnlein.* Die Glocke kam wieder in den Kirchturm und dient seither als Elfuhrglocke. Wenn es elf Uhr läutet, hört man die Glocke erzählen:

Bimmel di bo,
daus im Gedou,
häbe'sch mi g'funne,
in 'nem Brunne!

HILTPOLTSTEIN (Lkr. Forchheim)

Schloß Hiltpoltstein

Oberhalb von Hiltpoltstein liegt eine stattliche Burg. Der Ort wird erstmals 1109 in einer Urkunde als *‚Hildeboldestorf cum castro'* erwähnt. Als erster Besitzer wird eine Rittersfamilie der Hildpoltsteiner aus dem Geschlecht der in der Nähe begüterten Herren von Wildenstein zu Wildenfels genannt. Von dieser Familie sollen Schloß und Ort den Namen haben. Sicher belegt ist um die Mitte des 12. Jh. ein Udalrich von Hildepoldestein.

Der Sage nach soll im Jahre 1228 ein Ritter Hiltpolt dem Aufruf Kaiser Friedrichs II. Folge geleistet haben und ins Heilige Land gezogen sein. In seiner Abwesenheit sollte der Vogt Burg und Ort verwalten. Dieser schloß jedoch einen Pakt mit dem Teufel, der in Gestalt eines Lindwurms Tor und Zugbrücke hütete, während der Vogt auf die Jagd ging. Jahre vergingen; Kaiser Friedrich war längst wieder zurückgekehrt, doch von Hiltpolt fehlte jede Spur, so daß man ihn für tot hielt. Eines Tages sahen die Hörigen des Dorfes einen Feuerschein über der Burg; beim Näherkommen erblickten sie den Vogt und den Drachen in fürchterlichem Kampf. Der Vogt wurde schließlich in Stücke gerissen, und der Lindwurm verschwand in einer Rauchwolke. Da sprengte ein geharnischter Rit-

Schloß Hiltpoltstein, Kupferstich von 1699

ter heran, und das Volk erkannte schnell den geliebten Burgherren. Dieser war in sarazenische Gefangenschaft geraten und erst nach langer Kerkerzeit von Deutschordensrittern befreit worden. Nun konnte er gerade noch rechtzeitig beim Löschen der Burg helfen und die Schäden beheben. Für die Dorfbewohner aber brachen nun wieder bessere Zeiten an.

HIMMELKRON (Lkr. Kulmbach)

Grabdenkmäler in der ehemaligen Klosterkirche
Das ehemalige Zisterzienserinnenkloster wurde Ende des 17. Jh. zu einem Schloß der Markgrafen von Bayreuth umgebaut und dient heute als Haushaltungs- und Pflegeschule. Stifter des Klosters ist Graf Otto IV. von Orlamünde (1279), der ihm den Namen *‚corona coeli‘* (Himmelkron) gab. Bis 1338 stand Himmelkron unter der Obhut der Gründerfamilie; die Abteikirche war Grablege und birgt eine Reihe hervorragender Grabdenkmäler. Auf dem Grabstein der Äbtissin Ottilie Schenk von Simau (gest. 1529) sind zwei Putten zu sehen, die das Wappen der Äbtissin tragen. Bis ins 17. Jh. sind zudem zwei Kinderleichen in der Kirche bezeugt, vermutlich Reliquien. Doch im Volksglauben wurden diese Kinderleichen und die Putten als die Kinder der Gräfin von Orlamünde gedeutet und mit der Sage von der *Weißen Frau* verknüpft:
Agnes von Orlamünde, die als junge Witwe auf der Plassenburg lebte, ermordete aus Liebe zu Graf Albrecht dem Schönen ihre beiden Kinder. Als Buße für dieses Verbrechen rutschte sie auf den Knien bis zum

Grabdenkmal an der Klosterkirche

Kloster Himmelkron, wo die Kinder begraben waren. Sie starb kurz darauf in Himmelkron, und so findet sich ihr Grabstein in der Abteikirche. Nach einer anderen Version pilgerte sie nach Rom und erhielt vom Papst Absolution mit der Auflage, ein Kloster zu gründen, was sie auch tat. Tatsächlich ist in der Kirche das Grabmal einer Äbtissin Agnes aus dem Geschlecht Orlamünde (1354) zu sehen. In der Sage von der *Weißen Frau* werden verschiedene Frauen aus dem Geschlecht der Orlamünde verwechselt. Tatsächlich liegt die Grabstätte der *Kunigunde* von Orlamünde, Gattin des Otto von Orlamünde, in der Klosterkirche von →*Großgründlach* bei Nürnberg. Im dortigen Zisterzienserkloster Himmelthron war Kunigunde von 1361 bis 1382 Äbtissin.

→ Ansbach, Aschaffenburg, Bayreuth, Großgründlach, Kulmbach, Lauenstein

Hirschfeld (Steinbach a. Wald, Lkr. Kronach)

Kapelle

Fährt man von Kronach auf der B 85 Richtung Ludwigsstadt, so erreicht man nach ca. 19 km den Ort Rothenkirchen. Von hier verläuft die alte Heeresstraße auf einem Höhenrücken nordwärts nach Hirschfeld. Vor Hirschfeld steht am Waldrand eine kleine Holzkapelle, die aufgrund eines Traums erbaut worden sein soll: An einem Winterabend saßen die Frauen und Mädchen in einer Rockenstube in Hirschfeld zusammen und erzählten sich Geschichten. Eine Frau berichtete von einem seltsamen Traum der letzten Nacht, in dem ihr ‚aufgetragen' worden war, vor dem Dorf ‚beim Kreuz' eine Kapelle erbauen zu lassen. Der Traum stieß auf lebhaftes Interesse, da eine der anderen Frauen dasselbe geträumt hatte. So kam es, daß beide Frauen gemeinsam die Kapelle errichten ließen.

Hof

Steinkreuz

In der Kreuzsteinstraße 23 befindet sich das Restaurant *‚Zum Kreuzstein'*, das auch das Lokal der Freimaurerloge *‚Zum Morgenstern'* ist. Beim Eingang ist ein reliefartig in die Wand eingemauertes Steinkreuz zu sehen. Vor seiner Einmauerung (bis 1970) stand das Kreuz im Garten des Anwesens. Früher zweigten hier zwei Feldwege ab, und an der Gabelung wurde einst das Kreuz errichtet. Eine Sage erklärt, warum das Kreuz aufgestellt wurde:

Ein Bauer aus *Osseck* ließ sein Kind an einem Wintersonntag taufen. Anschließend begab sich die Gesellschaft in ein Gasthaus und feierte das Ereignis. Bei der Heimfahrt kam dichtes Schneegestöber auf, und die Fahrt mit dem Schlitten war sehr beschwerlich. Als die Taufgäste in Osseck angekommen waren, stellten sie mit Entsetzen fest, daß sie unterwegs das Kind samt Wickelkissen verloren hatten. Der Bauer fuhr sofort mit den Paten und der Hebamme nach Hof zurück. Glücklicherweise wurde das Kind tatsächlich wiedergefunden, wohlbehalten und gesund. Aus Dankbarkeit ließ der Bauer an der Stelle, wo er sein Kind wiederfand, ein Steinkreuz aufrichten, das der Flur und der Straße seinen Namen gab.

HOLZKIRCHEN (Lkr. Würzburg)

Sandsteinrelief an der ehem. Klosterkirche St. Sixtus

9 km südöstlich von Marktheidenfeld liegt das frühere Benediktinerkloster Holzkirchen. Es wurde um 760 von einem Grafen Throand gegründet und nach 768 Karl dem Großen übergeben. In der ehem. Klosterkirche sind interessante Sandsteinreliefs aus dem 12. Jh. zu sehen, darunter auch ein Männerkopf mit Einhorn, einem Fabeltier in Pferdegestalt mit *einem* Horn. Das Christentum kennt das Einhorn als Symbol der Stärke und Reinheit. Als Sinnbild großer Kraft wird es auf Christus bezogen; als Zeichen der Keuschheit wurde das Tier zu einem Mariensymbol: der Sage zufolge kann es nur durch eine reine Jungfrau gezähmt werden, in deren Schoß es sich flüchtet, wenn es gejagt wird. Darstellungen Marias mit dem Einhorn im Schoß deuten auf die Unbefleckte Empfängnis hin.

Da die Symbolik des Einhorns in späterer Zeit nicht mehr verstanden wurde, bildete sich um das Holzkirchener Relief eine Erklärungssage, die sein Entstehen mit der Gründung des Klosters in Verbindung bringt: In alter Zeit war der einzige Sohn des Edelmannes im unteren Schloß zu Remmlingen auf die Jagd gegangen. Als er nicht zurückkehrte, schickte sein Vater Leute aus, die ihn suchen sollten und gelobte, an der Stelle ein Kloster zu bauen, wo sein Sohn, tot oder lebend, wiedergefunden würde. Endlich fand man den

Einhorn. Holzschnitt, frühes 16. Jahrhundert

Jüngling in einem wilden Waldtal; er war von einem Einhorn durchbohrt worden, das, von seinem Pfeil erlegt, tot neben ihm lag. Seinem Gelübde treu stiftete der Edelmann hier das Kloster Holzkirchen. Das Steinrelief soll den Gründer mit dem Einhorn darstellen.

IPHOFEN (Lkr. Kitzingen)

I

Wallfahrtskirche zum Hl. Grab (Hl. Blut)

Die Wallfahrtskirche ist auf der Stelle eines Hostienwunders (angeblich 1294) erbaut; 1369 wurde sie mit der alten Martinskirche vereinigt und 1605–15 gründlich erneuert.

Der Legende nach hatten in Iphofen ansässige Juden eine konsekrierte Hostie gestohlen; als sie diese mit Nadeln durchstachen, floß reichlich Blut heraus. Erschreckt warfen sie die Hostie in eine Abortgrube, wo sie aber in einem Spinnennetz hängenblieb – überirdischer Glanz erhellte das Haus und verriet die Freveltat. Die Juden wurden gefangengenommen und nach erfolgtem Geständnis hingerichtet. An der Stätte des Wunders erbaute man eine Kapelle.

Berichte von wunderbaren Geschehnissen in Zusammenhang mit der Eucharistie sind im Mittelalter vielfach überliefert; sie wurzeln in einer tiefen Ehrfurcht vor dem Altarsakrament, aber auch in magischem Wunderglauben. Die Legende von einer Hostienschändung durch Juden gehört zu einer Gruppe antisemitischer Erzählungen, die vor allem seit den Kreuzzügen der religiösen Diffamierung Andersgläubiger dienten; nicht selten sind blutige Judenpogrome mit solchen angeblichen Freveltaten gerechtfertigt worden.

→ Lohr

Gnadenbild in der kath. Pfarrkirche

In der katholischen Pfarrkirche St. Vitus steht auf dem rechten Seitenaltar das Gnadenbild der ehemaligen Kloster- und Wallfahrtskirche *Birklingen,* eine Pietà aus dem 15. Jh. Dieses Bild war damals Mittelpunkt einer Wallfahrt, die Pilger aus Deutschland, Österreich, Böhmen, Ungarn und Italien nach Birklingen lockte. Das erregte den Neid der Einwohner von Iphofen, die 1501 ein eigenes Gnadenbild ‚entdeckten' und ebenfalls eine Wallfahrt ins Leben zu rufen suchten. Der Bischof von Würzburg untersagte aber schon bald dieses Konkurrenzunternehmen und ließ die Iphofener Madonna entfernen. Schließlich gelang-

te Iphofen aber doch noch in den Besitz des echten Vesperbildes: Als im Jahr 1700 unter den Trümmern der zerstörten Birklinger Klosterkirche die alte Pietà wiederentdeckt wurde, brachte man diese nach Iphofen und stellte sie in der St. Veitskirche auf.
→ Birklingen

Schwanberg
Nördlich von Iphofen erhebt sich das Schwanbergmassiv, das Wahrzeichen des südlichen Steigerwalds. Wegen seiner hervorragenden topographischen Lage war der Schwanberg schon in der Steinzeit von Menschen besiedelt; er trug Befestigungen der Bronze-, Hallstatt- und Latène-Zeit, zuletzt auch eine Fliehburg des frühen Mittelalters (8.–10. Jh.). Urkundlich ist eine Burg auf dem Schwanberg erstmals im 13. Jh. bezeugt; das erste bekannte Geschlecht waren die Ritter Fuchs, die hier als Vögte der Würzburger Bischöfe saßen. Im Bauernkrieg wurde die Burg zerstört, 1605 von Fürstbischof Julius Echter zurückgekauft. Nach der Säkularisation ging sie in Privatbesitz über.
Der Sage nach soll König Pipin d. J. (751–68) auf dem Schwanberg eine Burg besessen haben. Von seiner Tochter Hadeloga wird berichtet, sie habe von hier aus ihren Handschuh fliegen lassen, um an der Fundstelle ein Kloster zu gründen. → Kitzingen
Mehrere Sagen bringen sonderbarerweise den Schwanberg mit der Schweiz in Verbindung. In der 1841 erschienenen *‚Geschichte des großen deutschen Bauernkriegs‘* des Historikers Wilhelm Zimmermann heißt es: „Es waren (bei Ausgang des Mittelalters) vorzüglich zwei große Weissagungen, an welche sich der Glaube und die Hoffnung des Volkes hielt in seiner Noth und seiner Nacht, in seiner Sehnsucht nach Hilfe und Erlösung. Die eine war eine politische, die andere eine religiöse. Es war nemlich eine alte Prophezeiung, „es solle einst eine Kuh auf dem Schwanenberg stehen und da lungen oder plarren (plärren), daß manns mitten in der Schweiz höre.“ „Der Schwanberg“, so merkt Zimmermann an, „liegt in Franken bei Iphofen, unweit Würzburg und Nürnberg, also im Herzen von Deutschland. Die Prophezeiung war zum Sprichwort und dahin gedeutet worden, daß ganz Deutschland einst zur Schweiz, d. h. frei wie die Schweiz werden würde.“
(Es dürfte sich hier um eine romantisierende ‚Verzerrung‘ des in der Märzrevolution (1848) politisch engagierten Linksintellektuellen handeln.)

J

Jagsthausen (Lkr. Heilbronn)

Götzenburg

Zwischen Neuem Schloß und Götzenburg bestand ursprünglich ein Römerkastell. Erste Erwähnung findet der Ort *‚Husen'* im Jahre 1090. Das besitzende Geschlecht der von Hausen gehörte zum Lehenshof der Herren von Dürn, dann zum Hohenlohischen Herrschaftsgebiet. Um 1370 erlosch dieses Geschlecht, und als Erben traten die Herren von Berlichingen auf, die die Burg zum Schloß ausbauten. In der Götzenburg, dem ältesten der drei Schlösser in Jagsthausen, wurde 1480 Ritter Götz (Gottfried) von Berlichingen geboren. Er verbrachte seine Knappenzeit am Hof des Markgrafen Friedrich von Ansbach und führte in den folgenden Jahren zahlreiche Fehden (u. a. gegen Nürnberg und Kurmainz). Im Landshuter Erbfolgekrieg 1504 wurde er von einer Kugel so unglücklich getroffen, daß er die rechte Hand verlor.

Götz schildert dies so: „... die Stang und das andere Theil vom Knopf hab mir zwischen dem Handschuh und dem Arm-Zeug die Hand herabgeschlagen, also daß der Arm hinten und vornen zerschmettert war, und wie ich das sehe, so hengt die Hand noch ein wenig an der Haut ..."

Die kriegerische Laufbahn des Ritters schien damit beendet zu sein – doch ein Waffenschmied in Olnhausen nahe Jagsthausen arbeitete eine eiserne Hand; ein

Götz von Berlichingen. Kupferstich von 1858

Nürnberger Schmied machte ihm eine weitere. Diese Meisterstücke mittelalterlicher Technik werden im Schloßmuseum gezeigt. Mit diesen Ersatzarmen ausgerüstet, erwarb Götz sich in den folgenden Jahren einen Ruf als rechter Haudegen, der auch vor Brandschatzerei und Überfällen nicht zurückschreckte. So überfiel er 1512 einen Zug Nürnberger Kaufleute, beschlagnahmte ihre Waren und demütigte sie durch Tritte in den Hintern und mit Ohrfeigen. Als 1525 der Bauernkrieg ausbrach, brachten ihn die Bauern auf ihre Seite. Zwar versuchte Götz am Anfang mäßigend zu wirken, doch es folgten bald schwere Ausschreitungen und Greueltaten. Schließlich stellte man ihn vor Gericht und verurteilte ihn zu zweijähriger Kerkerhaft. Danach wurde er auf seine Burg *Hornberg* verbannt, die er nicht verlassen durfte. Er hielt sich auch an das Verbot, bis ihn sechzehn Jahre später Kaiser Karl V. erneut zum Kriegsdienst rief. Am 23. Juli 1562 ist Götz von Berlichingen im Alter von zweiundachtzig Jahren gestorben; er wurde im Kloster Schöntal beigesetzt.
Weltberühmt wurde der Ritter mit der eisernen Hand durch Goethes Drama *‚Götz von Berlichingen‘* (1773), für das seine Lebensbeschreibung die Quelle bildet. Im Schloßhof von Jagsthausen finden alljährlich Götz-Festspiele statt.
→ Krautheim, Schöntal

Kammerstein (Lkr. Roth)

Herzog-Ernst-Stein auf dem Heidenberg
Südlich von Schwabach, zwischen den Dörfern Kammerstein und Ottersdorf, liegt der Heidenberg. Von Ottersdorf führt eine Straße zum Weiler Ungertal auf dem Berg. Etwas abseits des Höhenweges liegt in einem Waldstück mit der Bezeichnung ‚Beim hohen Markstein‘ der Herzog-Ernst-Stein, Rest eines ehemaligen Steinkreuzes. Er steht hier in Erinnerung an den sagenumwobenen Herzog Ernst.
Einst, so erzählt die Sage, waren die Ungarn ins Frankenland eingefallen und brannten Dörfer und Städte nieder. Auch *Roßtal* fiel in ihre Hände. Herzog Ernst eilte zur Hilfe und befreite den Ort. In wilder Hast flohen die Ungarn, doch Herzog Ernst holte sie beim Heidenberg ein. Hier entbrannte der letzte blutige Kampf, und obwohl die fränkischen Krieger hohe Verluste hatten, siegten sie. Nach dem langen Kampftag wollten sich die Ritter ausruhen, und auch Herzog Ernst legte den Helm ab – da schoß ein verwundeter

Ungar einen Pfeil auf ihn ab, der ihn tödlich traf. Der Herzog wurde in Roßtal bestattet; an der Stelle, wo er den Tod fand, errichtete man ein Kreuz.
Bis zum großen Kirchenbrand im Jahr 1627 befand sich in der Roßtaler Kirche der steinerne Sarg eines ‚Herzog Ernst von Bayern'. Um welche geschichtliche Persönlichkeit es sich handelt, ist ungeklärt. Ein Herzog Ernst ist der Held eines seinerzeit sehr populären Ritterepos, das um 1180 in Bayern verfaßt wurde. Der erste, auf geschichtlicher Grundlage beruhende Teil verknüpft die Geschichte Ernst II. von Schwaben, der 1030 im Aufstand gegen seinen Stiefvater Konrad II. fiel, mit der Empörung Liudolfs gegen seinen Vater Otto den Großen (953); der zweite, rein märchenhafte Teil läßt Herzog Ernst wunderbare Abenteuer im Orient bestehen.

KARLSTADT (Lkr. Main-Spessart)

Karlburg

Der Stadt gegenüber steht auf steilem Felsen die Ruine der Karlburg als ältester Siedlungskern. Ausgrabungen haben ergeben, daß der günstige Felsvorsprung von Kelten als Fliehburg benutzt wurde. Erwiesenermaßen ist die Burg karolingischen Ursprungs; 793 soll Karl der Große während seiner Mainfahrt hier gelagert haben; der Sage nach wurde in der zugehörigen Mühle Karl Martell geboren. Die frühmittelalterliche, durch starke Wälle abgeriegelte Abschnittsburg wird im 12. Jh. durch eine mittelalterliche Höhenburg abgelöst. Im Bauernkrieg 1525 brannte die Burg ab.
Von den Ruinen erzählt man sich, daß hier in der Johannisnacht Geister umgehen, die einen Sarg tragen. Auch ein unerlöster Ritter soll seit vielen Jahren ruhelos durch die Gemäuer irren. Einst nämlich lebte in der Burg ein schönes Mädchen, das von zwei Rittern umworben wurde; sie schenkte ihr Herz schließlich dem edelsten von beiden. Dieser wurde in einem nächtlichen Kampf mit seinem Nebenbuhler von unsichtbarer Hand den steilen Felsen hinabgestürzt. Unbeerdigt lag der Gefallene am Ufer des Mains und findet seither keine Ruhe. Wer seinen Leichnam findet und ihn feierlich beisetzt, der erhält zum Lohn die in der Burg vergrabenen Schätze.

KIRCHEHRENBACH (Lkr. Forchheim)

Walburgiskapelle auf der Ehrenbürg (Walberla)
Die Ehrenbürg (mundartlich ‚Walberla', eine Verkleinerung von Walburga) ist eine Hochfläche, die schon in der Steinzeit bewohnt, seit dem 7. Jh. v. Chr. befestigt war. Seit etwa 1300 trägt der Berg eine der hl. Walburga geweihte Kapelle (der heutige Bau stammt aus dem 16./17. Jh.), die früher ein beliebtes Wallfahrtsziel war. Die Legende berichtet, wie Walburga um die Mitte des 8. Jh. im Gefolge des Missionars Bonifatius aus England in das noch heidnische Franken kam. Als sie auf der Ehrenbürg eine christliche Kapelle bauen wollte, warfen böse Geister mit Felsbrocken nach ihr. Die Heilige ließ sich aber nicht beirren und zwang die Dämonen sogar, ihr zu helfen. Zum Dank für die geleisteten Dienste schenkte sie ihnen für die erste Nacht im Mai ihre Freiheit wieder, und seitdem feiern in dieser Nacht Teufel und Hexen oben auf dem Bergsattel ihre ausgelassenen Feste.

Die Ehrenbürg mit Kirchehrenbach. Radierung von Albrecht Dürer, 1518

Die Nacht vor dem 1. Mai ist nach altem Volksglauben von gespenstischen Umtrieben erfüllt. Als vorchristliches Frühlingsfest ist dieser Termin wesentlich älter als die Heiligsprechung der 779 gestorbenen Äbtissin Walburga, deren Name erst sekundär mit den später ‚verteufelten' vegetationskultischen Berggipfelriten verknüpft worden ist. Das Walberla-Fest am 1. Maisonntag dürfte sich aus den Wallfahrten entwickelt haben. Im Jahre 1859 hat Josef Victor von Scheffel der Ehrenbürg ein Gedicht gewidmet:

„Ob Vorchheim Kirchehrenbach
Dort schwingt sich am Walburgistag
Der Franken Maimarktreigen.
Der ist seit grauer Heidenzeit
Noch allem Landvolk teuer;
Schatzkind, halt Gürtel fest und Kleid,
Wir springen durch das Feuer!“

→ Eichstätt, Heidenheim

Kitzingen

Evang. Pfarrkirche

Kitzingen ist einer der ältesten Orte am Main. Um 750 wurde hier ein Benediktinerinnenkloster gründet, das 1544 säkularisiert und in ein evangelisches Damenstift umgewandelt wurde. 1660 besetzte es der Bischof von Würzburg mit Metzer Ursulinerinnen. Die 1686–93 erbaute barocke Pfarrkirche ist die ehemalige Klosterkirche.

Über die Ursprünge des ältesten Klosters berichtet die Kitzinger Chronik Friedrich Bernbecks (1511 bis 1570), die karolingische Prinzessin Hadeloga habe ihren Vater Pipin gebeten, ein Kloster gründen zu dürfen. Vom *Schwanberg* aus warf sie ihren Handschuh und wo man diesen finden würde, sollte das Kloster gebaut werden. Dies geschah, der Handschuh wurde dort gefunden, wo heute die ev. Pfarrkirche steht. Pipin setzte seine Tochter zur ersten Äbtissin des Klosters ein. Über den Namen Kitzingen schreibt Bernbeck: „„... solches Closter habe sie nach Ihren getreuen Hirten Kitz genannt, den Namen Kitzingen geben, dießer Hirt soll auch den Brunnen so man noch

Kitzingen

heutigestages Hadaweiden Brunnen nennet, gefunden und nach einer gnädigen Frau, der Abbtisin benahmset haben."
→ Iphofen

Falterturm
Das Wahrzeichen der Stadt ist der sog. Falterturm, der 1469/96 zum Schutz des benachbarten Falltores errichtet worden war und nach Wasserschäden 1551 erneuert wurde. Auffällig ist die merkwürdige schiefe Helmspitze, die ihm die Bezeichnung *‚Schiefer Turm Frankens'* einbrachte. Dem Volksmund nach wurde bei der Erbauung dem Mörtel Wein statt Wasser beigegeben; wahrscheinlicher ist, daß die Zimmerleute damals zu tief in den Mostkrug schauten.
Den Falterturm beherbergt heute ein Fastnachtsmuseum.

KLINGENBERG AM MAIN (Lkr. Miltenberg)

Kath. Pfarrkirche St. Pankratius
Der Erbauer des Stadtschlosses, der Amtmann Hans Leonhard Kottwitz v. Aulenbach, ließ 1575 auch eine Gruftkapelle errichten, die den Chor der *Kapelle* bildet. Langhaus und Turmaufstockung stammen aus dem 17. Jh. In der Kirche ist ein Bild der Vierzehn Nothelfer zu sehen, welches früher in der 1832 abgebrochenen Pankratius-Kapelle angebracht war. Von ihm wird eine wunderbare Geschichte erzählt: Als im Schwedenkrieg das feindliche Heer den Main hinaufzog und sich der kleinen Stadt näherte, breitete sich unter den Bürgern große Furcht aus, da man die Zerstörung des Ortes erwartete. Man rief die heiligen Vierzehn Nothelfer um Hilfe an. Als nun die Schweden anrückten und das Kapellentor belagerten, standen nicht nur die Klingenberger auf den Stadtmauern, sondern auch Sankt Pankratius mit den Vierzehn Nothelfern → Vierzehnheiligen. Die Schweden wagten nicht, es mit diesen Kämpfern aufzunehmen; sie zogen sich zurück und Klingenberg war gerettet.
Bekannt ist Klingenberg als Weinbaustadt. So ist folgender alter Reim überliefert:

Zu Bacharach am Rhein,
Zu Klingenberg am Main,
Zu Würzburg am Stein,
Da wachsen die drei besten Wein.

Und im alten Merian ist zu lesen: „... ein gar kleines Stättlein so deß herrlichen Weinwachs halber berühmbt: welcher köstliche Wein weit verführet wird."

Königsberg i. Bay. (Lkr. Haßberge)

Steinfiguren an der Stadtkirche

Der Bau der Kirche Unserer Lieben Frau wurde im Jahre 1397 begonnen, schritt aber äußerst langsam voran, und erst nach 67 Jahren war die Kirche vollendet. 1640 wurde durch kaiserliche Soldaten Feuer gelegt, was großen Schaden verursachte. Obwohl viele Kostbarkeiten dadurch verloren gingen, sind einige dennoch erhalten geblieben. Auffällig sind die Konsolfiguren an der Außenmauer der östlichen Chorseite: Sinnbilder für menschliche Laster (Gier, Torheit, Unsittlichkeit).

Beaufsichtigung der Bauarbeiten. Holzschnitt

Der Sage nach aber handelt es sich um Spottgesichter, die mißgünstige Bürger der Stadt Königsberg darstellen sollen: Als man nämlich zur Zeit des Kirchenbaus die Arbeiten einem fremden Baumeister übertrug, ließ dieser sich für die Ausführung reichlich Zeit; viele Jahre arbeitete er sogar in anderen Städten. Damit erregte er viel Unwillen und üble Nachrede; besonders zwei Bürger und Ratsherren, die der Kirche gegenüber wohnten, konnten kein Ende ihres Scheltens über den Steinmetzen finden. Nach langem Ausbleiben kehrte der Meister endlich mit 400 Gesellen von Haßfurt her zurück. Die Türmer vermuteten in dem Zug ein feindliches Heer, das die Stadt überfallen wollte und alarmierten die Bürgerschaft, die zu den Waffen griff. Der Baumeister konnte sich jedoch rechtzeitig zu erkennen geben, und bald ging die

Arbeit rüstig voran. Als ihm zu Ohren kam, daß die beiden Bürger so übel von ihm gesprochen hatten, rächte er sich, indem er ihre Gestalten an der Kirche auf lächerliche Weise anbrachte.

KOTZENDORF (Königsfeld, Lkr. Bamberg)

Hungerbrunnen

Kotzendorf ist über die B 22 (Bamberg–Hollfeld) zu erreichen. Der Ort liegt ca. 7 km südlich der Bundesstraße, Abzweigung Treunitz. Die Siedlung ist bekannt wegen der vielen vorgeschichtlichen Funde und die Brunnen, vor allem durch den *‚Hörschel'*, den Hungerbrunnen. Trat dieser Brunnen in Tätigkeit, so kündete er nach altem Volksglauben eine Teuerung an. Der Rat der Stadt Nürnberg soll alle Jahre einen reitenden Boten nach Königsfeld geschickt haben, um zu erfahren, ob der Hörschel und der hohe Brunn, der gegen Steinfeld liegt, Wasser führten.
Geologisch gesehen handelt es sich bei den sog. ‚Hungerbrunnen' um eine Eigenart in Karstgebieten: sie fließen nur, wenn der Grundwasserspiegel stark steigt, also in sehr regenreichen Jahren, die früher meist Mißernten und damit Hungersnöte nach sich zogen.

KRAUTHEIM (Hohenlohekreis)

Johanniterhaus

Die Stadt entwickelte sich aus einer Burgsiedlung der Herren von Krautheim und erhielt 1306 Stadtrecht. 1399 kamen Stadt und Herrschaft an Kurmainz. Die um 1200 errichtete Burg ist teils Ruine, teils bewohntes Schloß.
Im ehemaligen Herrenhaus (auch Johanniter- oder Templerhaus genannt nach den im 11. und 12. Jh. entstandenen geistlichen Ritterorden) soll früher ein Geist sein Unwesen getrieben haben, den man *‚Klingenbätscher'* nannte. Oft sah er oben zum Fenster heraus und jagte den Krautheimern Angst und Schrecken ein. Da machte sich eines Tages ein beherzter Mann mit Namen Jörgle ins Johanniterhaus auf und warf den Klingenbätscher in eine Wasserbütte. Darin trug er ihn auf dem Rücken zur oberen Klinge (= kurze steile Talrinne). Da ihm die Last schwer wurde, stellte der Jörgle einmal ab, um auszuruhen. Da war auf einmal die Bütte leer, und als der Jörgle nach Hause kam, sah er mit Schrecken, wie der Klingenbätscher wieder frech zum Fenster herausguckte. Nun holte ihn

Jörgle ein zweites Mal und trug ihn in der Bütte hinaus. Unterwegs rief der Geist: „Jörgle stell ab!" Jörgle antwortete: „Des mool stell i di nett ab un wann i vreck!" (Diesmal stelle ich dich nicht ab und wenn ich dabei verrecke.) So hat er den Geist in die Klinge geschafft.

Gedenkstein für Götz von Berlichingen

Am Ortseingang steht unmittelbar neben einer Metallwarenfabrik ein mannshoher Gedenkstein, der den berühmten Götz von Berlichingen, den ‚Ritter mit der eisernen Hand' darstellt. Genau an dieser Stelle soll er im Jahr 1517 den berühmten Kraftausdruck gebraucht haben, den Goethe in seinem Drama *‚Götz von Berlichingen'* (1773) nach Jagsthausen verlegt: „Er aber, sag's ihm, er kann mich ..." Der Ausspruch geht auf einen Vorfall zurück, den der Ritter in seiner Autobiographie geschildert hat. In Krautheim war damals ein gewisser Marx Stumpf als Amtmann tätig, der sich diesen Posten durch Verrat an Götz erworben hatte. Der Berlichinger sann auf Rache und „... brannte demnach in Begleitung von nicht mehr als sieben Mann drei Orte nieder, Ballenberg, Oberndorf und das Schafhaus zu Krautheim unter dem Schloßberg. Gern habe ich nicht gesengt und gebrannt; diesmal aber geschah es, weil ich wollte, daß der Amtmann herausrücken sollte und hielt deshalb wohl ein oder zwei Stunden zwischen Krautheim und Neuenstadt in einer schneehellen Nacht. Aber der Amtmann schrie, während ich unten brannte, nur von der Mauer herab, und ich rief zurück, er möge mich hinten lecken."

Kronach

Melchior-Otto-Säule

Auf dem Kronacher Marktplatz steht eine Rundsäule, die der Bamberger Fürstbischof Melchior Otto im Jahre 1654 zur Erinnerung an die überstandenen Belagerungen durch die Schweden (1633 und 1634) errichten ließ. Die Säule trägt auf dem Kapitell das Stadtwappen: es zeigt zwei geschundene Männer, die ihre Haut auf dem Arm tragen. Nach dem Abzug der Schweden hatten die Kronacher einige ihrer Mitbürger verstümmelt in den Gräben gefunden; in einem zeitgenössischen Bericht heißt es, daß diese „mit unerhörter tückischer Tyrannei an den Leibern geschunden, mit amputierten ihren membris virilibus erbärmlich anzublicken" waren.

Von diesen geschichtlich belegten Ereignissen weiß die Sage folgendes zu berichten:
Während des Dreißigjährigen Krieges wurde Kronach von den Schweden lange und vergeblich belagert. Schließlich wurden aber die Lebensmittel knapp, und der Kampfgeist der Kronacher begann zu erlahmen. Da erboten sich zwei Brüder, die sich mit Nebelkappen unsichtbar machen konnten, die Geschütze der Schweden unbrauchbar zu machen, indem sie diese bei Nacht heimlich vernagelten. Sie taten dies mehrmals mit Erfolg, so daß die Schweden trotz Verstärkung ihrer Wachen völlig ratlos waren. Schließlich meldete sich ein Troßknecht, der behauptete, hellere Augen als alle anderen zu haben, denn er sei in der Christnacht geboren. Er legte sich also auf die Lauer und konnte tatsächlich in der folgenden Nacht die zwei Kronacher mit ihren Nebelkappen erkennen. Als sie sich gerade wieder an den Kanonen zu schaffen machten, entriß er ihnen ihre Tarnkappen, und da sie mitten im schwedischen Lager standen, wurden sie schnell überwältigt. Auf Befehl des schwedischen Hauptmanns zog man ihnen die Haut vom Scheitel bis zur Sohle ab und jagte sie dann mit ihren Häuten auf dem Arm in die Stadt zurück. Blutüberströmt kamen die Brüder bis zum Marktplatz, wo sie zusammenbrachen und starben. Zu Ehren der Geschundenen wurde die Säule errichtet. Manche sagen, daß die Geister dieser Männer zuweilen nachts auf den ehemaligen Schwedenschanzen erscheinen und sich mit hellklingenden Hammerschlägen vernehmen lassen. Zum Dank für die Rettung von der Belagerung findet alljährlich am Sonntag nach Fronleichnam in Kronach die ‚*Schwedenprozession*‘ statt.

KROTTENSEE (Neuhaus a. d. Pegnitz, Lkr. Nürnberger Land)

Maximiliansgrotte
Eine Viertelstunde östlich von Krottensee liegt eine Tropfsteinhöhle, die zu den sehenswertesten der Gegend gehört. Bis in die 30er Jahre des vorigen Jahrhunderts hieß die Höhle ‚*Windloch*‘. Nach der Neuentdeckung im Jahre 1833 benannte man sie zu Ehren des Bayerischen Königs Maximilian II. ‚*Maximiliansgrotte*‘. Alten Quellen zufolge wurde bereits im 16. Jh. in der Höhle nach Salpeter gesucht. Kurfürst Friedrich wollte gar aus einer in der Tiefe vorhandenen ‚gelben Materie‘ Gold herstellen lassen.

Am Ortseingang von Krottensee steht eine Tafel, die an einen Vorfall während des spanischen Erbfolgekrieges am 24. Mai 1703 erinnert: Der Marquis de Maffei und der Oberbefehlshaber der fränkischen Truppen, Generalwachtmeister von Janus, trafen hier in einem erbitterten Gefecht aufeinander. Die Franken blieben zwar Sieger, verloren aber 103 ihrer Soldaten, die Bayern hatten sogar den Verlust von 400 Soldaten zu verzeichnen. Die Opfer dieses *Treffens* wurden kurzerhand in das Windloch geworfen und sogar von einem Geistlichen eingesegnet. Nach einiger Zeit geriet die Höhle in Vergessenheit, der Zugang verschwand unter dichtem Bewuchs und Baumwurzeln.

1833 vermißte man die geistesschwache Wirtin Maria Friedel aus Krottensee. Die Suche schien vergeblich zu sein, bis man nach sechs Tagen ihr Wimmern vernahm und so auf das Windloch stieß, in das die arme Frau gestürzt war. Als die Suchmannschaft in die Höhle hinabstieg und den Raum mit Fackeln ausleuchtete, entdeckte man neben der ausgehungerten Wirtin auch die unzähligen Skelette der hier ‚bestatteten' gefallenen Soldaten.

Die großen Tropfsteinhallen wurden in den folgenden Jahren zur Touristenattraktion, wobei der 5 m hohe ‚Eisberg', der größte Tropfstein Bayerns, als besonders bemerkenswert gilt.

KULMBACH

Plassenburg

Im 12. Jh. hatten die Grafen von Andechs-Meranien ihren Sitz in der über der Stadt Kulmbach gelegenen Burg; 1135 nennt sich Berthold II. ‚*Comes de Plassenburg*'. Nach dem Erlöschen des Geschlechts (1248) folgten als Erben die Grafen von Orlamünde-Weimar. Die hohenzollerischen Burggrafen von Nürnberg dehnten ihren Herrschaftsbereich zunehmend aus, und auch die Plassenburg fiel 1340 an sie. Mit dem Geschlecht der Orlamünder und der Plassenburg verbindet sich die Sage von der ‚*Weißen Frau*': Hier lebte die Witwe des letzten Orlamünders (gest. 1293), Kunigunde von Andechs, die wegen ihrer Jugend und Schönheit weit und breit berühmt war. Sie verliebte sich in den jungen Nürnberger Burggrafen Albrecht den Schönen und wollte sich mit ihm verloben. Dieser jedoch zögerte, weil, wie er sagte, zwischen ihm und der Witwe vier Augen stünden. Er meinte seine Eltern, die sich einer Ehe mit der Orlamünderin entge-

Kulmbach und die Plassenburg. Stahlstich um 1840

genstellen würden – Kunigunde aber glaubte, es seien ihre beiden Kinder gemeint und faßte in ihrer Leidenschaft den Entschluß, diese zu töten. Als in der Nacht alle im Schloß schliefen, schlich sie zu ihren Kindern und stieß ihnen eine lange goldene Nadel in den Kopf. Die Tat blieb unbemerkt, und alle glaubten an einen natürlichen Tod. Feierlich wurden die Kinder im Kloster → Himmelkron beigesetzt. Doch das Gewissen peinigte die Gräfin, und schließlich plauderte sie die schändliche Tat nachts im Traume aus. Mit einer Mörderin aber wollte Albrecht nichts zu tun haben; er ließ ihr sagen, er werde niemals eine Frau heiraten, auf deren Haupt eine so schreckliche Bluttat laste. Kunigunde unternahm eine Bußwallfahrt nach Rom zum Papst, der ihr wegen ihrer aufrichtigen Reue verzieh. Bei der Heimkehr starb sie vor der Himmelkroner Kirchtür. Ihr Geist soll auf der Plassenburg umgehen.
→ Ansbach, Aschaffenburg, Bayreuth, Großgründlach, Himmelkron, Lauenstein

L

Langenzenn (Lkr. Fürth)

Wappen in der evang. Pfarrkirche

Der um 1265 zur Stadt erhobene Ort entstand aus dem 903 bezeugten Königshof *Zenna.* Die Pfarrkirche wurde 1409 in ein Chorherrenstift umgewandelt, das bis 1533 bestand; die ehemalige Stiftskirche ist jetzt evangelische Pfarrkirche. Im nördlichen Seitenschiff steht der Grabstein des 1444 verstorbenen Ritters Hans von Seckendorff; sein Wappen, ein verschlungener Lindenzweig, ist auch auf kleineren Grabtafeln sowie am ersten Chorfenster zu sehen.

Der Sage nach geht dieses Wappen auf Kaiser Otto den Großen zurück, der im Jahr 954 ‚apud Cinnam'

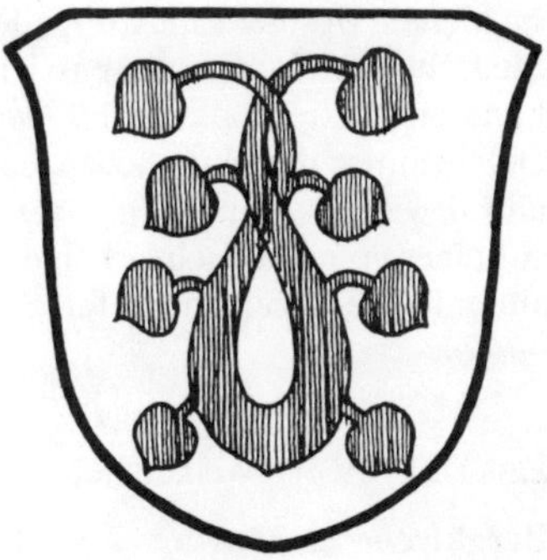

Das Wappen derer von Seckendorff

eine Reichsversammlung einberufen hatte. Da es Hochsommer war, wurde der Kaiser von Mücken sehr gequält – da brach ein Bursch aus der großen Linde, um die sich viel Volk versammelt hatte, einen Zweig ab und reichte ihn dem Kaiser, der den Burschen als Knappen in sein Gefolge aufnahm. Zur Erinnerung durfte er den Lindenzweig in sein Wappen setzen und wurde zum Stammvater derer von Seckendorff.

Lindenturm

Am höchsten Punkte der Stadtmauer steht bei der oberen Ringstraße 14 1/2 das älteste Bauwerk der Stadt, der Lindenturm. Ursprünglich Turmhügelburg der Seckendorff, wurde er beim Bau der Stadtmauer miteinbezogen. Wegen Baufälligkeit trug man ihn 1899 bis auf Mauerhöhe ab. 1954 wurde er mit einem Kegeldach wieder aufgestockt.

Der Sage nach ist dieser Turm Ausgangspunkt eines unterirdischen Gangs, der sich bis zum Cadolzburger Schloß erstrecken soll. Vor vielen hundert Jahren hau-

Flügeldrachen, Holzschnitt, 15. Jahrhundert

ste hier ein riesiger Lindwurm, der oft herauskam und Menschen fraß. Von diesem Ungeheuer wurde das Land erst befreit, als der hl. Georg – ein berühmter Drachentöter der christlichen Legende – hierherkam und den Lindwurm erlegte. (Die Sage basiert wohl auf einer etymologischen Fehldeutung: Linnr' ist die altnordische Bezeichnung für ‚Schlange'.)
→ Volkach

LAUDENBACH (Weikersheim, Main-Tauber-Kreis)

Bergkirche St. Maria
Oberhalb von Laudenbach liegt die Berg- und Wallfahrtskirche St. Maria; sie birgt ein aus der Zeit um 1400 stammendes Vesperbild. Über die Entstehung der Wallfahrt erzählt die Legende, das für eine Kirche vorgesehene Baumaterial sei immer wieder verschwunden und auf der Höhe des Berges wiedergefunden worden. Man forschte dort nach und fand ein Marienbild aus Holz, zu dessen Ehre auf dem Berg eine Kapelle errichtet wurde. Im 17. Jh. ist diese älteste Wallfahrtskirche ausgebaut worden. Am unteren Gesims des Kirchturms (1642) ist ein steinernes Relief zu sehen: es zeigt einen Jüngling, der tot am Boden liegt, daneben einen Mann mit abgeschlagenem Kopf. Die Sage weiß, daß dies der Steinmetzmeister Fries aus Mergentheim und sein Obergeselle Kraft aus Laudenbach sind. Der Geselle verliebte sich in die hübsche Margareta, die Tochter seines Meisters, und beide hatten sich insgeheim verlobt. Nun warb jedoch der reiche Müllerssohn von Schäftersheim um Margareta, und der Meister war mit dieser Verbindung einverstanden. Da gestand ihm seine Tochter endlich die Liebe zum Gesellen Kraft. Daraufhin geriet der Meister mit seinem Obergesellen auf dem Gerüst in Streit und stürzte ihn in die Tiefe. Andere sagen, der Geselle sei beim Hauen der Figuren und Ornamente weit geschickter als sein Meister gewesen und deshalb von diesem in die Tiefe gestoßen worden. Der Meister aber wurde wegen dieser Tat öffentlich enthauptet.

LAUENSTEIN (Ludwigsstadt, Lkr. Kronach)

Burg Lauenstein
Im äußersten Nordwesten des Frankenwaldes, fast direkt an der ehemaligen DDR-Grenze, liegt auf einem Felsen über dem Loquitztal eine der schönsten und besterhaltensten Ritterburgen Frankens, die im Volks-

mund als ,*Mantelburg*' bekannt ist. Es wird erzählt, daß König Konrad I. um 915 die Burg als Bollwerk gegen die Sorben errichten ließ. Doch böse Geister zerstörten nachts, was am Tage aufgebaut worden war, so daß die Burg lange Zeit nicht fertig wurde. Schließlich zog der König einen frommen Einsiedler zu Rate, der über große Wunderkräfte verfügen sollte. Dieser gab ihm seinen Pilgermantel, den er zu einer Schnur zerschneiden und damit den Bauplatz umspannen sollte, um ihn vor den Dämonen zu schützen. So geschah es, und bald war die Burg vollendet. Zur Erinnerung an das wunderbare Geschehen nannte man sie die ,Mantelburg'.

Die Gründung der Burg durch Konrad I. gehört in den Bereich der Sage. Historisch gesichert ist 1222 die erstmalige Erwähnung als ,*Lewinstein*'. Im 13. Jh. gelangte sie in den Besitz der thüringischen Grafen von Orlamünde. Im 15. Jh. starb das Geschlecht der Orlamünde aus, und die Burg wechselte in den folgenden Jahrhunderten mehrmals die Besitzer. Zu einem ,Denkmal deutscher Kunst' wurde die Burg durch den Romantiker Dr. Meßner, der das verwahrloste Schloß 1896 kaufte und restaurierte. So heißt es in der Inschrift über dem Portal:

> „Dies Schloß – einst eine feste Burg,
> erbaut in Kriegsgefahr –, fortan als Denkmal
> deutscher Kunst, mag Gott es uns bewahren."

Die Sage von der *Weißen Frau,* die erstmals im 15. Jh. erscheint, verlegt den Geburtsort jener unglücklichen

Eine alte Flugschrift zeigt die Weiße Frau

Gräfin von Orlamünde nach Lauenstein: Katharina Elisabeth von Orlamünde verbrachte hier ihre Jugend. Als kaum Achtzehnjährige heiratete sie ihren Vetter Otto von Orlamünde, mit dem sie auf der Plassenburg lebte. Hier soll sie, jung Witwe geworden, aus Liebe zum Grafen Albrecht dem Zollern von Nürnberg ihre beiden Kinder ermordet haben, die im Kloster → Himmelkron bestattet sind. Nach ihrem Tode konnte sie keine Ruhe finden und tritt seither als Weiße Frau immer dann in Erscheinung, wenn der Tod eines Hohenzollern bevorsteht.
Vermutlich gab der plötzliche Tod der jungen Grafen von Orlamünde und zweier Witwen dieses Geschlechts den Anlaß für die Entstehung dieser Sage. Nach anderen Versionen heißt die ruhelose Frau Kunigunde, Agnes oder Beatrix – sämtlich Namen von Orlamündeprinzessinnen des 13. und 14. Jahrhunderts.
→ Ansbach, Aschaffenburg, Bayreuth, Großgründlach, Himmelkron, Kulmbach

LAUF A. D. PEGNITZ (Lkr. Nürnberger Land)

Wenzelsschloß
Lauf kam nach dem Tod des letzten Staufen Konradin (1268) in den Besitz der bayerischen Wittelsbacher, die es 1351 verkauften. Kaiser Karl IV. (1347–78), der eigentlich Wenzel hieß – ein Sohn König Johanns von Böhmen – konnte im Rahmen des Ausbaus seiner Hausmacht mit dem Kauf der Oberpfalz auch Lauf an die böhmische Krone bringen. Auf der Pegnitzinsel hatte schon im 12. Jh. eine Burg gestanden, die wegen ihrer Bedeutung als Stützpunkt an der Ländereke zwischen Nürnberg und dem Egerland zwischen 1356 und 1360 erneuert worden ist: es entstand ein massiver Sandsteinbau, das sog. ‚Wenzelsschloß'. Diesen Namen erhielt die Anlage nach der dem böhmischen heiligen Wenzel geweihten Burgkapelle, die heute verschwunden ist. Über dem südlichen Toreingang steht jedoch noch jetzt eine um 1360 entstandene lebensgroße Sandsteinfigur, die nach dem Vorbild einer Skulptur am Prager Veitsdom gearbeitet ist.
Der Sage nach soll hier ein König namens Wenzel gelebt haben. Als dieser einst in den Wäldern bei Lauf jagte, entdeckte er einen prächtigen Hirsch, den er vergeblich zu erlegen suchte – das Tier konnte immer wieder entfliehen, und am Abend war die Jagdgesellschaft tief in den Wald geraten, so daß niemand den

Wenzelsschloß

Rückweg finden konnte. Da hörte der König auf einmal das Pochen von Hammerwerken, zeigte in die betreffende Richtung und rief einem seiner Knechte zu: „Lauf!" Man folgte dem Signal und fand glücklich wieder zur Burg zurück. Von diesem Vorfall soll sich der Ortsname Lauf ableiten.
Historisch lassen sich diese Namensentstehungen nicht belegen. Vermutlich hat die volkstümliche Überlieferung, angeregt durch den Namen des Wasserschlosses, König Karl IV. und den hl. Wenzel zu einer einzigen Person zusammengefaßt. Der Ortsname Lauf (von mhd. loufe = Wasserfall) drückt das gute, nutzbare Gefälle der Pegnitz aus, die schon im Mittelalter durch Mühlen und Hammerwerke, später durch die Industrie genutzt wurde.

Lehenthal (Lkr. Kulmbach)

Steinkreuze
Wenige Kilometer nördlich von Kulmbach liegt das Pfarrdorf Lehenthal. Am nördlichen Ortsrand zweigt ein Feldweg ab, der sich nach wenigen Metern gabelt. Geht man den linken Feldweg weiter, so stößt man nach ca. 800 m auf einen Kreuzweg. Hier stehen zwei Steinkreuze aus Sandstein.
Der Sage nach hatte hier vor vielen Jahren ein Schäfer seinen Karren aufgestellt, als ein Metzger kam und ein Schaf kaufen wollte. Sie wurden aber nicht handelseinig, und es kam zu einer Schlägerei, wobei der Metzger den kürzeren zog und das Weite suchte. Am Abend kam er wieder zurück und bot dem Schäfer die gewünschte Summe. Als dieser aus seinem Karren kam, stieß der Metzger ihm sein Messer in die Brust,

so daß er tot zusammenbrach. Als dann der Metzger sich vom Pferch ein paar Schafe holen wollte, fielen die Hunde des Schäfers über ihn her und zerfleischten ihn. Die Dorfbewohner setzten zwei Kreuze als Erinnerung, das kleine für den Mörder und das größere für das Opfer.
Nach einer anderen Sage soll hier der Herr von Lehenthal seine Untertanen eigenhändig erschlagen haben.
Nach wieder einer anderen Überlieferung soll sich an der Stelle ein Massengrab befinden: Als nämlich am 23. 8. 1553 Feinde vor Kulmbach standen, trieben sie auch das Vieh weg. Von Kulmbacher Landsknechten wurden sie bis hierher verfolgt, und diese konnten das Vieh wieder zurückgewinnen. Dabei mußten jedoch 11 Landsknechte ihr Leben lassen; ihre Leichen wurden hier begraben.

LENGFURT (Triefenstein, Lkr. Main-Spessart)

Dielberg und Hexenbrünnlein
Bei Lengfurt liegt der Dielberg, der vor vielen Jahren dicht mit Eichen, Buchen und Birken bewachsen war; heute ist er großenteils bebaut. Auf dem nördlichen Teil der Bergfläche, dort wo die Gemarkungen von Lengfurt, Erlenbach und Heidenfeld zusammenstoßen, liegt dicht an der Straße das ‚Hexenbrünnlein'.
Der Überlieferung nach sollen sich dort jeden Samstag die Hexen treffen; auch die Walpurgisnacht wird hier gefeiert. Einst wollte ein Mann aus Heidenfeld wissen, wie es bei solchem Hexentreiben zugehe. Um unsichtbar zu sein, zog er seine Kleider verkehrt herum – mit dem Futter nach außen – an und stieg nach Einbruch der Dunkelheit auf eine der beim Hexenbrünnlein stehenden Birken. Um Mitternacht kamen die Hexen auf Besen angeflogen, und ein wildes Gelage begann. Der neugierige Zuschauer hatte jedoch vergessen, auch das Innenfutter seiner Taschen umzudrehen, so daß er nicht völlig unsichtbar war: die Hexen entdeckten ihn und warfen mit Steinen nach ihm, so daß er sich nur mit Mühe auf dem Baum halten konnte. Beim ersten Hahnenschrei stoben alle Hexen davon, und er konnte herabsteigen, blutete jedoch aus vielen Wunden und brauchte lange Zeit, um zu genesen.
Auf dem Dielberg soll auch der *‚Marehans'* sein Wesen treiben. Er war zu Lebzeiten ein Sonderling und Außenseiter gewesen, mit dem keiner etwas zu tun

haben wollte; er hatte sich daher in eine einsame Hütte auf dem Dielberg zurückgezogen und sich schließlich aus Verzweiflung erhängt. Seither geht er nachts um, treibt allerlei Unfug und schreckt die Wanderer.

LEUPOLDSGRÜN (Schauenstein, Lkr. Hof)

Löwenberg

Südlich von Leupoldsgrün erhebt sich der Löwenberg. Vor vielen Jahren, als der Berg noch von einem dichten Mischwald bestanden war, lebte hier, so die Sage, eine Hexe. Sie war ein bildhübsches Frauenzimmer, und während die einen sie für eine weise Frau hielten, beschimpften andere sie als rechte Teufelin. Wohl half sie Leuten in ihren Sorgen und Nöten – wer ihr aber zu nahe trat, wurde von einem Löwen, der sie stets begleitete, getötet. Die Jäger der Umgegend hätten das Tier gerne zur Strecke gebracht, doch war es unmöglich, einen sicheren Schuß zu landen. Viele junge Burschen zog es zu der Hexe hin, doch ehe sie ihnen ihre Wünsche erfüllte, mußten sie mit ihrem eigenen Blute einen Vertrag unterschreiben, der ihre Seelen dem Teufel überantwortete. Als sich eines Tages wieder ein junger Jäger auf den Weg zu ihr machen wollte, flehte ihn seine Schwester an, nicht auf den Berg zu gehen, doch all ihr Bitten war vergebens. Schluchzend stand sie am Waldrand, da erschien ihr plötzlich ein Moosweiblein, das Hilfe versprach: es gab dem Mädchen zwei in der Johannisnacht aus Holundermark gedrehte Zauberkugeln. Die treue Schwester brachte diese dem Jäger, und diesem gelang es auch, die Hexe und ihren Löwen zu töten; aus den Leichen sollen zwei Teufel in die Luft gefahren sein. Der Berg wurde seither ‚Löwenberg' genannt.

LEUTENBACH (Lkr. Forchheim)

St.-Moritz-Kapelle mit Orakelbrunnen

Fährt man auf der Straße von Leutenbach nach Hundsboden, so liegt nach etwa 2 km rechts im Wald ein Parkplatz; von dort aus sind es 200 m bis zur Moritzkapelle, einem Bau des 15. Jh. Eine Kirche *‚Zum lieben Hl. Maurizius'* wird erstmals 1464 genannt. Der Legende zufolge war Mauritius Anführer des afrikanischen Teils der Thebäischen Legion, eine Abteilung von zum Christentum übergetretenen römischen Legionären. Auf Befehl Kaiser Maximilians wurden sie zwischen 287 und 300 in Agaunum/Rhône hinge-

Der heilige Mauritius (Moritz)

richtet, weil sie sich weigerten, den alten Göttern zu opfern. Die Kapelle beherbergt eine Statue des Hl. Maurizius und den sog. Orakelbrunnen, ein kleines gemauertes Wasserbecken, dem aus einer Mauerspalte Wasser zugeführt wird. Die Quelle soll sowohl prophetische als auch heilende Kräfte besitzen. Getrunken darf das Wasser jedoch nicht werden, weil es dann Unheil verursacht; es dient ausschließlich zur äußeren Anwendung, etwa bei Ausschlag. Bei der Anwendung soll, so heißt es in einer Aufzeichnung des Jahres 1822, der hl. Moritz angerufen werden. Schwerkranke können hier Antwort auf die Frage nach ihrer Lebensdauer erhalten: sie werfen ein kleines Hölzchen in das Brunnenbecken – schwimmt es auf der Oberfläche, so bedeutet dies baldige Genesung, geht es unter, so ist das ein böses Zeichen. Früher wurde der Brunnen von den Leutenbacher Frauen als Orakelstätte benutzt. In Ortspitz erzählte man sich, daß bei großer Dürre eine Jungfrau den Brunnen gänzlich leerschöpfen und die Quelle mit Hanffasern verstopfen müsse, damit es wieder regne. Vermutlich befand sich an der Stelle des Brunnens ursprünglich ein heidnische Kultstätte.

Leutzdorf (Gößweinstein, Lkr. Forchheim)

Marterl

Auf dem Weg von Leutzdorf nach Gößweinstein steht nach etwa 300 m ein Marterl (Erinnerungsmal an Tote, die durch Unglücksfall oder Gewalt ums Leben kamen). Früher befand sich in der Nähe ein großes Erdloch, das wohl die Sagenbildung mit angeregt hat: Einst soll hier ein Bauer seinen Acker gepflügt haben – als die Ochsen nicht nach seinem Willen zogen, stieß er einen lästerlichen Fluch aus: „Ihr verfluchten Ochsen, wenn euch nur ein Kreuzmillionendonnerwetter so tief in die Erde schlagen wollte, daß ihr ausseht wie Hirskorn!“ Daraufhin wurden Bauer und Gespann von einem Blitzstrahl in die Tiefe geschleudert.

Lichtenfels

Die steinernen Knaben am Schloß Kastenboden

Am Nordhang des Knopsberges, den schon im 12. Jh. eine Burg krönte, liegt Schloß Kastenboden, ein wuchtiger Quaderbau von 1555 mit steilem Dachsattel und Eckerkern. Seinen Namen erhielt es im 17. Jh. wegen seiner Verwendung als Getreidespeicher. Am nordöstlichen Erker sind oberhalb des Fensters mehrere Steinfiguren zu sehen: ein Mann mit Federbusch auf dem Kopf und drei nackte Knaben, die einander die Hände reichen. Von diesen Figuren erzählt die Sage, das Schloß habe einst einem Grafen Schaumberg gehört und sollte Drillingen aus dieser Familie als Erbe zufallen. Die Grafen von Meran aber wollten dies nicht hinnehmen und bestachen einen Knappen der Schaumberg mit Geld, damit er die Kinder ermorde. Um die Tat zu verschleiern, berichtete dieser, die drei hätten sich nackt ausgezogen und das ‚Findelspiel‘ gespielt, dabei ein Lied gesungen, das mit den Worten begann: ‚Komm, Teufel, hol dein Findeling‘. Der Teufel sei auch tatsächlich erschienen, habe alle drei gepackt und mit solcher Gewalt gegen die Wand geschleudert, daß sie tot liegenblieben.

Die Sage dürfte Erinnerungen an wirkliche Vorfälle bewahrt haben: Lichtenfels, im 12. Jh. im Besitz der Grafen von Andechs-Meran, ist 1142 durch Schenkung an das Hochstift Bamberg gefallen, als die Tochter des ursprünglichen Eigentümers Reginboto von Giech sich von Graf Poppo von Andechs-Meran scheiden ließ. In der Folge kam es zu einer langwierigen Erbfehde, die erst 1248 beigelegt werden konnte.

LICHTENSTEIN (Pfarrweisach, Lkr. Haßberge)

Die ‚Lichten Steine' auf der Burg

Burg Lichtenstein ist das Stammschloß des gleichnamigen Geschlechtes. Ursprünglich umfaßte die Anlage drei Burgen. Die Nordburg stammt im wesentlichen aus dem 13./14. Jh. Sie wurde im Bauernkrieg zerstört und ist seither Ruine. Inmitten des Berings,

Wappen der Lichtensteiner am Portal einer nahegelegenen Kirche (Foto: Günter Lipp)

neben dem Burgbrunnen, liegen zwei riesige, übereinander aufgetürmte Felsblöcke aus graubraunem Rhätsandstein: die sog. ‚Lichten Steine'. Es heißt, die Felsen ständen seit undenklichen Zeiten so, ohne einander zu berühren; durch den Spalt konnte das Licht zwischen ihnen hindurchscheinen. Davon sollen der Name der Lichtensteiner sowie ihr Wappen (zwei gezackte rote Steine, deren Spitzen sich nicht berühren) herrühren. Man sagt, solange diese Steine ständen und das Licht zwischen ihnen hindurchscheinen könne, werde das Geschlecht nicht vollständig erlöschen und es bestünde Aussicht auf einen Wiederaufbau der Burg. Diese Hoffnung dürfte sich allerdings nicht mehr erfüllen, da der letzte Freiherr von Lichtenstein 1845 in der Isar ertrank; der Zwischenraum der ‚Lichten Steine' ist heute zum größten Teil mit Geröll und Erde ausgefüllt.

LOHR (Lkr. Main-Spessart)

Wallfahrtskirche Mariabuchen
Vier Kilometer südöstlich von Lohr steht die zwischen 1692 und 1701 erbaute Wallfahrtskirche Mariabuchen. Auf dem linken Seitenaltar befindet sich das Gnadenbild, eine Darstellung der Schmerzhaften Muttergottes aus der ersten Hälfte des 15. Jh. Die Wallfahrt soll auf eine Begebenheit des Jahres 1395 zurückgehen: Damals stand an der Stelle der heutigen Kirche eine große Buche, an der nur Christen, aber keine Juden vorübergehen konnten, denn diese wurden von einer seltsamen Kraft festgehalten, so daß sie umkehren und einen anderen Weg nehmen mußten. Da beschloß ein Jude, sich über diesen merkwürdigen Vorgang Klarheit zu verschaffen und stieß, als er bei der Buche stehenbleiben mußte, sein Messer in den Baum – da ertönte aus demselben ein Schmerzensschrei. Man fällte die Buche und fand darin ein aus Holz geschnitztes Marienbild, das im Rücken eine blutige Wunde aufwies. Diesem Bild *‚Maria aus der Buchen'* zu Ehren wurde 1434 eine erste Kapelle erbaut, die mehrmals vergrößert wurde.
Es handelt sich hier um eine Erzählung von antisemitischem Charakter, die letztlich dazu dient, die Diskriminierung und Verfolgung von Juden zu rechtfertigen; im späten Mittelalter sind blutige Judenpogrome nicht selten mit angeblichen Religionsfreveln gerechtfertigt worden. → Iphofen. Seit Ende des II. Weltkrieges ist die zuständige Diözesanverwaltung bestrebt, die antijüdische Ursprungslegende nicht weiter zu tradieren und zu entschärfen.
Historisch glaubhafter ist die Überlieferung, nach der ein armer Schäfer die Figur geschnitzt und in einem Spalt der Buche aufgestellt haben soll. Er wollte sich damit ein kleines Heiligtum schaffen, an dem er oft mit seiner Herde vorbeikam und Maria seine Sorgen und Nöte anvertrauen konnte. Im Lauf der Jahre war dieses Bild von der Rinde des noch im Wachstum begriffenen Baumes umschlossen worden und wurde erst nach langer Zeit wiederentdeckt.

LONNERSTADT (Lkr. Erlangen-Höchstadt)

Wolfsgraben

Im Eichwald liegt der Wolfsgraben, ein etwa fünfzig Fuß tiefes enges Tal. Hier, wo einst das Spital von Höchstadt den Waldanteil ‚das Spitalholz' hatte, stand nach der Sage das Schloß der berühmten fränkischen Seherin Sibilla Weiß. Von ihrem Schloß aus ging sie oftmals auf den Lauberberg bei → Sterpersdorf, um vor dem Bild des hl. Antonius zu beten. Ihr Grab befindet sich neben der Antoniuskapelle.

Sibilla verfügte über visionäre Kräfte: sie konnte in die Zukunft schauen und vor allem Unheil in einer der Zeit vorauseilenden Wahrnehmung gleichsam vorwegerleben. Inhalt ihrer Prophezeiungen ist das Schicksal des deutschen Volkes, wobei vor allem Fortschritte in der modernen Technik, aber auch modische Entwicklungen von einem sehr konservativen Standpunkt aus betrachtet und mit Unglück, Krankheit, Teuerung, Krieg und Weltuntergang in Verbindung gebracht werden: In tausend Jahren werden die Menschen durch die Luft fahren, die Bauern zum Ackern keine Zugtiere mehr benötigen. Nürnberg, Forchheim, Bamberg, Würzburg und viele andere deutsche Städte werden einst dem Erdboden gleichgemacht. Wenn die Weiber Hörner (Kämme), Männertracht und Stöckelschuhe tragen, wenn alle Hecken abgereutet, alle Wege und Stege im Fichtelgebirge zu Wiese und Feld geworden sind, dann bricht eine böse Zeit über Deutschland herein. Wenn die Wege eisern sind (Eisenbahnen?), wenn die Leute nicht mehr in der Kirche beten und nicht mehr an Gott glauben, dann kommt eine Teuerung über das Land, und viele Menschen werden Hungers sterben. Bekannt sind auch ihre Voraussagen von der letzten Schlacht, die bei Teuschnitz (im nördlichen Frankenwald) stattfinden wird. Dabei wird der Fürst des Ostens gegen den Herrscher des Westens ziehen. In der Nähe eines Hügels bei Teuschnitz, der einst eine Gerichtsstätte trug, kommt es zum letzten Treffen. Der Kampf wird so fürchterlich sein, daß noch vier Tage lang die Wiesenmühle von einem Blutstrom getrieben wird. Trotz seines Widerstands wird der Herrscher des Westens fallen, und die Horden des Ostens werden die Gegend überfluten. Bis zum Rhein ziehen dann die Sieger, die blutige Greueltaten verüben und sengend und brennend das Land verwüsten. Endlich wird ihr Führer zwischen Mainz und Worms von einem erzürnten Weibe mit einem Wäschebleuer erschlagen, und dann

wird Friede einkehren, doch nur wenige werden dem Gemetzel entrinnen.
Die in Franken so bekannte Gestalt der Sibilla Weiß läßt sich historisch nur schwer fassen, und es ist sehr zweifelhaft, ob sich diese Überlieferungen auf eine tatsächliche Person dieses Namens zurückführen lassen. Demnach würde es sich bei Sibilla Weiß um eine Kontamination aus dem Volksbuch ‚*Zwölf Sibyllen Weissagungen*‘ (speziell der tschechischen Ausgestaltung ‚*Proroctvi Sibyla*‘) und einer örtlichen Überlieferung handeln. So findet sich in einer Goldkronacher Handschrift des 19. Jh. folgende Begebenheit erzählt: „Im Jahre 1693 trieb sich im vorderen Teil des Fichtelgebirges an der Bayreuth-Nürnberger Grenze ein Weib, Anna M. Weiß, zu Ulm geboren, herum, war bereits zu Erlangen wegen Hexerei auf dem Pranger gestanden. Später entstund zwischen dem Amtsvogt zu Marktschorgast und dem Kastner zu Gefrees Streit, in wessen territorio sie mehr peccirt. 1696 wird sie nochmals zu Goldkronach aufgegriffen und soll bei Kornbach zwischen Gefrees und Weißenbach begraben liegen. Das soll die Sibylle Weiß gewesen sein.“
Die Volksüberlieferung von der fränkischen Seherin wurde auch literarisch verarbeitet: durch den Roman ‚*Die Sibylle – Die Geschichte einer Seherin*‘ von Leo Weismantel und in Friedrich Demls Dichtung ‚*Das Antlitz der Sybille*‘. → Sterpersdorf

Marienweiher (Marktleugast, Lkr. Kulmbach)

Wallfahrtskirche

Südlich Marktleugast liegt in einer Mulde des Leugasttales der Wallfahrtsort Marienweiher. Gegründet wurde die Kirche im 12. Jh. durch Bischof Otto den Heiligen von Bamberg († 1139). 1430 wurde sie von den Hussiten niedergebrannt, wobei jedoch das Gnadenbild erhalten blieb; es wurde allerdings im frühen 16. Jh. durch ein neues ersetzt. Der heutige Bau entstand im 18. Jh.
Der Legende nach geht die Wallfahrt auf einen sächsischen Fuhrmann zurück, der sich in Franken ein Gnadenbild hatte anfertigen lassen, um es mit nach Hause zu nehmen. Er machte in Marienweiher (damals *Vordersee*) Rast, als das Wirtshaus von Räubern überfallen wurde. Der Fuhrmann aber konnte mit seiner ganzen Habe unbeschadet entfliehen und stiftete aus Dankbarkeit gegen Gott und Maria eine Kapelle, in welche er das Muttergottesbild stellen ließ. Er soll sich später hier niedergelassen haben.

Marktbergel (Neustadt a. d. Aisch, Lkr. Bad Windsheim)

Petersberg

Nahe Windsheim liegt zwischen Burgbernheim und Oberdachstetten ein Höhenzug, aus dem oberhalb von Marktbergel der 504 m hohe Petersberg herausragt. Eine doppelte Ringwallanlage zeugt davon, daß hier bereits in frühgeschichtlicher Zeit Menschen gelebt haben.

Die exponierte Lage dieses Berges und die Siedlungsspuren haben die Sagenbildung angeregt: Im Inneren des Berges sollen zahlreiche Kammern sein, in denen unermeßliche Schätze von Gold und Edelsteinen liegen. Ein Bäckergeselle aus Marktbergel wagte es eines Tages, in den Berg hineinzukriechen. Am Ende eines langen, dunklen Ganges stieß er auf eine Halle voller Gold und Edelsteine. Der Bäcker füllte sich begierig die Taschen und kroch zurück. Doch die Schätze in seinen überfüllten Taschen machten ein Weiterkommen unmöglich, so daß er steckenblieb. Ein Hirte, der seine Hilferufe hörte, zog ihn heraus. Dabei rissen die Taschen aus und blieben im Berg zurück; niemand hat sie jemals mehr gefunden.

In der Walpurgisnacht (1. Mai) treffen sich auf dem Petersberg die Hexen und feiern mit dem in Bocksgestalt erscheinenden Teufel den Sabbat. Nach dem Festmahl wird zur Musik von Trommeln und Pfeifen getanzt. Im Morgengrauen verteilt der Teufel unter seine Anhängerinnen eine Zaubersalbe, mit der allerlei Schadenzauber an Mensch und Vieh verübt werden kann; danach fliegen die Hexen auf Besen und Ofengabeln wieder fort, und am nächsten Tag sieht der Platz so aus wie immer.

Massbach (Lkr. Bad Kissingen)

Bildstock

Im Fichtenhochwald in der sog. *‚Galgenholz'* von Maßbach findet sich an einem Fußweg, ca. 2 km nördlich der Kirche, der Überrest eines Bildstocks, der im Jahre 1762 anläßlich eines makabren Mordfalles errichtet wurde: Ein Metzger von Thundorf brüstete sich während einer Hausschlachtung, daß er sich vor nichts fürchte, selbst wenn er nachts im Wald nach Hause ginge. Ein Knecht des Randsbachhofbauern stellte den Metzger auf die Probe, indem er sich eine Kuhhaut überzog und nachts an der Grenze zwischen Weichtungen und Maßbach wartete, bis der Metzger vorüberkam. Als er ihn kommen hörte, richtete er sich auf und wollte so den Mann erschrecken. Doch dieser hatte eine Axt bei sich, mit der er dem ‚Ungetüm' auf den Kopf schlug. Der Knecht war sofort tot. An der betreffenden Stelle wurde ein Marterlstock errichtet, von dem heute nur noch der zerbrochene Sockel mit der Jahreszahl 1762 erhalten ist.

MESPELBRUNN (Lkr. Aschaffenburg)

Schloß

Mespelbrunn ist Stammsitz des Ministerialengeschlechts Echter von Mespelbrunn und Geburtsort des Würzburger Fürstbischofs Julius Echter (1545 bis 1617). Seit 1665 ist es im Besitz der Grafen von Echter-Ingelheim und beherbergt heute ein Familienmuseum.

Im Jahre 1412 war der kurmainzische Vizedom von Aschaffenburg und Forstmeister im Spessart Hamann Echter vom Mainzer Kurfürsten zum Dank für die bei der Erschließung des Spessart geleisteten Dienste mit einer „Wüstung und Hofstätte, genannt der Espelborn" beschenkt worden. Der Sage nach war dies der Dank für die Hilfe, die der treue Gefolgsmann dem Kurfürsten bei einer Hirschjagd hatte angedeihen lassen, indem er für den völlig Erschöpften in der Wildnis nach Wasser suchte.

Die Echter siedelten sich hier an und errichteten eine Befestigung, die im 15./16. Jh. zur Wasserburg ausgebaut wurde. Mitte des 16. Jh. erhielt das Anwesen unter Echter III., dem Vater des berühmten Bischofs Julius, sein heutiges Aussehen. Seine Popularität verdankt es zu einem nicht geringen Teil dem 1957 ge-

Schloß Mespelbrunn

drehten Film *,Das Wirtshaus im Spessart'*, bei dessen Dreharbeiten es als Kulisse diente.
→ Rohrbrunn

MILTENBERG

Gnadenbild in der kath. Stadtpfarrkirche
In der Marienkapelle der Pfarrkirche steht das Gnadenbild aus der 1825 abgebrochenen Wallfahrtskapelle ,Maria auf den Staffeln', eine um 1400 entstandene Holzfigur der Muttergottes mit dem Kind. Die Legende erzählt, daß einst in Miltenberg in einem Wirtshaus am Main eine fromme Magd lebte, die zu Ehren der Muttergottes den Armen stets die Reste des Essens gab. Doch die mißgünstige Wirtin befahl, damit die Schweine zu füttern und die Spenden an Bedürftige zu unterlassen. Daraufhin bettelte die Magd soviel für die Schweine zusammen, daß sie dennoch die Armen beschenken konnte. Sie tat dies am Wasserstein vor dem Haus, worauf die Speisereste geschüttet wurden, die dann von den Bedürftigen abgeholt wurden. Des öfteren erschien hier die Muttergottes mit dem Christuskind auf dem Arm. Als die böse Wirtin starb, mußte sie zur Strafe für ihre Hartherzigkeit in Gestalt eines schwarzen Schweins umgehen, und zwar so lange, bis die Magd ihr die Hälfte aller ,Vergelt's Gott' schenkte, die sie von den Armen für ihre mildtätigen Gaben erhalten hatte. Das Wirtshaus wurde später in eine Marienkapelle umgebaut und erhielt ein Marienbild, das alsbald wundertätig zu wirken begann.

Heunensäulen und Toutonenstein
Unweit von Miltenberg, am Osthang des Mainbullader Berges, liegen die *,Heunensäulen'*, sechs starke Monolithsäulen aus Buntsandstein. Die Sage bringt diese großen Steinsäulen mit den Heunen in Zusammenhang, die einst in der Miltenberger Gegend gelebt haben sollen. Sie waren groß und stark wie Riesen, die vor ihnen hier wohnten, doch nicht von so wilder Art. Die Heunensäulen sollten die Pfeiler für eine riesige Brücke werden, welche die Heunen über das ganze Maintal von der Höhe des Heunenberges bis auf den Gipfel des Engelsberges bauen wollten; einer allein konnte eine solche Säule tragen. Einmal nahm eine Heunefrau, die noch nie einen Menschen gesehen hatte, einen Bauern samt Pflug und Ochsen vom Felde weg in ihre Schürze und brachte das Gespann ihren Kindern nach Hause zum Spielen. Doch ihr

Mann rügte sie, daß sie diesen Bauern, der in harter Arbeit sein Brot verdienen müsse, als Spielzeug mißbrauche. Da gab die Heunin dem Mann seine Freiheit wieder. Als sich mehr Menschen in der Gegend ansiedelten, vertrieben sie die Heunen, und niemand weiß, wohin sie gekommen sind.
Die merkwürdigen sagenumwobenen Säulen konnten bisher noch nicht sicher datiert werden. Nahm man früher an, sie seien römischen Ursprungs, geht man heute eher von mittelalterlicher Herkunft aus. Die größte Säule ist 7,55 m lang und 1,25 m dick. In den Mainanlagen wurde eine 5,67 m lange Säule aufgestellt. Im vergangenen Jh. kamen jeweils ein Exemplar nach München und Nürnberg, und seit 1976 besitzt auch die ehemalige Residenzstadt Mainz eine Säule, die vor dem Dom steht.
Verschiedentlich wird auch der *Toutonenstein,* ein 5 m hoher Monolith, der auf dem Greinberg gefunden wurde und heute im Hof der *Mildenburg* steht, mit der Heunensage in Zusammenhang gebracht. Der Toutonenstein ist vermutlich ein Grenzstein aus der Römerzeit; die in der lateinischen Inschrift genannten Toutonen waren wahrscheinlich ein keltischer Stamm.

MÖHREN (Treuchtlingen, Lkr. Weißenburg-Gunzenhausen)

Schloß

Wenige Kilometer südlich von Treuchtlingen liegt das erstmals 899 genannte Möhren. Im frühen 12. Jh. erscheint eine eigene Linie der Grafen von Lechsgemünd mit Graf Otto von Möhren. Als Herren von Truchtelingen saßen hier im 13. Jh. kaiserliche Ministerialen. Das edelfreie Geschlecht der von Möhren starb 1340 aus; es folgten die Grafen von Öttingen und Seckendorf. 1444 erwarben Mitglieder der Familie von Pappenheim das Stadtschloß. 1575 erfolgte durch Erbmarschall Veit von Pappenheim ein Umbau. Das heutige Schloß wurde 1711 durch die Fugger errichtet.
Eine Sage erzählt von einer Armgard von Möhren, die im 12. Jh. gelebt haben soll. Sie konnte sich ihrer vielen Bewerber nicht erwehren und beschloß, sich nur dem Manne zu verbinden, der ihr den goldenen Schlüssel bringe, den sie unter ihrem Kopfkissen verwahrte. Dem berüchtigten Kunz von Absberg gelang es durch List und Heimtücke, sich des Schlüssels zu bemächtigen. Als er mit dem Schlüssel Armgard ge-

genübertrat, erdolchte sich das Burgfräulein; als Schlüsseljungfrau spukte sie lange in der Gegend.
→ Absberg

MÜNCHAURACH (Aurachtal, Lkr. Erlangen-Höchstadt)

Pfarrkirche
Die romanische Kirche ist Überrest eines im frühen 12. Jh. durch Graf Gozwin von Stahleck gegründeten Benediktinerklosters. 1132 übernahm Bischof Otto von Bamberg das Kloster und besiedelte es mit Hirsauer Mönchen. Im Bauernkrieg wurde das Kloster 1525 niedergebrannt.
Der Legende nach soll Graf Gozwin von einem Edelfräulein namens Hildegund zur Klostergründung veranlaßt worden sein. Sie kam nach dem Tode ihrer Eltern zu Graf Gozwin, der sie wie seine eigene Tochter behandelte. Hildegund hatte beim Tod ihrer Eltern geschworen, unverheiratet zu bleiben und als Jungfrau zu sterben. Doch Gozwin achtete nicht auf dieses Gelübde und verheiratete sie mit einem jungen Ritter. Die Hochzeit fand in der Petruskapelle zu Aurach statt. Nach dem Mittagsmahl begab sich Hildegund noch einmal in die Kirche, um Gott zu bitten, sie zu sich zu nehmen, bevor sie ihr Gelübde brechen müsse. Ihr Gebet wurde erhört: sie sank tot zu Boden und wurde in Aurach bestattet. Da Graf Gozwin nicht mehr an das Erbgut seiner Pflegetochter dachte, erschien ihm eines Nachts die Verstorbene und forderte ihn auf, dieses der Kirche zu stiften. Doch erst der Tod seines Sohnes konnte ihn bewegen, Hildegunds Erbe herauszugeben und davon in Aurach ein Kloster bauen zu lassen; weil Mönche darin lebten, nannte man den Ort von nun an Herrenaurach oder Mönchaurach.

MÜNCHBERG (Lkr. Hof)

Dekanatsgebäude
Unmittelbar neben der evangelischen Kirche steht das Dekanatsgebäude, heute Pfarramt. Unter ihm soll ein Keller liegen, von dem aus früher ein unterirdischer Gang zu dem auf dem Waldstein im Fichtelgebirge gelegenen *‚Roten Schloß‘* führte. Er diente als Fluchtweg und zur Versorgung der Feste mit Lebensmitteln. Während der Bauernkriege wurde das Rote Schloß zerstört. Sehr viel später entdeckte man bei Bauarbeiten unter dem Münchberger Dekanatsgebäu-

de den geheimen Gang. Einer der Arbeiter erbot sich, ihn zu erforschen, kam jedoch nie zurück. Um weiteres Unglück zu verhindern, wurde der Eingang zugemauert.
→ Waldstein

MÜNNERSTADT (Lkr. Bad Kissingen)

Katholische Pfarrkirche
Am Sakristeibau der kath. Stadtpfarrkirche St. Magdalena ist in etwa 8 m Höhe das Wahrzeichen der Stadt, eine steinerne Skulptur, zu sehen. Sie zeigt einen Wolf, der eine Henne frißt. Der Ort war ursprünglich im Besitz der Grafen von Henneberg. Seit 1354 teilten diese sich mit den Würzburger Bischöfen in die Stadtherrschaft; 1434 waren die Henneberger wieder Alleinherren; 1585 wurde Münnerstadt durch Kauf endgültig würzburgisch. Diese unterschiedlichen Besitzverhältnisse und der hartnäckige Kampf der Henneberger und des Hochstifts Würzburg um die Ortsherrschaft ist in der Skulptur sinnfällig dargestellt: die Henne steht für die Herren von Henneberg, die durch den ‚Wolf' Würzburg aufgefressen werden. Nicht weit von der Sakristei liegt am Chor eine alte Steinplatte, die zum Grab eines Deutschordensritters gehört. Der Sage nach ist hier der Schwanz des Teufels begraben, den ihm ein kluges Schneiderlein abgeschnitten hat.

NEUENGRÜN (Wallenfels, Lkr. Kronach)

Feldkapelle
Das hochgelegene Frankenwalddorf Neuengrün, bekannt wegen seiner alljährlich stattfindenden Heimkehrer- und Friedenswallfahrten, liegt östlich von Steinwiesen. Am westlichen Ortsrand steht inmitten von Feldern und Wiesen eine kleine Feldkapelle.
Folgende Entstehungsgeschichte ist bekannt: In Neuengrün lebte um 1900 eine wohlbegüterte Witwe. Ein Knecht aus Enchenreuth hielt um ihre Hand an und gelobte, im Falle der Eheschließung eine Kapelle errichten zu lassen. Nach der Hochzeit, die ihn zum reichen Bauern machte, vergaß er jedoch sein Gelübde. Erst in der Sterbestunde erinnerte er sich des alten Versprechens und bestimmte, daß man den Wald in Neuengrün verkaufen sollte, wobei der Käufer die Verpflichtung habe, für ihn die versprochene Kapelle zu erbauen. So geschah es, und der reichgewordene Knecht fand seinen Frieden.

Von der Kapelle wird erzählt, daß es dort spuken soll: so will man dort schon mehrfach Lichter gesehen haben, die sich hin und her bewegten.

NEUHAUS A. D. PEGNITZ (Lkr. Nürnberger Land)

Burg Veldenstein
Neuhaus und Veldenstein werden in alten Urkunden oft gemeinsam genannt. 1008 schenkte Kaiser Heinrich II. beide Burgen dem Bistum Bamberg. Die Bischöfe blieben hier Herren bis 1802, und so wurde Burg Veldenstein Sitz eines bischöflichen Amtes. Erstmals zerstört wurde Veldenstein im Städtekrieg 1388, überstand dann den Bauernkrieg und die Markgrafenkriege. Am 2. April 1708 schlug der Blitz in das große äußere Rondell und entzündete das dort gelagerte Pulver, wodurch Rondell und Palas zerstört wurden. Der Palas blieb Ruine, während das Rondell wiederaufgebaut wurde. Von 1898 bis 1912 bewohn-

Burg Veldenstein

te der kaiserliche Ministerresident von Deutsch-Südwest-Afrika Dr. Heinrich Ernst Göring die Burg. Sein Sohn Hermann Göring verbrachte seine Jugend auf Veldenstein. Im Dritten Reich übereignete Adolf Hitler die Burg seinem Reichsminister. Als der Zweite Weltkrieg beendet war, durchsuchten amerikanische Besatzungssoldaten die Burg. Es seien, so vermuteten sie, hier ‚sagenhafte' Schätze verborgen, die die Nazis zusammengerafft und auf der Burg versteckt haben sollten. Mit Preßlufthämmern und Pickeln wurde in der Burg systematisch nach dem ‚Nazi-Schatz' geforscht. Allerdings wurde ein solcher Schatz nicht gefunden, dafür aber ein reiches Sortiment an Tischgeschirr und Spirituosen.

NEUNSTETTEN (Herrieden, Lkr. Ansbach)

Steinkreuze

Im Süden Neunstettens an der Straße nach Herrieden befindet sich die größte Steinkreuzgruppe in Bayern, genannt die *‚Sieben Fuhrmänner'*. Von den sechs Steinen, die heute noch stehen, weisen fünf charakteristische Bearbeitungsmerkmale des 15. und 16. Jh. auf.
Der Sage nach machten hier im Dreißigjährigen Krieg 7 Fuhrleute Rast. Jedoch waren ihre Vorräte aufgebraucht, und sie hatten nichts mehr zu essen. Nur einer hatte noch einen Laib Brot, den er aber versteckt hielt und heimlich davon aß. Dabei ertappten ihn die anderen: es kam zum Streit, sie verletzten sich gegenseitig so schwer, daß keiner mit dem Leben davonkam. Seither sollen die toten Fuhrleute nachts um zwölf hier umgehen; sie ringen miteinander, schlagen, schreien, keuchen und stöhnen.
Historisch ist dieser Vorfall nicht zu belegen. Aufschlußreich ist der Standpunkt der Kreuze am Schnittpunkt der Straßen Ansbach – Feuchtwangen und Herrieden – Feuchtwangen, dicht an der ehemaligen Altmühlfurt. Vermutlich handelt es sich um Sühne- oder Gedenkzeichen für Opfer des damaligen Straßen- und Flußverkehrs.

NEUSTADT A. D. AISCH (Lkr. Neustadt a. d. Aisch – Bad Windsheim)

Geißbock in der Rathausuhr und am Nürnberger Tor

Der Geißbock ist das Wahrzeichen der Stadt und hat ihren Bewohnern den Necknamen *‚Geisböck'* eingebracht. Im Verlauf seiner langen Geschichte ist das Städtchen wiederholt kriegerischen Verwüstungen ausgesetzt gewesen. Als im Jahre 1460 bei einer Belagerung alle Zufahrtswege und damit die Versorgung abgeschnitten wurde, herrschte große Hungersnot in der Stadt. Da ließ sich ein Schneider in ein Ziegenfell einnähen und sprang laut meckernd die Stadtmauer entlang. Der Feind glaubte nun, die Belagerten hätten noch genügend Vorräte, um lange Widerstand leisten zu können – er zog ab, und die Stadt war gerettet. Zum Gedächtnis wurde am östlichen Tor (Nürnberger Tor) ein steinerner Geißbock angebracht. Seit

1951 befindet sich am Rathausturm eine Kunstuhr, in der Schlag 12 Uhr ein Geißbock muntere Sprünge vollführt.
Diese schwankhafte Überlieferung gehört vermutlich in den Bereich des Schneiderspotts, denn dieses Handwerk war früher ein wenig angesehenes Gewerbe, der Schneider bevorzugter Gegenstand des Volkswitzes: man machte sich lustig über seine Schwächlichkeit – er führt ja nur Nadel und Fingerhut – und fiel in Wort und Bild über ihn her. Andererseits schreibt der Volksmund dem Schneider viel gesunden Mutterwitz zu: körperlich schwach, siegt er mit List über alle Hindernisse. Flugblätter und Schmähschriften auf den Schneider als ‚wohledlen und gestrengen Herrn von Geißbügel' waren weit verbreitet; die Geiß ist des Schneiders geliebtes Haustier, wie Volksdichtung und alte Abbildungen bezeugen, z. T. sind ‚Schneider' und ‚Geiß' sogar inhaltsgleiche Worte.

NIEDERLAMITZ (Kirchenlamitz, Lkr. Wunsiedel)

Kornberg mit Zigeunerstein
Von Niederlamitz aus führt ein mit rotem N markierter Weg auf den Kornberg. Unterwegs kommt man an einem Felsblock vorbei (dem sog. *‚Zigeunerstein'*), der nur eine geringe Auflagenfläche besitzt, so daß er zum großen Teil in der Luft zu schweben scheint. Auf dem Gipfel des Berges soll einst eine feste Burg gestanden haben, deren unterirdische Gewölbe reiche Schätze bargen. Tatsächlich ist eine um 1304 erbaute Burg *Hirschstein,* deren Ruinen teilweise noch zu sehen sind, historisch nachweisbar.
Die stark sozialkritisch gefärbte Sage nennt diese Burg *‚Greifenburg'* und erzählt, der letzte Besitzer, ein Herr von Greif, sei ein äußerst habgieriger Mensch gewesen, der zur Befriedigung seiner Geldgier mit dem Teufel einen Bund geschlossen hatte. Er kaufte die Ernten der umwohnenden Bauern auf, um sie im Winter für den doppelten Preis wieder zu verkaufen; oft gab er aber auch gar nichts heraus, so daß es zu Hungersnöten kam. Versuche, mit Gewalt Korn aus der Burg zu holen, schlugen fehl, da der Teufel alle diesbezüglichen Anstrengungen vereitelte. Eines Tages erschien bei den Bauern ein fremder Mann, der versprach, dem Greifenburger das Handwerk zu legen. Vom ‚Zigeunerstein' aus warf er kleine schwarze Kugeln nach der Burg – sofort schoß eine Stichflamme in die Höhe, das Mauerwerk zerbarst, und die Burg sank in Schutt und Asche. Die merkwürdige

Lage des Zigeunersteins soll eine Folge der mit dieser Explosion verbundenen Erschütterung gewesen sein. Der Ritter von Greifenburg aber wurde von dem Fremden verflucht, in den Wäldern des Kornbergs umherzuirren, bis der Zigeunerstein wieder fest und unerschütterlich mit dem Boden verwachsen sei.

NIKLASHAUSEN (Werbach, Main-Tauber-Kreis)

Denkstein für den Pfeifer von Niklashausen
Auf halbem Weg zwischen Wertheim und Tauberbischofsheim liegt der kleine Ort Niklashausen. In der Mauer an der Hofeinfahrt des Anwesens Würzburger Str. 14 ist ein Sandsteinrelief (geschaffen von Franz Flegler, umgearbeitet 1950) zu sehen; es zeigt einen Mann auf einer umgestürzten Gelte (Mostbottich), der Umstehenden predigt, während Maria im Gewölk ihm lauscht: es ist der Pfeifer (auch Pauker) von Niklashausen oder ‚Pfeiferhans', mit bürgerlichem Namen Hans Böhm (Beham, Beheim). Im Jahre 1476 hatte dieser Mann, ein Musikant und Viehhirt, eine Marienerscheinung: daraufhin zerbrach er seine Flöte, zerschlug seine Pauke und predigte gegen die

Der Pfeifer von Niklashausen predigt soziale Gerechtigkeit. Holzschnitt

Geistlichkeit. Seine Anhängerschaft wuchs, zumal er soziale Gleichheit forderte: jeder solle seine Nahrung mit eigener Hand verdienen und keiner dürfe mehr haben als sein Bruder. Zoll und Abgaben seien unzulässig, Wasser und Wälder für alle frei. Als diese aufrührerischen Reden dem Bischof Rudolph von Würzburg zu Gehör kamen, sandte er Späher nach Niklashausen, die den Pfeifer nach Würzburg brachten. Am 19. Juli 1476 wurde Hans Böhm auf dem Schottenanger zu Würzburg als Ketzer verbrannt. Seine Ideen waren allerdings nicht auszurotten; nach seinem Tod setzte eine regelrechte Wallfahrt nach Niklashausen ein, die für die Obrigkeit eine schwere Bedrohung darstellte, wie zahlreiche Verbote bezeugen.

Fensterlade in der Kirche

Neben dem Sandsteinrelief und einer in der Ortsmitte angebrachten Erinnerungstafel (von W. Orysik/Wertheim) erinnert in der Kirche von Niklashausen ein weiteres, ganz außergewöhnliches Zeugnis an die turbulenten Ereignisse des Jahres 1476. Es ist dies eine, aus einer dicken Eichenbohle gefertigte Fensterlade. Sie trägt neben einer nicht näher bestimmbaren Hausmarke in einem Wappenschild die Jahreszahl „1476“. Der ‚Pfeiferhans‘ soll in Niklashausen aus jenem Fenster gepredigt haben, an dem diese Fensterlade befestigt war.

NORDHEIM/MAIN (Lkr. Kitzingen)

Mainufer

Nordheim ist eine alte fränkische Siedlung; sie wird als *‚Northeim‘* bereits 918 genannt. Bis 1230 gehörte die Vogtei den Casteller Grafen, danach teilten sich das Hochstift und Kloster Schwarzach den Besitz. Aus dem Städtchen ist ein reicher Sagenschatz überliefert.

Vor allem wird vom Wilden Heer berichtet, das hier gesehen wurde und das einst der Fährmann von Nordheim über den Main gesetzt haben soll. In einer rauhen Dezembernacht wurde er mit dem Ruf ‚Ahooul‘ geweckt. Er wunderte sich über die ungewöhnliche Zeit, machte aber schließlich etwas ungehalten das Boot los. Am gegenüberliegenden Ufer angekommen, hörte er ungeduldige Rufe und Pferdegetrampel, konnte aber niemanden erblicken. Der Kahn füllte sich jedoch und drohte zu versinken. Dem Fährmann gelang es, die bedenklich überladene Fähre glücklich ans Nordheimer Ufer zu bringen, wo die unsichtbaren Gäste ausstiegen. Am nächsten Tag fand er als Fährlohn auf dem Brückenkopf ein eingebranntes Hufeisen.

NÜDLINGEN (Lkr. Bad Kissingen)

Ruine Hunberg

Oberhalb der Ortschaft liegen auf dem Hunberg die Reste einer Burg, die früher nach den hier ansässigen Grafen von Henneberg benannt war. Die Bezeichnung ‚Hunburg' soll von einem Haushuhn herstammen, das zu der Zeit, als man noch keinen Namen für die Gründung wußte, ein Ei auf diesen Berg gelegt haben soll. Zur Unterscheidung von der weit früher erbauten Henneburg wollte man sie daher Huhnburg benennen. Das Wappen zeigte dementsprechend keine Wildhenne wie das der Henneburg, sondern ein Haushuhn. Nach der Sage soll alle 100 Jahre ein Huhn mittags und um Mitternacht auf dem Schloßberg dreimal fröhlich schreien und so das neue Jahrhundert verkünden. Das letztemal soll das Huhn 1742 gehört worden sein.

NÜRNBERG

Burg

Der Sage nach verdankt Nürnberg seinen Ursprung Drusius Nero, dem Bruder des römischen Kaisers Tiberius (14–37. n. Chr.) oder auch Tiberius Claudius Nero (so hieß Tiberius vor seiner Adoption durch Augustus) selbst. Diese Geschichte taucht zuerst 1488 bei dem Nürnberger Chronisten Maisterlin auf. In der ‚*Schedelschen Weltchronik*' (1493) werden zwei Brüder als Gründer genannt: die erste Befestigung und später die Stadt seien nach ihnen ‚*Neroberg*' genannt worden. Es handelt sich hier um eine etymologische Fehldeutung des Ortsnamens Nürnberg.
Urkundlich erwähnt werden die Burg und eine dazugehörige Kaufmannssiedlung im Jahr 1050; diese erste Nennung dürfte nicht viel später liegen als die

Burg. Holzschnitt von 1552

Nürnberg im 15. Jahrhundert. Doppelseitiger Holzschnitt, Das Buch der Chroniken und Geschichten, 1493

Begründung auf dem die waldreiche Pegnitzlandschaft überragenden Felskopf. Volkstümlich leitet sich dementsprechend der Ortsname von *‚Nur em Berg‘* (nur ein Berg) ab. Sprachforscher vermuten, daß hier das ausgestorbene Eigenschaftswort *nuorin* (oder *norin*) zugrunde liegt, was *felsig* bedeutet. Mit dem *‚nourin berc‘* ist demnach der markante rote Sandsteinfelsen gemeint, auf dem die Burg erbaut wurde. Auf dieser Burg, die sich in drei Baugruppen – Burggrafenburg, Kaiserburg, reichsstädtische Bauten – gliedert, saßen seit 1192 die Burggrafen von Nürnberg (Hohenzollern). Um 1200 war Nürnberg bereits Stadt, bestehend aus einem nördlichen (Pfarrei St. Sebald) und einem südlichen (Pfarrei St. Lorenz) Teil. 1245 erschienen beide Stadtkerne erstmals als ‚universitas civium‘; 1323 wurden sie durch gemeinsame Mauern verbunden.

Nürnberg ist die einzige salisch-staufische Burg, die bis in die Neuzeit Kaiserburg blieb. Obwohl die deutschen Könige nie eine Hauptstadt hatten, sondern – sofern sie nicht in ihren Erblanden weilten oder Feldzüge unternahmen – von Pfalz zu Pfalz und von Reichsstadt zu Reichsstadt zogen, war doch Nürnberg ihr häufigster Standort. Von 1050 bis 1571 weilten alle Kaiser zumindest einmal auf der Reichsburg; Karl IV. bestimmte 1356, daß jeder gewählte deutsche König seinen ersten Reichstag in Nürnberg zu halten habe; 1424 wurden die Kroninsignien nach Nürnberg gebracht.

Kaiserkapelle
Die um 1170–80 entstandene Kapelle der Kaiserburg ist eine Doppelkapelle, so daß der Hof in der oberen (Kaiserkapelle), das sonstige Gefolge in der unteren

Die zerbrochene, nur mit einem Ring gestützte Säule in der Burgkapelle

(Margarethenkapelle) untergebracht werden konnte. Die Marmorsäulen der Oberkapelle wurden aus Italien importiert. An einer von ihnen ist ein Ring zu sehen, den die Sage mit einer Teufelswette in Verbindung bringt:

Als die Burg gebaut wurde, verzögerte sich die Fertigstellung der Kaiserkapelle. Der erste Gottesdienst war schon anberaumt – aber noch fehlten vier Säulen, die von weither geholt werden mußten. Da erschien dem zuständigen Pater Cyrill der Teufel und bot ihm an, aus einer Kirche in Rom die benötigten Säulen innerhalb der Zeit herbeizuschaffen, die der Pater brauche, um eine Messe zu lesen; stehe die letzte Säule, bevor die Messe zu Ende sei, dann sei Cyrills Seele dem Bösen verfallen. Der Pater ging auf diese Wette ein – doch noch ehe er die Messe halb gelesen hatte, befanden sich schon drei Säulen im Kapellenraum. Der Pater beeilte sich und konnte gerade noch die Schlußworte ‚Ite missa est' sprechen, als der Teufel mit der vierten Säule kam. Voller Zorn über die verlorene Wette schleuderte er sie auf den Boden, wo sie zerbrach. Später wurde die Säule zusammengeflickt und mit einem stützenden Ring versehen, der noch heute zu sehen ist.

Kunigundenlinde
Im inneren Burghof, der im Süden und Westen von Palas bzw. Kemenate begrenzt wird, steht eine Linde, die sog. ‚Kunigundenlinde'. Die erste Linde soll der Legende nach die 1200 heiliggesprochene Kaiserin Kunigunde gepflanzt haben zum Dank für die wunderbare Errettung ihres Gemahls Kaiser Heinrich II. (heiliggesprochen 1146) aus großer Gefahr. Bei einem Jagdausflug hatte dieser zu Pferd eine Hirschkuh verfolgt – als sich plötzlich vor ihm ein Abgrund auftat, in den er gestürzt wäre, wenn nicht ein vom Blitz verkohlter Lindenstamm am Rand der Schlucht sein Roß aufgehalten hätte. Zum Andenken nahm er einen der wenigen grünen Triebe der Linde mit, und dieser wurde von Kunigunde in den Burghof gepflanzt, wo er zu einem herrlichen Baum heranwuchs.
Die ‚tausendjährige' Linde ist aus dem Nürnberger Brauchtum nicht wegzudenken. Unter ihr fand wahrscheinlich das Hochgericht statt. Bei der Hochzeit Philipp Pirckheimers im Sommer 1455 tanzte man

Die Kunigundenlinde im Nürnberger Burghof

‚unter der großen Linde', wie Albrecht Dürer, dessen Vater daran teilgenommen hat, berichtet; in der ‚Kreuzwoche' (Woche vor dem Fest Christi Himmelfahrt) ‚sungen umb die Linden' Kinder.
→ Bamberg

‚Tiefer Brunnen'
Der Brunnen liegt in der Mitte des Vorhofs in einem 1563 errichteten Brunnenhaus. Die älteste Nachricht über den ‚Tiefen Brunnen' stammt aus dem 14. Jh., doch ist er wesentlich älter und geht in seiner Anlage wahrscheinlich bis ins 12. Jh. zurück. In Zeiten der Belagerung war dieser Brunnen die einzige Wasserquelle der Burg. Der Brunnenschacht ist (abgesehen von acht Quaderschichten unterhalb der Brüstung) in den gewachsenen Felsen getrieben und bis zum Wasserspiegel über 50 m tief.
Ganz unten, am Fuß des Schachtes, soll ein langer Gang abzweigen, der in Fürth beim Karlsberg endet. Die Nürnberger Ratsherren wollten das Geheimnis dieses Ganges gern ergründen und schickten einen zum Tode Verurteilten hinunter. Nach stundenlangem Herumtappen gelangte dieser an ein offenstehendes Tor und durch dieses in einen riesigen Saal. Hier sah er Kaiser Karl den Großen im Kreis seiner Ritter an einem Tisch sitzen, durch welchen sein Bart hindurchgewachsen war. Nach Nürnberg zurückgekehrt, schenkte man ihm aber erst Glauben, als er zum Beweis einen aus dem Karlsberg mitgenommenen Edelstein vorzeigte.
In der Nacht zum 1. Mai sollen seltsame Geräusche aus dem Burgfelsen dringen: sie stammen von Kaiser Karl und seinem Gefolge, das von Fürth durch den Gang gezogen kommt, um im Tiefen Brunnen die Pferde zu tränken.
→ Fürth

Eppeleinssprung
Die ehemalige Burggrafenburg war zwar verhältnismäßig klein, besaß aber doch alle Merkmale einer Burg: Bergfried (Fünfeckturm), Palas, Kapelle, Brunnen und Burghut, genannt *‚Braunecksche Behausung'*. Die Grenze zwischen dieser Lehensburg der Grafen von Nürnberg und der Kaiserburg bildete eine Schildmauer, die von der Hasenburg im Süden bis zur Burgamtmannswohnung im Norden reichte. Im Jahre 1420 ist diese Burggrafenburg in einer Fehde mit Bayern zerstört worden; 1427 verkauften die Zollern die Ruine an die Reichsstadt Nürnberg. Der *‚Fünfeck-*

Eppelein von Gailingen springt mit seinem Pferd über den Burggraben von Nürnberg

turm‘, ehemaliger Bergfried der salischen Burg (um 1040), ist das älteste erhaltene Baudenkmal der ganzen Stadt.

Die Streichmauer am Fuß des Turms wurde erst 1535/1536 von der Stadt angelegt. Auf der abgeschrägten Mauerbrüstung sind hufeisenförmige Vertiefungen zu sehen; sie bezeichnen die Stelle, wo der Sage nach Ritter Eppelein von Gailingen mit einem gewaltigen Sprung über den Burggraben den Nürnbergern entkommen sein soll. Er sollte als Räuber und Wegelagerer gehängt werden, hatte sich aber als letzte Gnade ausgebeten, sein geliebtes Roß noch einmal besteigen zu dürfen. Man erfüllte seine Bitte – da gab Eppelein dem Tier die Sporen, so daß es sich hoch aufbäumte und in einem riesigen Satz über den Graben sprang. Von diesem Ereignis datiert die Redensart: „Die Nürnberger hängen keinen, sie hätten ihn denn zuvor!“

Geschichten um den Raubritter Eppelein, vor allem seine Streiche gegen die Nürnberger ‚Pfeffersäcke‘, gibt es in Franken reichlich. Sie gehen zurück auf die historisch faßbare Gestalt des Ekkelein Gailing, der durch unzählige Überfälle und Raubzüge den Nürnbergern schwer zu schaffen machte. Gefangener auf der Nürnberger Burg ist der Ritter indessen nie gewesen. Ekkelein ist auf der Burg Gailing (bei Rothenburg o. d. T.) geboren; nach dem Tod seines Vaters wurde er Herr auf Illersheim, Gailingen, Wald und Trainmeusel. Durch seine Erbschaft war er für ein standesgemäßes Leben bestens gerüstet, aber ein solches Dasein scheint ihn gelangweilt zu haben, und er führte ständig Privatfehden mit den fränkischen Reichsstädten. Hierbei galt seine Vorliebe den Nürnberger Kaufmannszügen, die er ausraubte, wobei die Kaufleute erst gegen hohes Lösegeld wieder freigelassen wurden. Des öfteren scheint er auch unerkannt in Nürnberg gewesen zu sein, wie folgender Liedtext reimt:

> „Es war ein frischer Reutersmann, der Eppele
> von Geylingen ist er genannt.
> Er reit zu Nürnberg aus und ein,
> ist der von Nürnberg abgesagter Feind."

Schließlich wurde Ekkelein vom kaiserlichen Landgericht wegen Gewalttätigkeit geächtet, womit er seiner Privilegien verlustig ging und nunmehr als gemeiner Räuber gejagt wurde. Nachdem er bei Dachau den Nürnbergern 32 Pferde ausgespannt und bei Wachenrod Kaufleuten die Waren abgenommen hatte, wurde er 1381 mit seinen Neffen Dietrich und Hermann sowie vier Knechten gefangengenommen und zum Tode verurteilt; die Hinrichtung fand am 15. Mai in Postbauer bei Neumarkt statt. In einer erhaltenen Abrechnung heißt es: „Item, es kost, Daß Ekkelein Geylink und herman und Dietrich die Bernheimer, seiner Swester Sün, uff Räder gesetzt wurden und daß ihrer Knechten vieren die Haupt abgeslagen wurden, alles zum neuen Markt, mit allen Sachen 639 Pfund 14 Schilling und 6 Heller, und sie wurden verderbt am Mittwoch nach Nereij und Achillej Anno 81."
Wann die bekannten Hufabdrücke in der Nürnberger Burgmauer entstanden sind, ist unbekannt. Offenbar waren sie hier schon im 18. Jh. zu sehen, wie aus den Reisebeschreibungen des *Johann Georg Keyßler* von 1751 zu entnehmen ist: „An einem Ort der Brustwehr auf der Burg zeigt man im Stein die Eindrücke von drei nebeneinander in einer Linie stehenden Hufeisen, als ein Denkmal, das einstmals ein Hexenmeister Apelle Vocales, woraus das gemeine Volk Heppel von Galen macht, von hier mit seinem Pferd, so nach dem eingedruckten Zeichen drei Füße nebeneinander gehabt haben müßte, über den mehr als 20 Ruten breiten Graben gesetzt haben soll."
→ Burg Gaillenreuth, Trainmeusel, Wohlmanngesees

St. Sebald mit Sebaldusgrab

Unterhalb des Burgberges stand im 11. und 12. Jh. eine *Peterskapelle,* die vermutlich durch den legendären Einsiedler Sebald (Sigwald) um 1050/60 von der Mutterkirche St. Peter und Paul in Poppenreuth aus gegründet worden ist. Sebald starb um 1070 und wurde möglicherweise erst in Poppenreuth beigesetzt, dann nach Nürnberg überführt. Bald schon entwickelte sich eine Wallfahrt, da eine Reihe von Wundern an seinem Grab bezeugt worden waren. Die Peterskapelle wurde dementsprechend schon 1255 nach Sebald umbenannt, obwohl die Heiligsprechung erst 1425 erfolgte. Der heutige Bau wurde um 1230/40 begonnen und war im wesentlichen Ende des 14. Jh. vollendet.

Stadtpfarrkirche St. Sebald

Im Ostchor steht das berühmteste Kunstwerk der Kirche: das Sebaldusgrab, eine in den Jahren 1508–19 entstandene Kollektivarbeit aus der Werkstatt des Nürnberger Erzgießers Peter Vischer d. Ä.: ein dreijochiges Baldachingrab mit hausartigem Reliquienschrein. Auf den vier Messingreliefs an den Längsseiten der Tumba sind Szenen aus der Heiligenlegende dargestellt:

Auf einer Pilgerreise nach Italien hatte Sebaldus' Schüler Dionys in Vicenza heimlich den Wein des Gastgebers ausgetrunken; als er das nun leere Gefäß holen sollte und die Entdeckung seines Vergehens bevorstand, fand sich das Fäßchen ebenso heimlich wieder gefüllt. – Ein Ungläubiger, der Sebaldus verleumdet, wird von der Erde verschlungen, auf Fürbitte des Heiligen jedoch gerettet. – Als es im Winter an Brennholz fehlt, läßt Sebaldus die vom Dach herabhängenden Eiszapfen in den Ofen werfen, wo sie sich in Holz verwandeln. – Sein Hauswirt besorgt ihm gegen ein Verbot der Obrigkeit vom Markt Fische und wird zur Strafe geblendet, doch Sebaldus setzt ihm neue Augäpfel ein.
Beim Tod des Heiligen sollte auf seinen Wunsch ein führerloses Ochsengespann den Leichnam zur Peterskapelle (wo jetzt die Sebalduskirche steht) bringen. Man mißachtete jedoch das göttliche Zeichen und stellte den Sarg ins Schottenkloster. Der Heilige wollte dort aber nicht bleiben: das vorläufig errichtete hölzerne Grabmal wurde vom Blitz getroffen und verbrannte, die Leiche kehrte immer wieder an die selbstgewählte Ruhestätte (in der Peterskapelle) zurück, bis die Nürnberger endlich ein Einsehen hatten und ihm hier ein Grabmal errichteten.

Schöner Brunnen
An der Nordwestecke des Hauptmarktes steht der ‚Schöne Brunnen', überragt von einer fast zwanzig Meter hohen, filigranhaft durchbrochenen achteckigen Steinpyramide mit reichem Figurenschmuck. Sie wurde 1385–96 von einem Meister Prager Schulung, einem *‚Palier Heinrich (Beheim?)'* errichtet. Da der weiche Sandstein stark verwitterte, stellte man 1897–1902 eine vollständige Kopie in Muschelkalk auf. Das kunstvolle Brunnengitter stammt von dem Augsburger Schlosser *Paulus Kuhn* (1587). An seiner Westseite wurde 1902 von Schlossermeister *Albert Leipold* ein drehbarer, kunstvoll verschlungener Ring angebracht, von dem der Laie nicht weiß, wie er in die vier ihn haltenden Eisenstäbe gekommen ist.
Der Sage nach hatte der junge Kunstschmied, der das Gitter für den Schönen Brunnen in Arbeit hatte, sich in die Tochter seines Meisters verliebt. Sein Antrag wurde jedoch von diesem abgelehnt, da er zu arm, zu jung und in seinem Handwerk noch nicht geschickt genug sei, um an Heirat denken zu können. Der Abgewiesene verließ am nächsten Tag für immer die Stadt; zuvor aber schmiedete er innerhalb einer Nacht den

Der Marktplatz in Nürnberg mit dem Schönen Brunnen und der Frauenkirche

drehbaren, nur von vier Ösen gehaltenen Ring, der noch heute am Schönen Brunnen zu sehen ist und Glück bringen soll.

Lorenzkirche
Die Kirche wurde im späten 13. Jh. auf dem Areal von zwei älteren Bauten – einer Lorenzkapelle und einer Heilig-Grab-Kapelle – errichtet und hieß danach noch 1321 *‚St. Laurentius zu dem Hl. Grab'*. Über die frühe Baugeschichte dieser neuen Kirche ist wenig bekannt. Zu den ältesten, noch im 14. Jh. ausgebauten Teilen gehören die beiden Türme, von denen der nördliche rascher aufstieg als der südliche, der erst im frühen 15. Jh. seinen Abschluß fand.
An der Westseite des Nordturms befindet sich ein zugemauertes Fenster, an das sich folgende Sage knüpft:
Für den Bau des Nordturms hatten sich insgesamt drei Baumeister beworben; zweien gelang es, den dritten beim Rat der Stadt zu verleumden, so daß er von der Arbeit ausgeschlossen wurde. Binnen kurzem waren die beiden andern aber so in Konkurrenz geraten, daß sie einander nach dem Leben trachteten. Während eines Handgemenges stürzten beide aus dem Turmfenster in die Tiefe, wo sie tot liegenblieben. Der dritte Baumeister, der gerade vorüberging, meldete den Vorfall beim Rat; man sah darin ein Zeichen Gottes und übertrug ihm die Bauleitung. Um die Spuren des Unglücks zu verwischen, wurde das Turmfenster zugemauert.
Oberhalb des südlichen Eingangs (Apothekertür) befindet sich der Aufgang zur sogenannten Schmidmeyer-Empore. Am Traufgesims ist ein Relief zu

sehen, das eine einen Wurstzipfel tragende Ratte zeigt. Der Sage nach war hier ein verbrecherischer Mönch lebendig eingemauert worden. Eine Magd, die in der Kirche mit Reinigungsarbeiten beschäftigt war, hörte sein Wimmern und bohrte in den noch frischen Mörtel ein Loch, durch welches sie den Einge-

Platz vor der Lorenzerkirche 1716, Kupferstich

schlossenen jahrelang mit Nahrung versorgte. Als Läutebuben eines Tages eine Ratte mit einem Zipfel Wurst im Maul dort herauskommen sahen, wurde die Mauer aufgebrochen; man fand den Mönch noch am Leben und schenkte ihm auf Grund dieses Wunderzeichens die Freiheit. Zur Erinnerung wurde die Ratte samt Wurstzipfel in Stein gehauen.

Teufelsbrünnlein

An der Nordseite der Lorenzkirche steht ein 1888 errichteter Brunnen; an ihm ist der Teufel zu sehen, wie er einen Menschen am Genick gepackt hat, um ihn davonzutragen. Die Sage weiß zu berichten, gegenüber habe früher das Schulhaus gestanden. Einer der Schulbuben war ein wahrer Meister im Pfuschen, aber auch im Schimpfen und Fluchen. Eines Tages wurde er beim Pfuschen ertappt, stritt aber alles ab und schwor, der Teufel solle ihn holen, wenn er nicht die Wahrheit sage. Sofort kam der Teufel mit lautem Brausen durch die Luft dahergefahren, packte den Jungen am Kragen und nahm ihn mit sich fort.

Die Errichtung des Teufelsbrünnleins wurde von Friedrich Wanderer (1840–1910) angeregt. Wanderer, Professor an der Nürnberger Kunstgewerbeschule und städtischer Berater in Kunstfragen, legte selbst den Entwurf dazu vor.

Johannisfriedhof

Der Johannisfriedhof ist einer der ersten mittelalterlichen Friedhöfe außerhalb von Stadtmauern. Ursprünglich hat hier, westlich der damaligen Stadt, ein Aussätzigenhaus gestanden. Im Jahr 1238 baten ‚Meister und Brüder des Hauses der Sundersiechen zu Nurmberg' um Erlaubnis, einen Friedhof mit Kapelle errichten zu dürfen; es entstand der *‚Siechkobelfriedhof'* (südlich der Johanniskirche). 1395 wurde zusammen mit der Stephanskapelle (jetzt Holzschuherkapelle) ein anschließender Pestfriedhof geweiht, der infolge der häufigen Pestepidemien nötig geworden war. 1518 verbot der Rat wegen der Seuchengefahr Bestattungen innerhalb der Stadtmauern; seitdem war der Johannisfriedhof Begräbnisstätte für die Sebalder Stadtseite. Heute ist er im Besitz von sechs evangelisch-lutherischen Kirchenstiftungen.

Auf dem Johannisfriedhof liegen u. a. der Bildhauer Veit Stoß, der Humanist Willibald Pirckheimer, der Philosoph Ludwig Feuerbach und der Maler Albrecht Dürer begraben. Eine Besonderheit dieses Friedhofs

Teufelsbrünnlein

sind die *liegenden* Grabdenkmäler mit kostbaren Epitaphien, deren früheste aus dem Jahr 1520 stammen. Um einige Bildepitaphe haben sich Sagen gebildet:
Auf dem Grab Nummer 2151 ist ein schlafendes Kind zu sehen, dem eine Eidechse (Symbol für Tod und Auferstehung) ins Gesicht kriecht. Es wird erzählt, ein kleines Mädchen sei, vom Spiel im Garten ermüdet, dort eingeschlafen – da sei ihm eine Eidechse in den offenstehenden Mund gekrochen und habe seinen schmerzvollen Tod verursacht.
Der Grabstein des 1679 verstorbenen Andreas Georg Paumgartner zeigt einen Totenkopf in natürlicher Größe, in dessen Schädeldecke ein Nagel eingenietet ist. Dieser Nagel gab Veranlassung zur Sage, eine junge Frau habe ihren sehr viel älteren Ehemann, der plötzlich verstorben war, auf solch grausige Art ermordet, um einen anderen heiraten zu können.

Skulptur in der Friedhofsmauer
Im Ortsteil Mögeldorf liegt bei der evangelischen Pfarrkirche der wohl im Jahr 1415 gegründete Friedhof. Er steht wahrscheinlich in einem gewissen Zusammenhang mit dem benachbarten *‚Hallerschloß'*, so genannt nach der im 16. Jh. besitzenden Familie Haller.
In die nordöstliche Mauer des Friedhofs ist ein aus dem 15./16. Jh. stammendes steinernes Relief eingelassen; es zeigt den Gekreuzigten mit Maria und Johannes und ist vermutlich von anderer Stelle hierher übertragen worden. Die Sage bringt dieses Bild mit einem Mitglied der Familie Haller in Verbindung:
Der junge Schloßherr zu Mögeldorf lebte in Saus und Braus und verschwendete das ererbte Vermögen, bis er bankrott war und das Schloß versteigert werden sollte – da tauchte jedoch eine hübsche rothaarige Frau auf, die alle Schulden beglich und die Geschäfte übernahm. Die Leute machten von da an einen großen Bogen um das Schloß, und auch der Schloßherr ließ sich kaum noch außerhalb sehen. Drei Jahre später fand man ihn tot auf dem Friedhof – in der Hand einen Brief, aus welchem hervorging, daß der Verfasser aus Verzweiflung über seine damalige materielle Notlage mit dem Teufel einen Pakt geschlossen hatte; da dieser nun ablief, fürchtete er die ewige Verdammnis und wollte zum Schutz in geweihter Erde begraben sein. Während das Grab ausgehoben wurde, kam ein Unwetter auf, und am Morgen nach der Beerdigung klaffte in der Friedhofsmauer oberhalb des frischen Grabes ein riesiges Loch: aus Wut über die ihm

Der Johannisfriedhof bei Nürnberg

entgangene Seele hatte der Teufel Steine aus der Mauer gerissen und auf das Grab geschleudert. Die entstandene Öffnung wurde schließlich mit der oben erwähnten Skulptur verschlossen, denn gegen das Bild des sterbenden Heilands vermag der Teufel nichts auszurichten.

OBERSCHEINFELD (Scheinfeld, Lkr. Neustadt a. d. Aisch – Bad Windsheim)

Ruine Scharfeneck

Zwischen Oberscheinfeld und Erlabronn steht auf einem Berg ein quadratischer Turm in Buckelquadermauerwerk, die Ruine Scharfeneck. Ursprünglich Sitz der Edelfreien von Scheinfeld, ging die Burg Anfang des 13. Jh. in den Besitz des Hochstifts Bamberg über. Bis zur Verlegung des Amtes diente sie als Sitz eines bischöflichen Amtmannes. In den Bauernkriegen wurde die Burg zerstört. Der Bergfried dient heute als Aussichtsturm.

Der Sage nach soll hier ein Schatz verborgen liegen, den jedoch bisher niemand heben konnte. Einst graste ein Mädchen auf dem Rasen beim alten Turm, als sie plötzlich mit ihrer Sichel auf etwas Hartes stieß. Zu ihrer Verwunderung entdeckte sie einen Schlüsselbund, und als sie sich umschaute, erblickte sie eine Art Kellertüre, zu der einer der Schlüssel paßte. Drinnen stand eine Truhe, die sie mit einem anderen Schlüssel öffnen konnte. Das Mädchen griff hinein und wollte ihre Schürze füllen, als hinter der Truhe ein Kopf auftauchte, der zu ihr sagte: „Vergiß das Beste nicht!“ Das Mädchen erschrak und stürzte zur Tür hinaus; da schlug diese zu und klemmte ein Stück ihres Rocksaums ein. Schnell trennte sie mit ihrer Sichel das Stück Rock ab und lief nach Hause. Als sie den Eltern die Geschichte erzählt hatte, liefen die sogleich zum Turm, um die Türe zu suchen – doch die war verschwunden. Nur das abgeschnittene Stück des Rockes lag da.

OBERWITTSTADT (Ravenstein, Neckar-Odenwald-Kreis)

Kreuz

Der Ortsteil *Schollhof,* der aus neun Bauernhöfen besteht, liegt eine knappe halbe Stunde von Oberwittstadt entfernt. Wo heute das *‚Schollhofer Kreuz'* mitten in einer Mulde steht, erhob sich einst auf dem Berg eine gewaltige Ritterburg, so überliefert die Sage:

Die Ritter waren böse Menschen, die ihre Untertanen knechteten und peinigten. Oft zogen sie auf Raub aus. Als sie wieder einmal von einem erfolgreichen

Schlemmerei der Reichen

Raubzug zurückgekehrt waren, feierten sie ein wüstes Gelage. Plötzlich zog ein schweres Unwetter auf, und ein greller Blitz fuhr aus den Wolken in die Burg, die mit lautem Krachen in die Erde sank. Nur neun brave Knechte, die sich nie an den Raubzügen beteiligt hatten, blieben übrig. Sie teilten das Land unter sich und bauten für jeden einen Bauernhof.

Oberzell (Würzburg)

Bildnis des hl. Norbert an der Klostermauer

Das ehemalige Prämonstratenserdoppelkloster Oberzell wurde 1126 durch den Xantener Stiftsherrn und späteren Wanderprediger und Erzbischof Norbert von Gennep (1085–1136) anläßlich eines Aufenthalts in Würzburg gegründet. 1170 wurde das Doppelkloster aufgelöst; die Ordensfrauen gründeten ein Stück weiter mainabwärts das Kloster → Unterzell. Im Dreißigjährigen Krieg erlitt die Abtei Oberzell schwere Schäden. Im 19. Jh. diente sie als Fabrikgelände; seit 1901 ist sie im Besitz der Schwestern-Kongregation der Kindheit Jesu.
In der Mauer des Klosters ist ein steinernes Bild zu sehen; es zeigt den hl. Norbert in Pontifikalkleidung mit der Monstranz in der Hand. Es heißt, dieses Bild erteile jeden Karfreitag mittags um 12 Uhr den sakramentalen Segen. Der Legende nach soll Norbert einer blinden Frau durch seinen Segen das Augenlicht wiedergegeben haben.

Kloster Oberzell am Main

Ochsenfurt (Lkr. Würzburg)

Stadtwappen

Die Geschichte der Stadt ist fast 1200 Jahre durch die Nähe zum Hochstift Würzburg bestimmt worden. Das 725 von der hl. Thekla, einer Verwandten des angelsächsischen Missionars Bonifatius, gegründete Benediktinerinnenkloster stand wahrscheinlich im rechtsmainischen Kleinochsenfurt. Obwohl das Kloster bald einging, blieb die Siedlung in geistlicher Hand; von 1295 bis 1803 war sie im Besitz des Würzburger Domkapitels.

Das Wappen der Stadt zeigt in stilisierter Form ein Burgtor, durch welches ein Ochse sichtbar wird. Der Sage nach soll, als einst ein vornehmer Herr in die Stadt einfuhr, am Tor ein Ochse gestanden haben, der gerade seinen Kot fallen ließ. Hierüber erzürnt, ließ der Herr das Tier der Breite nach entzweihauen und veranlaßte dadurch, daß die Vorderhälfte eines Ochsen ins Wappen aufgenommen wurde.

Wolfgangskapelle

Der hl. Wolfgang (924–994), Mönch, Missionar und seit 972 Bischof von Regensburg, ist in Süddeutschland und Österreich einer der volkstümlichsten Heiligen und zählt bisweilen zu den Vierzehn Nothelfern. Er ist Vieh- und Feuerpatron, auch Wetterheiliger, und wird an vielen Orten wallfahrtsmäßig verehrt. In der 1463 erbauten Wolfgangskapelle von Ochsenfurt gilt er als Schutzheiliger der Pferde; links und rechts der Tür sind Tafeln mit Votivhufeisen aufgehängt.

Der traditionelle Pfingstritt (heute alle zwei Jahre am Pfingstmontag), ein Umritt, wird erstmals 1464 erwähnt. Am dritten Pfingsttag brachten die Bauern der Umgebung ihre Pferde zur Kapelle, ritten dreimal um diese herum und erhielten von dem mit dem Aspersorium unter der Haustür stehenden Priester einen Segen, damit die Pferde vor Unglück und Krankheit bewahrt bleiben möchten. Seit der Säkularisation entwickelte sich die ehemalige St. Wolfgangs-Kirchweih (2. und 3. Pfingsttag) zum ‚Bratwurstfest'. Der Umritt kam durch die infolge der Mechanisierung der Landwirtschaft zurückgehende Pferdehaltung fast zum Erliegen, ist aber nach dem Zweiten Weltkrieg durch den Reitsport wiederbelebt worden. Die Pferdesegnung wurde durch die am Pfingstmontag vor der katholischen Pfarrkirche stattfindende Segnung der Kraftfahrzeuge abgelöst.

OCHSENKOPF (Lkr. Bayreuth)

Ochsenkopfstein

Mit 1023 m Höhe ist der Ochsenkopf die zweithöchste Erhebung des Fichtelgebirges. Ursprünglich hieß er ‚*Viechtelberg*', wonach dann später das ganze Gebirge benannt worden ist; als ‚Ochsenkopf' taucht er erstmals in einer Urkunde aus dem Jahr 1491 auf. Knapp fünf Minuten von dem auf dem Gipfel stehenden Aussichtsturm entfernt liegt eine Anzahl Granitblöcke; hier befindet sich das Wahrzeichen des Ber-

ges, ein in den Felsen gehauener Ochsenkopf. Er ist wohl erst um 1800 hier angebracht worden, wird von der Sage jedoch bis in vorchristliche Zeit zurückdatiert:
Der Berg soll einst die Grenze zwischen den Franken und den slawischen Wenden gebildet haben. Er diente beiden Stämmen als Kultstätte zur Verehrung ihrer jeweiligen Götter, wobei es nicht selten zu Zusammenstößen und langwierigen Auseinandersetzungen kam. Erst durch die Heirat eines Frankenfürsten mit einer wendischen Königstochter konnte der Streit beendet werden; die Hochzeitsfeier fand auf dem Berggipfel statt und wurde zugleich zu einem Friedensfest der beiden Völker. Der Wendenkönig soll zum Andenken und zur Bekräftigung des Friedens einen Stierkopf (Symbol des von den Wenden verehrten Sonnengottes) in Stein haben meißeln lassen.
Im Berg soll sich ein Schloß befinden, das von einem Zauberer dorthin versenkt worden ist, zu gewissen Zeiten aber an die Oberfläche kommt. Eine Magd, die sich nachts im Wald verirrt hatte, stand plötzlich vor dem hellerleuchteten Schloß. Als sie hineinging, sah sie in einem prunkvollen Saal zwölf alte Männer mit unterschiedlich gefärbten Händen an einem Tisch Karten spielen. Die Magd fürchtete sich, floh ins Freie und setzte sich in der Nähe auf einen Stein, um den Morgen abzuwarten. Am anderen Tag war das Schloß spurlos verschwunden. Als die Magd nach Hause kam, stellte sich heraus, daß sie in Wirklichkeit neun Jahre in dem verwunschenen Schloß zugebracht hatte.

OSTERDORF (Pappenheim, Lkr. Weißenburg-Gunzenhausen)

Gedenkstein in der Kirchenmauer

Zwischen Weißenburg und Pappenheim liegt ca. 2 km östlich der B 2 der kleine Ort Osterdorf. An der südlichen Wand des Dorfkirchleins ist außen ein stark verwitterter Gedenkstein mit kaum leserlicher lateinischer Inschrift eingemauert. Von ihm erzählt die Volkssage, daß er an einen Zauberer erinnern soll, der einst in Osterdorf lebte. Als er alt geworden war, überlegte er, wie er seine Seele vor dem Teufel retten könne. Er schlug dem Teufel daher folgende Wette vor: wenn es diesem gelänge, schneller eine gepflasterte Straße zu bauen als er auf seinem Pferd reiten könne, sollte seine Seele verloren sein – andernfalls müßte der Höllenfürst auf sie verzichten. Am nächsten Morgen wartete der Zauberer auf einem flinken Pferd vor dem Dorf, gab seinem Tier die Sporen und jagte los. Der Teufel vor ihm pflasterte die Straße mit solcher Eile, daß er oft zehn bis zwanzig Pferdesprünge voraus war. Als sie aber ins *‚Rauhe Tal'* kamen, ging es nicht mehr so schnell; der Boden hier war weich und sumpfig, so daß die Pflastersteine nicht hielten. Da warf der Teufel dem Pferd einen Stein vor die Hufe, so daß es scheute und seinen Reiter abwarf. Der stürzte zu Boden, wo er tot liegenblieb; seine Seele war damit dem Teufel verfallen. Zum Gedenken errichtete man einen Erinnerungsstein. Später, als kein Mensch mehr seine Bedeutung kannte, grub man ihn aus und setzte ihn in die Kirchenmauer von Osterdorf, wo er heute noch zu sehen ist. Wenn die Hexen auf dem Nagelberg zusammenkommen, flackert an diesem Stein ein Licht auf, das erst wieder verschwindet, wenn am frühen Morgen der erste Hahn kräht.

Ostheim v. d. Rhön (Lkr. Rhön-Grabfeld)

Lichtenburg: ‚Großer Turm'

Etwa 2 km nördlich von Ostheim/Rhön liegt hoch über dem Tal der Streu die Ruine der Lichtenburg. Bezeugt seit Mitte des 12. Jh., war die Burg Mittelpunkt der reichslehnbaren Herrschaft Lichtenberg. 1220 kam sie durch die Erbtochter der Herren von Hildenburg an die Grafen von Henneberg-Bodenlauben. Der Sohn des Minnesängers Otto von Bodenlauben verkaufte sie 1230 an das Stift Fulda. In den folgenden Jahrhunderten wechselten häufig die Besitzer. Während der Fehden des Fuldaer Abtes Heinrich von Hohenberg mit dem Grafen von Henneberg und dem Bischof von Würzburg in der ersten Hälfte des 14. Jh. wurde die Anlage ausgebessert und verstärkt; auch der 28 m hohe *‚Große Turm'* wurde in dieser Zeit erbaut.

Die Sage erzählt, dieser imposante Turm habe ursprünglich in Fulda gestanden. Der Abt von Fulda bezweifelte, daß der Graf Henneberg genügend Leute und Wagen habe, um den Turm versetzen zu können. Dieser nahm jedoch die Herausforderung an und gewann tatsächlich. Die Reihe der Wagen soll so lang gewesen sein, daß der letzte gerade aus dem Tor der Stadt Fulda fuhr, als der erste Wagen bereits auf Lichtenburg anlangte.

PECHGRABEN (Neudrossenfeld, Lkr. Kulmbach)

‚Fußtragstein'

Das Dorf Pechgraben ist auf der B 85 (Bayreuth – Kulmbach) erreichbar, wenn man in Neudrossenfeld in östlicher Richtung abbiegt. 1 km südlich des Dorfes zweigt vom Weg nach Theta-Bayreuth bei den großen Steinbrüchen rechts ein Waldweg ab; folgt man diesem etwa 400 m, so kommt man zum Rande des *Höllhügels*. Hier liegt auf der linken Seite ein Felsbrocken, in welchen ein einfaches Kreuz und die Abdrücke von zwei Kinderfüßen eingemeißelt sind. Früher soll auch noch die Jahreszahl 1641 zu sehen gewesen sein. Dieser Stein wird auch als *‚Brandstein'*, *‚Engelstein'* oder *‚Fußtragstein'* bezeichnet.
Wie es zur Errichtung des Steines kam, berichtet die Sage: Um 1620 wohnte in Harsdorf ein strenger Pfarrer, dessen einzige Tochter während der Einquartierung der Kaiserlichen von einem Soldaten schwanger wurde. Darüber erbost, jagte sie ihr Vater von zu Hause fort, und sie mußte sich bei Bauern in Pechgraben als Magd verdingen. Neun Jahre später zogen die feindlichen Schweden durchs Land; die Bauern flüchteten sich in die Steinbrüche am Höllhügel, und die Schweden setzten die leeren Höfe in Brand. Als das Kind der Pfarrerstochter im nahen Dreschenau die Flammen aufsteigen sah, schrie es laut: „Feuer!" – die alarmierten Bauern eilten ins Dorf und konnten rechtzeitig löschen. Das Kind aber war vor Schreck tot von dem Stein, auf welchem es gestanden hatte, heruntergefallen. Aus Dankbarkeit ließen die Bauern die Kinderfüße, Kreuz und Jahreszahl in diesen einmeißeln. Der hartherzige Pfarrer aber verfiel der Trunksucht und starb eines jämmerlichen Todes.

PILLENREUTH (Nürnberg)

Ehemaliges Kloster

Das *‚Klösterle'* ist beliebtes Ausflugsziel der Nürnberger. Von dem einstigen Kloster, das heute eine Reitschule beherbergt, sind noch die beiden Tore erhalten. Erstmals erwähnt ist ein Hof Pillenreuth in einem Reichssalbüchlein, das zwischen 1295 und 1297 abgefaßt wurde. 1302 ist es Zeidelgut eines Konrad Stör, der es dem Nürnberger Reichsschultheiß und Stifter des Heiliggeistspitals, Konrad Groß, verkauft. Im Jahre 1345 übereignete Konrad Groß den *‚hof zu de Pillenrewt'* zwölf frommen Frauen, die hier ein Kirchlein errichteten und 1378 die Ordens-

regel des hl. Augustinus annahmen. Kaiser Ludwig der Bayer, der die Stiftung durch Schenkungen bereichert hat, erscheint in der Gründungslegende als der eigentliche Stifter:
1340 baten ihn in Nürnberg einige Hoffräulein, ihnen einen Platz für eine Klause zu schenken. Der Kaiser ritt in den Reichswald, wo lieblicher Vogelgesang ihn zu einer Eiche lockte, in deren Ästen er ein Kruzifix erblickte; an der so bezeichneten Stelle wurde die Klause erbaut.

POTTENSTEIN (Lkr. Bayreuth)

Burg
Die südöstlich der Stadt gelegene Burg ist eine Gründung des kärntnerischen Pfalzgrafen Botho und ging später in den Besitz des Bistums Bamberg über. Von Herbst 1228 bis Sommer 1229 beherbergte Burg Pottenstein die heilige Elisabeth von Thüringen (1207–1231). Nach dem Kreuzfahrertod ihres Gemahls Landgraf Ludwig von Thüringen (1227) hatte sie, von ihrem Schwager Heinrich Raspe vertrieben, mit ihren Kindern die Wartburg verlassen müssen. Der Bischof von Bamberg nahm sich ihrer an und gab ihr Asyl auf der ‚besonders bequemen, weil neuerbauten Burg Bodinstein'; das von Elisabeth bewohnte Zimmer wird noch heute gezeigt.

Elisabethbrunnen
Auf dem Marktplatz steht ein Brunnen, der an das berühmte Rosenwunder der heiligen Elisabeth erinnert. Der Legende nach war Landgraf Ludwig von Ver-

Burg Pottenstein

Die hl. Elisabeth

wandten gegen Elisabeths allzugroße Mildtätigkeit und angebliche Verschwendungssucht aufgehetzt worden. Eines Tages stellte er seine Gemahlin, die einen mit Brot gefüllten Deckelkorb trug, deswegen zur Rede; beim Öffnen des Korbes fanden sich statt Brot die herrlichsten Rosen.

Teufelshöhle

2 km südöstlich von Pottenstein, rechts der Bundesstraße 470, liegt die Teufelshöhle. Die 1200 m lange Tropfsteinhöhle besitzt mit einer Höhe von 14 und einer Breite von 25 m den höchsten Höhleneingang Deutschlands. Früher nannte man sie das *‚Teufelsloch‘* und es hieß, der Satan zerre hier seine Opfer direkt in die Hölle. Besonders in der Neujahrsnacht soll es hier wüst zugegangen sein, denn dann schwärmten

die Höllen- und Erdgeister aus und trieben ihre teuflischen Späße. – Der Raubritter Udo von Wichsenstein, der seine Stammburg im benachbarten Tüchersfeld hatte, soll hier seinen Schlupfwinkel gehabt haben. Einst hatte er mit dem Teufel einen Pakt geschlossen und ihm seine Seele verpfändet. Doch mit Hilfe einer Nonne und seiner Braut, einer Tochter des Ritters von Rabenstein, konnte er gerettet werden.
Pfarrer Johannes Grandinger hat 1907 der Teufelshöhle ein literarisches Denkmal gesetzt:

> „Will ich mal träumen wie in Kindesjahren
> von Wunderdingen am geheimen Ort,
> von güldnen Schätzen und den wilden Drachen,
> von Gold und Edelstein im Marmelhaus:
> Dann steig ich nieder in die Teufelshöhle,
> wo es beim Fackellichte glänzt und blitzt
> in tausend Funken aus den Wassertropfen
> gleichwie Karfunkelschein im Elfenreich;
> wo gleich den Drachen aus der dunklen Ecke
> ein grau Gestein sich trotzig wild erhebt.
> Da sitz ich oft, indes die Fackel flattert,
> und schöpfe sinnend aus dem Märchenborn
> und geb davon zu trinken meinen Jungens,
> die, sonst so quick und rege, jetzt lautlos
> den Atem haltend, stumm und stille lauschen."

PRUNN (Riedenburg, Lkr. Kelheim)

Wappen am Bergfried

Die Burg Prunn (heute Museum) steht auf hohem, steilem Felsen über der Altmühl. 1037 war die Burg Eigentum eines Wernherus de Prunne, dessen Geschlecht wohl als die ältesten Besitzer anzunehmen ist; von 1311 bis 1567 waren hier die Herren von

Frauenberger ansässig. Ihr Wappen war die *‚Gurre'*, ein sich aufbäumender Schimmel auf rotem Grund. Ein solches Wappen ist am Bergfried noch zu erkennen.
Wie der Schimmel ins Wappen kam, erklären zwei Sagen: Nach der einen wohnte auf der Burg, die früher Goldbrunn hieß, eine Gräfin, die ihre Hand nur dem reichen wollte, dem es gelänge, von München bis zu ihrem Schloß zu reiten, ohne eine Pause einzulegen. Von drei Brüdern, die dies versuchten, kamen zwei zu Fall – der dritte, der einen Schimmel ritt, gelangte glücklich ans Ziel. Nach einer anderen Version soll Graf Babo von Abensberg demjenigen seiner beiden Söhne seinen gesamten Besitz versprochen haben,

Burg Prunn

der zuerst das Schloß erreiche. Der eine der Brüder, der einen Rappen ritt, stürzte unterwegs in die Altmühl – der andere erreichte auf seinem Schimmel die Burg.

RAITENBUCH (Nennslingen, Lkr. Weißenburg-Gunzenhausen)

Hohloch

Etwa 10 km östlich von Weißenburg liegt der kleine Ort Raitenbuch. Im Raitenbucher Forst, westlich des Dorfes, ist auf markiertem Weg das ‚*Hohloch*' oder ‚*Teufelsloch*' zu erreichen. Als sichtbarer Anhaltspunkt dient ein 3 m hoher Turm, der als trigonometrischer Punkt unmittelbar neben dem Erdloch errichtet wurde. Das sagenumwobene Hohloch ist natürlichen Ursprungs, vermutlich eine Gletschermühle. 32 m führt ein Gang in die Tiefe, die Hauptkammer dehnt sich 32 m weit aus. Durch Höhlenforscher wurden u. a. Totenschädel und menschliches Gebein heraufbefördert. Diese Funde gaben zur Sagenbildung Anlaß:

In der Zeit des Dreißigjährigen Krieges wurden auch die Wülzburg und Weißenburg umkämpft. Die Kaiserlichen und die Schweden steckten Dörfer und Gehöfte in Brand, so daß das Kriegsvolk allenthalben von den geplagten Bauern gehaßt wurde. Einst hielt ein berittener Soldat vor dem Wirtshaus in Oberhochstatt und fragte herrisch nach dem Weg nach Eichstätt. Keiner der anwesenden Bauern wollte ihm jedoch als Führer dienen, denn sie wußten wohl, daß sie da einen Kaiserlichen vor sich hatten, der sicher einen Brief an den Fürstbischof in der Tasche trug. Ungehalten zog der Soldat eine Pistole aus der Tasche und drohte, einen der Bauern zu erschießen, falls man ihn nicht führe. Da trat ein junger Bauer hervor, der die Aufgabe übernehmen wollte. Er zog mit dem Kaiserlichen quer durch den Wald, bis sie zum Hohloch kamen. Es war bereits dunkel geworden, und der Soldat konnte den Weg nicht mehr erkennen. Jetzt packte der Bauer den Soldaten und wollte ihn in das Hohloch werfen. In seiner Todesnot umklammerte dieser seinen Gegner, und beide stürzten in die Tiefe. In Weißenburg wartete man vergeblich auf Truppenverstärkung – doch die Bauern hielten das Andenken des mutigen Mannes in Ehren, der ihre Heimat vor schlimmer Verwüstung bewahrt hatte.

ROHRBRUNN (Weibersbrunn, Lkr. Aschaffenburg)

Gaststätte ‚Echterspfahl'

An der Autobahn A 3 liegt 5 km von der Anschlußstelle Rohrbrunn an der B 8 in Richtung Aschaffenburg eine Gaststätte, deren Name an den sagenhaften ‚Echterspfahl' erinnern soll. Echter ist der Name eines im Spessart ansässigen Ministerialengeschlechts, das im 15./16. Jh. im Dienst der Mainzer Kurfürsten stand. Die Sage erzählt von drei Brüdern dieser Familie, die mit den Grafen von Erbach in Streit gerieten. Im Verlauf der Fehde erschlugen sie einen von ihnen und wurden deswegen geächtet. (‚Acht' von ahd. ahta = Verfolgung bezeichnet den Ausschluß aus der Gemeinschaft bei schweren Rechtsbrüchen. Ein Geächteter ist ‚friedlos', d. h. er wird durch Gerichtsspruch aus dem Rechtsverband ausgestoßen und für vogelfrei, ehr- und rechtlos erklärt. Er verliert Familie, Haus und Vermögen; jeder darf ihn straflos töten.) Die drei Echterbrüder – volkstümliche Etymologie leitet ihren Namen fälschlich aus dem Rechtsbrauch der Acht ab – mußten ihren Besitz verlassen und flohen in den Spessart, wo sich jeder von ihnen ein kleines Schloß baute (einer beim Espelborn, dem heutigen Mespelbrunn). Einmal im Monat trafen sie an einer bestimmten Stelle zusammen; hier schlugen sie einen Pfahl mit drei Ringen in die Erde, um ihre Pferde anzubinden: den sog. ‚Echterspfahl'.

→ Mespelbrunn

‚Wirtshaus im Spessart'

Am höchsten Punkt der Spessartautobahn liegt ein modernes Rasthaus, das durch die gleichnamige Erzählung von *Wilhelm Hauff* (1802–1827) bekanntgewordene ‚Wirtshaus im Spessart'. In dieser 1828 ent-

standenen Rahmenerzählung zum Dritten Märchenalmanach verbringt eine Gruppe von Reisenden die Nacht in einem Wirtshaus mitten im sagenumwobenen, von Räubern durchstreiften Spessart. Um die Angst vor den Wegelagerern – mit denen die Wirtsleute im Komplott zu sein scheinen – zu bannen, erzählt man sich Geschichten. Bei dem heutigen Gasthaus handelt es sich um einen Nachfolgebau – die alte Waldschenke gleichen Namens in Rohrbrunn hat 1959 dem Neubau der Autobahn Frankfurt–Nürnberg weichen müssen.
Befestigte Jagdhäuser an verkehrsmäßig bedeutsamen Straßen sind im Spessart seit dem 14. Jh. bezeugt; für Rohrbrunn findet sich der erste urkundliche Beleg im Jahr 1339. 1668 eröffnete der Oberjäger Melchior Unzuber an der sog. ‚Poststraße' zwischen Aschaffenburg und Würzburg eine ‚Würtschaft für Reisende zu Fuß und zu Pferd', die allgemein als *‚Unzuberei'* bekannt war. Im Jahre 1790 verließ der letzte Unzuber das Haus, das nicht nur von Reisenden, sondern auch von Diebes- und Straßengesindel aufgesucht wurde. Überfälle und Plünderungen waren daher nicht selten. Der neue Posthalter riß das alte Blockhaus ab und baute ein Steingebäude, das aber erst, nachdem Hauffs Erzählung in aller Munde war, den Namen ‚Wirtshaus im Spessart' annahm.

Roth

Evang. Stadtpfarrkirche und Heidenberg
Mit dem Bau der Kirche wurde 1510 begonnen. Im 18. Jh. wurde der Bau durch den Ansbacher Hofbaumeister Steingruber als Saalkirche umgestaltet (1732 bis 1738).
Der Sage nach soll sich an der Stelle, wo heute die Kirche steht, in grauer Vorzeit ein heidnischer Kultplatz befunden haben. Die Germanen verehrten hier Donar, den Donnergott, und hielten Gericht. Als dann christliche Missionare in die Gegend kamen, wurden die Bäume gefällt und eine Kirche errichtet. Da zogen sich die Heidenpriester in die Wälder zurück und vergruben dort ihre kostbaren Schätze; irgendwo am Heidenberg (nordwestlich von Roth) sollen diese verborgen sein. Die Schätze werden von einem riesigen schwarzen Hund mit feurigem Atem bewacht, der in seinen Tatzen den Schlüssel zu den Truhen hält. Nur ein Sonntagskind kann ihm den Schlüssel entreißen, ihn erlösen und den Schatz heben. Eine Bergung des

Schatzes ist nur alle hundert Jahre möglich und bisher noch nicht gelungen.

Rothenburg ob der Tauber (Lkr. Ansbach)

Kunstuhr an der Ratsherrentrinkstube

An der Nordseite des Marktplatzes liegt die Ratsherrentrinkstube. An ihrer Giebelfront befindet sich eine 1910 von Nürnberg gestiftete Kunstuhr: zwischen 11 und 14 Uhr leert dort das Konterfei des Altbürgermeisters Nusch einen Humpen, während der Feldherr Graf von Tilly erstaunt mit dem Marschallstab winkt. Die Szene stellt ein Ereignis aus der Geschichte Rothenburgs dar: Im Jahr 1631 hatten kaiserliche Truppen unter General Tilly die Stadt erobert und drohten, erbittert über den langen Widerstand, mit Plünderung und Brandschatzung – zudem sollten mehrere Ratsherren hingerichtet werden. Um dies abzuwenden, soll sich Georg Nusch, der Altbürgermeister von Rothenburg, mit Tilly auf eine Wette eingelassen haben: einen 3 1/4 Liter Wein fassenden Pokal auf einen Zug auszutrinken. Nusch gewann, und die Stadt war gerettet.

Soweit die Sage. Ob der Meistertrunk jemals so stattgefunden hat, ist zweifelhaft. Tatsächlich gab es einen Altbürgermeister Nusch, aber selbst in der erhaltenen Leichenpredigt für den verdienten Mann ist von dieser rettenden Tat nichts erwähnt. Auch taucht diese Episode in keiner zeitgenössischen Lokalchronik auf.

Erstmals hören wir davon in der Chronik des Georg Heinrich Schaffert von 1771/72. Hierin ist allerdings nur zu lesen, daß Frauen und Kinder vor Tilly einen Fußfall getan hätten, „worauf das Pardon-Wort vor die Bürgerschaft erfolgte: Lasset die Hunde leben." In der gleichen Schrift heißt es weiter: „... worauf eine Generalsperson einen großen Pokal voller Wein geschütt und gesaget: es wäre Gift darinn, wann es jemand wollte austrinken, so sollte die Stadt Pardon haben, da dann ein Bürgermeister Nusch es gewagt und den Pocal ausgetrunken, hat ihm aber nicht geschadet."

Ob nun der Meistertrunk authentisch war oder nicht, in Rothenburg wird dieses Ereignis lebendig gehalten. Im ‚Reichsstadt-Museum' zeigt man den ‚original Meistertrunk-Humpen'. Seit 1881 wird alljährlich während der Sommermonate ein historisches Festspiel ‚*Der Meistertrunk oder Tilly in Rothenburg*' aufgeführt. Am Pfingstmontag verwandelt sich Ro-

Der Feldmarschall Graf von Tilly hält Einzug in Rothenburg

thenburg ganz in eine Stadt des 17. Jh.: ein historischer Heereszug zieht zum ‚Feldlager' vor dem Galgentor, wo sich ein Lagerleben wie in alten Zeiten entwickelt.

ROTHENFELS (Main-Spessart-Kreis)

Bildstock am Bergweg
Steigt man von der Stadt zur Burg hinauf, so ist auf halbem Weg an der unteren Treppe zur Burg ein Bildstock zu sehen. Er zeigt eine kniende Frau, die betend zu einem von oben hervorbrechenden Glanz aufsieht. Der Bildstock soll an die Konversion einer Jüdin zum christlichen Glauben erinnern. Der Legende nach soll jenes Mädchen, das katholisch werden wollte und daher Verstoßung und Enterbung von den Seinigen zu erwarten hatte, einst auf diesem Platz gedacht haben: „Wie wird es mir ergehen, wenn ich katholisch werde? Niemand wird mehr zu mir halten, und ich werde allein sein!" Da traf sie ein Lichtstrahl vom Himmel, und eine Stimme rief: „Dann hast du Gott!" Darauf trat das Mädchen in die katholische Kirche ein und fand alle Unterstützung bei seinen neuen Glaubensgenossen, die später zur Erinnerung den Bildstock errichteten.
Dieser legendären Überlieferung dürften reale Ereignisse zugrunde liegen, wie aus dem *‚Sulzbacher Kalender'* von 1867 zu entnehmen ist. Nach den Matrikeln der Pfarrei Rothenfels war die Konvertitin aus Reichenberg gebürtig und in zweiter Ehe mit einem gewissen Niederhofer verheiratet. Am 8. Sept. 1719

an dem Fest Mariä Geburt nahm die 24jährige den katholischen Glauben an. Sie starb am 11. Sept. 1781.

RÖTTENBACH (Lkr. Erlangen-Höchstedt)

Mühlberg

Dort, wo heute die Brauerei Sauer steht, befand sich früher eine Wasserburg. Die Schloßgrabenstraße und ein Wappen des *Truchseß von Pommersfelden* (1591) erinnern an das im Bauernkrieg zerstörte Bauwerk. Der Sage nach stand oben auf dem Mühlberg ebenfalls ein prächtiges Schloß. Darin wohnten drei Jungfrauen, die nur einmal im Jahr, am Kirchweihmontag, ins Dorf kamen und einige Stunden mit den Bauernburschen tanzten. Kurz vor Mitternacht brachen sie wieder auf, um pünktlich zurück zu sein. An einem Kirchweihmontag ging es besonders lustig zu, und alle lachten und scherzten. Da wandten die Burschen einen Trick an und stellten die Uhren eine Stunde zurück. Die Mädchen merkten nichts und tanzten munter weiter. Kurz vor 12 Uhr brachen sie wie immer auf und stiegen den Mühlberg hinauf. Als sie vor dem Schloßtor standen, schlug es gerade eins. Da erzitterte die Erde – der Boden tat sich auf und verschlang das gesamte Schloß mit allen, die darin wohnten. Seitdem ist das Schloß auf dem Mühlberg verschwunden. An seiner Stelle steht eine kleine, von Bäumen umwachsene Kapelle. Die drei Jungfrauen können nur durch ein Kind erlöst werden, das in einer aus dem Holz dieser Bäume gezimmerten Wiege liegt.

RÜDENHAUSEN (Lkr. Kitzingen)

Gründlersloch

Fährt man von Rüdenhausen nach Castell, liegt vor der Ortschaft am Fuße des Castell-Berges die *‚Gründlersmühle'*. Hier befand sich früher eine Quelle, die als das ‚Gründlersloch' bekannt war. Als das Schloß Altcastell noch stand (heute Ruine am Herrenberg im Süden von Castell), wurde hier einst in den großen Sälen Hochzeit gefeiert. Man tanzte und vergnügte sich, als Schlag 12 Uhr drei Jungfrauen von blendender Schönheit den Saal betraten, die von den jungen Männern heftig umworben wurden. Die Nacht verging wie im Flug – die schönen Mädchen wurden immer unruhiger und drängten zum Aufbruch. Da krähte der Hahn, und mit entsetztem Blick flohen sie den Berg hinunter zum Gründlersloch. Bei der Quelle angelangt, stürzten sie sich hinein. Die erschreckten Jünglinge eilten herbei, und als sie in den Wasserspiegel blickten, wallte ihnen aus der Tiefe ein Blutstrom entgegen. Die Jungfrauen waren die Töchter der Quellnixe: durch die Musik im Casteller Schloß gelockt, hatten sie ihre Mutter gedrängt, sie zum Feste gehen zu lassen. Diese gab nach, warnte sie aber vor der Übertretung des alten Gesetzes der Tiefe: wären sie nicht vor dem ersten Hahnenschrei zurück, würde dies ihren unmittelbaren Tod zur Folge haben. Doch die Leidenschaft der Jünglinge ließ die Mädchen die Mahnung der Mutter vergessen, und so büßten sie ihr Tanzvergnügen mit dem Tode.

Seejungfrauen

Rumpfen (Mudau, Neckar-Odenwald-Kreis)

Steinkreuze

An der Kreuzung der Straßen Unterneudorf – Rumpfen und Steinbach – Hollerbach stehen drei alte Steindenkmäler: zwei Steinkreuze und dazwischen ein Bildstock. Nicht weit davon entfernt am Weg gegen Hollerbach findet sich ein weiteres Steinkreuz. Von diesen vier Denkmälern wird folgende Geschichte erzählt: Vor vielen Jahren hatten vier Schäfer bei Hollerbach ihren Pferch aufgestellt. Im nahen Steinbach war Kirchweih, und auch die vier Schäfer gingen dorthin zum Tanz. Ein schönes Mädchen ‚bandelte' mit allen vieren an, so daß die Burschen bald aufeinander eifersüchtig wurden. Auf dem Heimweg kam es zum Streit: sie fielen übereinander her und schlugen sich, bis drei tot liegenblieben. Der vierte schleppte sich noch hundert Meter gegen Hollerbach zu, bis auch er tot umsank. Zur Erinnerung errichtete man an der Stelle, wo die Leichen gefunden worden waren, die *‚Schäferkreuze'*.

SAALENSTEIN (Köditz, Lkr. Hof)

Ruine Saalenstein

Nordwestlich von Hof, direkt neben der Autobahn, liegen die Reste der im 12. Jh. erbauten Burg Saalenstein. Bis 1524 bildete hier die Saale die Grenze zwischen der Markgrafschaft Brandenburg und Kulmbach; Saalenstein hatte die Bedeutung eines Castells.

Der Sage nach raubte einst ein Ritter von Saalenstein eine schöne Jungfrau und wollte sie heiraten, doch das Mädchen weigerte sich. Um ihren Willen zu brechen, ließ der Ritter sie ins Burgverlies werfen, wo sie nach Jahren des Leidens starb, ohne ein christliches Begräbnis zu erhalten. Sie kann darum keine Ruhe finden: in weiße Schleier gehüllt, schwebt sie um Mitternacht von der Burg zur Saale hinab und geht dort den Weg entlang, den sie bei einem gescheiterten Fluchtversuch genommen hatte. Als der Vater des Dichters Jean Paul (1763–1825) Pfarrer in Joditz wurde, erzählte man ihm von der weißen Jungfrau, doch er mochte die Geschichte nicht glauben. Als er eines Nachts mit seinem Hündchen an der Saale entlangspazierte, sah er eine weiße Gestalt heranschweben, die den Hund streichelte – das Tier stieß einen Wehlaut aus und verendete. Den Pfarrer packte das Grauen, und er erkrankte schwer. Seither versucht niemand mehr, den Geist der Jungfrau auf seinen nächtlichen Wegen zu beobachten.

SANSPAREIL (Wonsees, Lkr. Kulmbach)

Landschaftsgarten

Den Namen Sanspareil (fr. ohnegleichen) erhielt der ehemalige Burgort der Walpoten von Zwernitz erst mit der Umgestaltung zum Landschaftsgarten im 18. Jh. Markgräfin Wilhelmine von Bayreuth, die Schwester Friedrich d. Großen, ließ zwischen 1745 und 1748 einen am Fuß des Burgfelsens liegenden Buchenhain künstlich umgestalten. Die Anregung dazu gab ein Werk des französischen Theologen und Pädagogen François de Fénélon (1651–1715): *‚Fortsetzung des vierten Buches der Odyssee von Homer oder Die Abenteuer des Telemach, Sohn des Odysseus'*.

Bei seinem Erscheinen im Jahre 1699 wurde das Buch, das das Idealbild eines weisen Königtums entwirft, nicht grundlos als Kritik an der absolutistischen Regierungsweise des Sonnenkönigs Ludwig XIV. aufgefaßt und verboten. Formal stehen die ‚Abenteuer des Telemach' in der Tradition des spätantiken Abenteuerromans: verwegene Kämpfe und Reisen, Schiffbrüche und Liebesabenteuer bilden den Rahmen; die Insel der Kalypso, Ägypten, Phönizien, Zypern, Kreta und Salente – Reich des mythischen Königs Idomeneus – sind die Stationen Telemachs, der sich in Sorge um den Spätheimkehrer Odysseus auf die Suche nach seinem Vater macht. Die Schauplätze dieses Romans sind in Sanspareil mit Hilfe einer künstlichen Gartenarchitektur (Höhlen, Grotten, Bauwerke, gemalte Prospekte) bildhaft in Szene gesetzt worden. Der romantische Schriftsteller *Wilhelm Heinrich Wackenroder* (1773–1798) besuchte 1793 den Buchenhain und schrieb in seinem Reisebericht: „. . . die Einbildung hat den romantischen Hain zum Aufenthalt des Telemach, zur Insel der Kalypso umgeschaffen: daher findet man hier die Grotte der Kalypso, der Sibylle, des Vulkan, des Amors; den Tempel des Äolus; das Denkmal des Ulysses usw. Diese Allegorie ließ ich mir gerne gefallen; denn ich ward wirklich beim ersten Anblick dieser sonderbaren Felsenbildungen in eine ganz fremde Welt gezaubert . . ."
1830 zerstörte ein Blitzschlag den Äolustempel, und 1838 wurde Sanspareil auf Abbruch verkauft. Geblieben sind das Ruinentheater und ein Teil des früheren Schlößchens.

SCHEIDENTAL (Mudau, Neckar-Odenwald-Kreis)

Hutzelstein
Bei Scheidental steht rechts der Straße nach Reisenbach im Wald nahe der Gemarkungsgrenze zwischen beiden Dörfern ein steinerner Bildstock. Er wird ‚Hutzelstein' genannt, und nach ihm hat der umliegende Wald seinen Namen. Die Sage erzählt von diesem Stein, daß früher zwei Buben, die auf den nebenanliegenden Wiesen Kühe und Schafe hüteten, wegen einer Hutzel (Dörrfrucht) in Streit gerieten und im Laufe der Auseinandersetzung sich durch Schläge und Fußtritte so schwer verletzten, daß beide an den Folgen starben. An der betreffenden Stelle setzte man zur Erinnerung den Hutzelstein, auf dem eine Hutzel, d. h. eine getrocknete Birne, eingemeißelt ist.

SCHEINFELD (Lkr. Neustadt a. d. Aisch – Bad Windsheim)

Schloß Schwarzenberg
Über der Ortschaft Scheinfeld erhebt sich Schloß Schwarzenberg. Die Anfänge von Scheinfeld gehen auf die *,villa Skeginfeldon'* des 8. Jh. zurück. Im 12. Jh. nennen sich Edelfreie nach ihr, die wohl auch auf der nördlich ansteigenden Randhöhe des Steigerwaldes die erstmals 1150 erwähnte *,Swarcenburc'* gründeten. Im 13. Jh. saßen dann hier die Grafen von Castell, dann die Herren von Hohenlohe, Vestenberg und Abenberg. 1566 wurde Schwarzenberg selbständige Grafschaft. 1607 brannte die Burg nieder; ihre jetzige Gestalt erhielt sie während des 17. Jh. 1852 verlegte Fürst Schwarzenberg seinen Wohnsitz nach Wien. Heute ist in Schwarzenberg eine Realschule mit Internat untergebracht.

Schloß Schwarzenberg

Nach einer Sage, die noch in den Dreißiger Jahren des vorigen Jahrhunderts erzählt wurde, soll im Inneren des Schloßberges ein Lindwurm hausen. Der Hügel, auf dem das Schloß Schwarzenberg steht, war ursprünglich höher als die Anhöhen auf beiden Seiten. Aber tief im Innern des Berges wohnte der Drache, der den Schloßberg ,unterhöhlte', so daß er sich setzte und heute tiefer steht als die beiderseitigen Berge.

SCHLIERSTADT (Osterburken, Neckar-Odenwald-Kreis)

Steinkreuz

An der Straße von Schlierstadt nach Seckach steht ein altes Steinkreuz, das 1865 zum Andenken an einen Verstorbenen hier errichtet worden ist. Die Sockelinschrift lautet: „Errichtet von Sebastian Schmitt zur / größeren Ehre Gottes und zum Andenken an seinen Sohn Paul Schmitt. / Geb. am 1. Juli 1834, / gest. am 10. März 1865. / Herr gib ihm die ewige Ruhe!“

Von diesem Kreuz erzählt man sich folgende Geschichte: Vor langer Zeit ging einmal ein Bäcker aus Seckach mit Brot und Wecken nach Schlierstadt. Nachdem er dort seine Waren verkauft hatte, machte er sich abends wieder auf den Heimweg und ging zur Abkürzung ein Stück durch den Wald. Da überfielen ihn zwei Männer, schlugen ihn nieder und nahmen ihm sein ganzes Geld ab; dann flüchteten sie und ließen ihr Opfer liegen. Da es in der Nacht sehr kalt wurde, erfror der Bäcker. Zu seinem Andenken hat man das Steinkreuz errichtet, das heute noch zu sehen ist.

Im Odenwald waren, vor allem um 1800, Mordfälle solcher Art durchaus nichts Ungewöhnliches. Zahlreiche Räuberbanden fanden in dieser waldreichen Gegend Unterschlupf und lebten von Raub und Mord, so daß derartige Sagen sicherlich reale Hintergründe besitzen.

Der geglückte Überfall

Schlossgattendorf (Gattendorf, Lkr. Hof)

Burg

Schloßgattendorf liegt an der Straße von Hof nach Regnitzlosau. Über dem Dorf liegt das im 18. Jh. erbaute Schloß, dahinter auf der Anhöhe eine Ruine. Die ehemalige Burg war einst ein bedeutender Rittersitz. Belegt ist er als Besitz des Konrad von Kotzau (1234), des Konrad Moschler (1294) und dessen Sohn Heinrich (1320). Eine Fehde wegen Nichtbeachtung einer Kotzauer Stiftung für das Kloster Speinshart verleitete die Moschler zu Raubüberfällen. Auf Gebot Kaiser Karls IV. wurde die Burg 1355 zerstört. Eine Sage hat die Erinnerung an die Zeit der Raubritter bewahrt. Einst, so heißt es, lebten auf der Burg räuberische Edelleute. In Gebüschen und Hohlwegen legten sie sich in den Hinterhalt, hielten Fuhr- und Wanderleute an und forderten hohen Zoll von ihnen. Von den Bewohnern der benachbarten Dörfer verlangten sie Frondienste und alle möglichen Abgaben: nicht selten nahmen sie ihnen ganze Viehherden weg. Zur Strafe für ihre Untaten können die Ritter im Grab keine Ruhe finden, sondern müssen als Gespenster umgehen. Bisweilen hängen sie eine brennende Laterne zum Fenster hinaus, um nächtliche Wanderer in die Irre zu führen, oder sie hüllen, um die Leute zu ängstigen, das ganze Gebäude in eine Feuerlohe.

Schnarchenreuth (Berg, Lkr. Hof)

Schloß

Wenige Kilometer vor dem ehemaligen Grenzübergang Hirschberg liegt der kleine Ort Schnarchenreuth. Mitten im Dorf steht ein Schlößchen mit hohem Walmdach. Erstmals beurkundet ist das Schloß 1390; der heutige Bau stammt aus der Zeit um 1745.

Wie in vielen fränkischen Residenzen soll auch im Schloß zu Schnarchenreuth ein Phantom in weißem Gewand, die *‚Weiße Frau'*, umgehen. Sie gilt als schuldbeladene und daher ruhelose Ahnfrau, die vor wichtigen Begebenheiten, besonders vor Todesfällen, erscheint. Als einst das Schloß unbewohnt war und nur ein Taglöhnerehepaar als Wächter darin lebte, erschien dem Mann mehrere Jahre hintereinander in einer bestimmten Vollmondnacht die Weiße Frau. Eines Nachts winkte sie ihm, ihr zu folgen, und führte ihn in den Keller, wo sie aus der Gewölbemauer einen Stein nahm, hinter welchem ein gleißender Schatz zum Vorschein kam. Sie forderte ihn auf, mitzunehmen, was er begehrte. Doch der alte Mann war unschlüssig und nahm schließlich nur ein goldenes Kettchen, an dem Korallen hingen. Hastig lief er zu seiner Frau und zeigte ihr das Schmuckstück. Sogleich eilten beide wieder zurück in das Verlies, doch der Schatz ließ sich nicht mehr finden. Auch die Weiße Frau erschien nicht wieder. Doch das Ehepaar hatte seitdem keine Sorgen mehr. Als der Mann hochbetagt gestorben war, schenkte die Frau die Kette einem Patenkind. Wer es besitzt, dem bringt es Glück, Gesundheit und langes Leben.

SCHÖNTAL (Hohenlohekreis)

Kloster
Die sehr gut erhaltene Zisterzienserabtei, ein Tochterkloster von Maulbronn, wurde nach 1150 gegründet und 1163 von *‚Neusaß'* in ‚Schöntal' umbenannt. Der Legende zufolge hatten die Mönche zuerst auf dem nahegelegenen Neusaß bauen wollen – da erschien ein Mann, der ins Tal wies und zu ihnen sagte: „Baut nicht hier oben, baut dort unten, dort ist ein schönes Tal." So soll die Abtei zu ihrem Namen gekommen sein.
1525 waren die Bauern im Kloster; der Sage nach soll damals ein Mönch, der bei der zum Frondienst verpflichteten Landbevölkerung besonders verhaßt war, lebendig eingemauert worden sein. Sein Geist spukte später im Kloster.
In der Klosterkirche befindet sich das Grabmal des berühmten *Götz von Berlichingen* (1480–1562), des ‚Ritters mit der eisernen Hand'. Es zeigt ihn in voller Rüstung auf der eisernen Hand kniend mit gefalteten Händen; darunter steht zu lesen: „Er harret allhie seiner fröhlichen Auferstehung."
→ Jagsthausen, Krautheim

SCHWARZACH (Lkr. Kulmbach)

Steinkreuz
Fährt man auf der B 289 von Kulmbach Richtung Burgkunstadt, so erreicht man nach etwa 6 km das kleine Pfarrdorf Schwarzach. 200 m vor dem Ort steht links der Bundesstraße unter einer Linde ein aus dem späten 14. Jh. stammendes Steinkreuz, das nach 1900 hierher transportiert wurde. Es wird allgemein *‚Schwedenkreuz'* genannt, und es heißt, daß dort öfters ein kopfloser Reiter umgehe.

Vielleicht geht die Sage vom Reiter ohne Kopf auf ein frühes Grab im Schloß zu Steinenhausen zurück, in welchem 1910 ein kopfloses Skelett gefunden wurde. Es ist zu vermuten, daß man dieses Notgrab schon einmal im 15. Jh. entdeckte, was eine Sagenbildung auslöste.

→ Steinenhausen

Schwarzenbach am Wald (Lkr. Hof)

Döbra

Südöstlich von Schwarzenbach liegt der Döbra, mit 795 m die höchste Erhebung des Frankenwaldes. Um ihn ranken sich eine Fülle von Sagen:

Auf dem Döbra soll einst eine Burg gestanden haben, die einem König gehörte. Als dessen einzige Tochter starb, wurde sie prächtig gekleidet und mit Juwelen geschmückt in der Burgkapelle beigesetzt. Ein habsüchtiger Diener wollte diesen Schatz an sich bringen, stieg ins Gewölbe hinunter und öffnete den Sarg. Als er aber der vermeintlichen Toten ihren Schmuck nehmen wollte, richtete diese sich plötzlich auf und rief um Hilfe. Erschrocken ließ der Grabräuber, der einen Geist zu sehen glaubte, seine Beute fallen und floh, während die Prinzessin ins Schloß zurückkehrte.

Zu einem Knecht, der auf dem Döbra Vieh hütete, kam einst ein Ritterfräulein und bat ihn, sie von einem bösen Zauber zu erlösen. Er wurde in eine Schatzhöhle geführt, die von zwei Löwen bewacht war und vor denen er sich mit Hilfe einer Rosenknospe schützen mußte. Da er aber, von Gier nach den Kostbarkeiten übermannt, es versäumte, der Anweisung des Ritterfräuleins gemäß einen vor der Höhle stehenden Rosenstock auszureißen und diesen in eine nahe Quelle zu setzen, blieb die Verzauberte unerlöst.

Auf dem Döbra liegen große graue Steine, die der Sage nach aus dem Geifer eines Riesen entstanden sind: eine arme Webersfrau pflückte auf dem Döbra Heidelbeeren, als plötzlich aus dem Erdboden ein Ungetüm auftauchte und nach ihr griff. Sie konnte jedoch fliehen, und als ihre Kräfte nachließen, rief sie zu Gott um Hilfe – worauf der Riese unter Donnerschlag verschwand. Zurück blieb nur der Geifer, der ihm während der Verfolgung aus dem Mund gelaufen war und sich in Stein verwandelte.

Schweinfurt

Wahrzeichen am Rathaus

Am Altan des 1570–72 erbauten Rathauses am Marktplatz ist das Wahrzeichen der Stadt, ein in Stein gehauenes Schwein, zu sehen, das angeblich auf den Ortsnamen hinweisen soll. Tatsächlich aber kommt dieses Tier als Namengeber nicht in Frage. Erstmals erwähnt wird die Stadt im Jahr 791 als *‚Suinuurde'*, womit eine Furt am Sumpf (swin) gemeint ist. Der Name Schweinfurt scheint den hier geborenen Dichter und Übersetzer *Friedrich Rückert* (1788–1866; Rückert-Denkmal auf dem Markt) gestört zu haben, wenn er reimt:

> „Kann man eine Stadt erbauen, / Um den Namen dann
> Ihr zu geben, den mit Grauen / Man nur nennen kann?
> Hättest Mainfurt, hättest Weinfuhrt, / – Weil du führest Wein –,
> Heißen können; aber Schweinfurt, / Schweinfurt sollt' es sein."

Seussling (Altendorf, Lkr. Bamberg)

Kath. Pfarrkirche St. Sigismund: Gruftkapelle

Die Kirche wurde von Karl dem Großen zur Missionierung der Slaven im Bambergischen Raum gegründet. Ursprünglich aus Holz gebaut, wurde erst um 1100 eine Steinkirche errichtet. Aus dieser Zeit stammt wohl auch die Gruftkapelle, die um 1470 verändert wurde. Um 1354 wurden Reliquien des Burgunderkönigs Sigismund (gest. 524) erworben.

An die Gruftkapelle knüpft sich folgende Legende: Als der Leichnam des hl. Sigismund auf dem Weg von Frankreich nach Böhmen hier vorbeigebracht wurde, stellte man den Sarg mit offenem Deckel in die Gruftkapelle. In der Nacht fiel ein Arm des Heiligen heraus. Er wurde wieder in den Sarg zurückgelegt – allein er fiel immer von neuem heraus. Als man weiterfahren wollte, legte man den Arm an seinen Ort und verschloß den Sarg – doch ließ dieser sich nicht von der Stelle bewegen. Hieraus erkannte man den Willen Gottes und bewahrte den Arm des Heiligen in Seußling auf, wo er lange Zeit als Reliquie verehrt wurde. Später brach in einer entfernten Gegend die Pest aus, und die Einwohner einer großen Stadt erbaten sich die Reliquie zum Schutz; sie gaben diese

jedoch nicht mehr zurück, und so wurden die Seußlinger auf schnöde Weise betrogen. – Dieser Legende liegen folgende historische Ereignisse zugrunde: nachdem die Pest 1348 verheerend gewütet hatte, ließ Kaiser Karl IV. den größten Teil der Reliquien des hl. Sigismund nach Prag schaffen, um damit gegen weitere Epidemien gewappnet zu sein.
In der Gruftkapelle befindet sich eine vierseitige Grube, die mit einem Gitter verschlossen ist: der sog. ‚Sigismundbrunnen'. Über dieser Vertiefung soll der Leichnam des hl. Sigismund gelegen haben. Am Fest des Heiligen (2. Mai), der bei Gicht und Hautkrankheiten angerufen wird, schöpften früher die Leute aus diesem Brunnen mit an Schnüren gebundenen Fläschchen Wasser, oder sie tauchten Tücher hinein und bestrichen damit Gesicht und Hände.

SINDOLSHEIM (Rosenberg, Neckar-Odenwald-Kreis)

Evang. Pfarrkirche

Die evang. Pfarrkirche zu Sindolsheim besitzt einen alten Turm, dessen Untergeschoß ehemals den Chorraum enthielt. Das Langhaus stammt teils aus dem frühen 16., hauptsächlich aber aus dem 17. Jh. Von der 9-Uhr-Glocke wird erzählt, daß sich einst ein Edelfräulein aus der Sindolsheimer Gegend im Wald verirrt habe. Da die Wälder damals noch viel ausgedehnter waren als heute, verlor sie völlig die Orientierung und irrte verzweifelt umher. Da hörte sie plötzlich eine Glocke läuten, folgte dem Klang und kam nach Sindolsheim. Aus Freude und Dankbarkeit, daß seine Tochter aus dem Wald gefunden hatte, stiftete der Vater die 9-Uhr-Glocke, die zur zweiten Frühstückspause läuten sollte. In Notzeiten diente sie früher auch als Sturmglocke.

Edelmannsbrunnen

Im östlichen Teil der Gemarkung Sindolsheim, an der Grenze gegen Hohenstadt, steht bei der Bauernsiedlung *Mettelheim* ein alter Brunnen, der sog. ‚Edelmannsbrunnen'. Hier soll vor vielen Jahren ein Schloß gestanden haben. Die zwei schönen Töchter des Schloßherren gingen öfters nach Sindolsheim, um sich an den Spinnstubenabenden zu vergnügen; oft kehrten sie erst spät in der Nacht zurück. Als sie eines Abends erst nach Mitternacht die Rückkehr antraten, wurden sie in einer nicht weit vom Schloß entfernten Schlucht von Räubern überfallen und umgebracht. Der Schloßherr ließ am nächsten Tag nach den Mördern suchen, diese wurden aber niemals entdeckt. Das Schloß ist längst verfallen, und nur der ‚Edelmannsbrunnen' steht noch.

SODENBERG (Hammelburg, Lkr. Bad Kissingen)

‚Giselakreuz' auf dem Sodenberg

Über dem Saaletal erhebt sich mächtig der Sodenberg. Seine Basaltkrone war seit vorgeschichtlicher Zeit Opferstätte und Fliehburg, später trug sie die Thüngensche Stammburg *Kiliansstein*. Von der Ortschaft Sodenberg führt ein Weg in nordöstlicher Richtung auf das Bergplateau. Kurz nach dem Ende des Weges ist ein schiefstehendes Steinkreuz zu sehen, das allgemein als ‚Giselakreuz' oder als das *‚Heilige Kreuz auf dem Sodenberg'* bekannt ist. Folgende Sage rankt sich um das Kreuz:
Karls des Großen erste Gemahlin war eine Gräfin von Rieneck. Da er ihr besonders zugetan war, schenkte er den Brüdern seiner Frau große Besitzungen und ließ an der Sinn ein stattliches Schloß erbauen, das *Reineck* oder *Rieneck* genannt wurde. Später erinnerten sich die Herren von Rieneck stolz an die Schwagerschaft dieses Kaisers und sahen auf andere Edle hochmütig herab. Der Jüngling Gerhard von Rieneck jedoch teilte diesen Stolz nicht. Er warb um die schöne Gisela von Thüngen, die ihr Schloß nicht weit von Rieneck entfernt und ebenfalls an der Sinn gelegen hatte. Der Vater des jungen Rieneckers war gegen die Ehe mit einer ‚Unebenbürtigen' und verbot seinem Sohn jeglichen Umgang mit dieser. Der Vater Giselas indes empfand diese Abweisung als Schmach und brachte seine Tochter nach Kilianstein auf den Sodenberg. So wurden die Liebenden für immer getrennt. Einige Zeit darauf fiel der Ritter Gerhard auf einem

Burg Rieneck. Kupferstich

Kreuzzug im Heiligen Land. Als Gisela davon hörte, entsagte sie in ihrem Leid der irdischen Welt. Zum Zeichen ihres großen Kummers errichtete sie auf dem Sodenberg ein Kreuz; wenig später starb sie an gebrochenem Herzen. Im Jahre 1515 ließ Philip von Thüngen das Kreuz erneuern, um das Andenken an Gisela zu ehren.

Sommerach (Kitzingen)

Eichelsee

Über dem kleinen Ort Sommerach, wenige Kilometer südlich von Volkach nahe des Mains, liegt an einer Anhöhe des Kreuzberges gegen Nordheim zu ein kleiner See, der als Eichel- oder *Kreuzsee* bekannt ist. An diesem See trafen sich regelmäßig die Hexen der Umgebung, so erzählt die Überlieferung. Gelang es, sie bei ihrer Zusammenkunft zu stören, so konnten die Hexen in den nächsten vier Wochen niemandem schaden. Es war aber schwierig, zu ihnen zu kommen, denn wer es versuchte, wurde durch Irrlichter auf den falschen Weg gebracht und mußte dann die ganze Nacht auf dem Berg umherirren. Das einzige Mittel, diesen Täuschungen zu entgehen, bestand darin, beständig zum Himmel zu schauen.

Der Sommeracher Katzenkopf

Wegen seiner süffigen Frankenweine hat Sommerach einen guten Ruf; vor allem die Weinlage ‚*Katzenkopf*' bei Sommerach ist berühmt. Der seltsame Name soll auf die Herren von Katz zurückgehen, die einst in dieser Gegend Besitzungen hatten und einen Katzenkopf im Wappen führten. Im Volksmund wird dieser Name allerdings anders erklärt. Hier wird nämlich berichtet, daß der Häcker Erich eine besondere Leidenschaft für seinen Weinkeller entwickelt hatte, so daß er mehrmals täglich hinabstieg, um seinen Krug zu füllen. Einmal wurde er dabei von einer fauchenden Katze erschreckt. Dies brachte seine Ehefrau auf eine List: sie setzte eine ausgestopfte Katze mit großem Kopf und leuchtenden Glasperlenaugen auf das Lieblingsfaß ihres Mannes. Als dieser ahnungslos zum Weinholen in den Keller kam, fiel sein Blick auf den Katzenkopf – entsetzt ließ er den Mostkrug fallen, floh nach oben und war für alle Zeiten von seiner Trunksucht geheilt.

Spalt (Roth)

Wappen an der Stadtmühle

Kommt man von der Abenberger Straße in den Ort, liegt unmittelbar hinter der Rezat-Brücke auf der linken Seite die Stadtmühle. Daran sind drei Wappen angebracht: das Stadtwappen von 1538, das Wappen ‚Christoff von Gotes Gnaden Bischoff zu Eichstätt 1537' und ein Wappen von 1659. Das Stadtwappen zeigt eine Kirche zwischen zwei Bäumen. In dem Baumstamm am rechten Rand ist ein Wolf eingeklemmt. Einst soll dem Spitzerbauern, als er abends vom Feld heimkam, ein riesiger Wolf begegnet sein. Voller Angst wandte er sich zur Flucht. Obwohl er schon an die 60 Jahre alt war, lief er wie ein junger Bursch über Steine und Wurzeln dahin, doch der Wolf kam immer näher und setzte schließlich zum Sprung an, um über die sichere Beute herzufallen. Da griff der Spitzerbauer in seiner Todesnot nach dem Ast eines Eichbaumes, der gerade über seinem Kopf hing, und schwang sich behend ins Gezweig. Der Wolf jedoch konnte nicht mehr anhalten; sein Aufprall war so heftig, daß er mit dem Kopf in einem Spalt des Baumes steckenblieb. Sogleich holte der wackere Bauer zwei Freunde, die das Tier erschlugen. Das Ereignis sprach sich natürlich herum, und es kamen immer mehr Bauern in die Gegend, um sich im schönen Rezatgrund niederzulassen. Den Ort, den die Siedler gründeten, nannten sie in Erinnerung an diese seltsame Rettung ‚Spalt' und nahmen den Wolf ins Stadtwappen auf.

Spielberg (Gnatzheim, Lkr. Weißenburg-Gunzenhausen)

Schloß

Die Spielberger waren im 12. und 13. Jh. truhendingensche Ministerialen. Nach ihrem Aussterben (um 1300) fiel die Burg 1340 durch Kauf an die Grafen Oettingen, die im 17. Jh. eine eigene Linie Oettingen-Spielberg abzweigten. Die heutige Anlage stammt aus dem 14./15. Jh. 1960–70 wurde sie restauriert und beherbergt heute eine Galerie.

Vor dem Eingang zum Hof steht eine Statue des hl. Johannes Nepomuk. An dieser Stelle soll einst ein Burgfräulein den Tod gefunden haben. Die Tochter des Grafen zu Spielberg war als Schönheit im ganzen Land bekannt, und viele Ritter hielten um ihre Hand an. Doch die Jungfrau war überaus hochmütig und wies jeden ab. Der Graf von Rechenberg versuchte es ebenfalls, doch auch er hatte keinen Erfolg. Das kränkte ihn zutiefst, und er sann auf Rache. Durch einen ihm ergebenen Knappen ließ er herausfinden, wie man unbemerkt in die Kemenate des Burgfräuleins gelangen könnte. Tatsächlich gab es einen solchen Zugang, und zwar führte ein unterirdischer Gang von Oettingen direkt zum Bergfried der Burg. Eines Abends drang also der Rechenberger auf diesem Weg in die Burg Spielberg ein und gelangte bis zum Gemach des stolzen Fräuleins. Als er eintrat, wurde sie blaß vor Schrecken. Der Graf näherte sich ihr und wollte sie packen. Da wich das Mädchen zum offenen Fenster zurück und stürzte mit einem Aufschrei in die Tiefe. Dort, wo sie tot liegenblieb, steht heute das Johannes-Nepomuk-Denkmal.

Spielberg

Stadtprozelten (Lkr. Miltenberg)

Steinfigur der hl. Elisabeth an der kath. Pfarrkirche

An der Nordwand der kath. Pfarrkirche befindet sich eine lebensgroße Sandsteinfigur, eine Darstellung der hl. Elisabeth aus dem 13. Jh. Im Volksmund wird diese Figur als Burgfräulein von Henneberg bezeichnet. Ihr Geschick ist der Sage nach eng verwoben mit der Geschichte von Stadt und Burg, deren älteste Teile aus dem 12. und 13. Jh. stammen. Oft wechselten im Laufe der Jahrhunderte die Besitzer: zeitweise waren es die Schenken von Klingenberg, zeitweise die Grafen von Wertheim. Elisabeth von Klingenberg, die Erbin der Burg, schenkte 1319 all ihre Besitzungen, dar-

Schloß Prozelten, Kupferstich

unter Prozelten, dem Deutschen Orden. Der damalige Großmeister des Ordens, Siegfried von Feuchtwangen, ließ die Burg ausbauen und machte es angeblich allen künftigen Besitzern zur Pflicht, die Burg niemals verfallen zu lassen.
Als nun Graf Friedrich von Henneberg 1422 starb, hinterließ er die Burg seiner kinderlosen Witwe Elisabeth. Da es ihr im Schloß unheimlich wurde, zog sie in die Stadt; noch in der gleichen Nacht war die Burg Schlag zwölf Uhr hell erleuchtet. Auch in den folgenden Nächten wiederholte sich diese Erscheinung. Da erinnerte man sich an das Gebot des Großmeisters, die Burg nie verfallen zu lassen. Doch die Gräfin, der die Burg jetzt immer unheimlicher wurde, so daß sie auf keinen Fall dorthin zurückkehren wollte, vermachte die Burg dem Hospital zu Stadtprozelten. Seitdem hörten die Lichterscheinungen auf; die Burg verfiel zusehends. Elisabeth war indes als Wohltäterin in der Stadt hoch geehrt. An das ‚gut Schloßfräle' erinnert man sich noch heute und bringt das Steinbild an der ehemaligen Hospitalkirche mit ihr in Verbindung.

STAFFELSTEIN (Lkr. Lichtenfels)

Staffelberg

Der 539 m hohe Staffelberg ist ein heiliger Berg der Franken. Er war in allen prähistorischen Epochen besiedelt (Funde aus der Stein-, Bronze- und Eisenzeit). Im 1. Jh. v. Chr. errichteten die Kelten auf dem Bergsporn eine Stadt.
Viele Sagen umspinnen diesen eigenartigen Berg. Die bekannteste berichtet von einem abgrundtiefen See im Staffelberg. Im See schwimmt ein Fisch, der so groß ist, daß er seine Schwanzflosse im Maul hält, um die Wände seiner Gefängnisse nicht zu zersprengen. Wenn er aber eines Tages seine Schwanzspitze

losläßt und sich streckt, dann wird der Berg auseinanderbersten, und ungeheure Wassermassen ergießen sich über das Maintal. In dieser neuen Sintflut werden alle Menschen umkommen. Die Kinder legen daher das Ohr an den Berg, um das Rauschen des Wassers zu hören, und die Leute beten, daß der Fisch seinen Schwanz nicht aus dem Maul gleiten läßt.

Adelgundiskapelle auf dem Staffelberg

Auf dem Staffelberg steht eine der hl. Adelgundis geweihte Kapelle. Die 684 als Äbtissin des von ihr gegründeten Klosters Maubeuge in Flandern gestorbene Frankenprinzessin wird bei Krebsleiden und Augenkrankheiten angerufen. Die Adelgundisverehrung auf dem Staffelberg geht auf karolingische Zeit zurück (vermutlich bestand hier aber schon in vorchristlicher Zeit eine Kultstätte). Die erste Kapelle auf dem Staffelstein ist nicht datierbar. Der Vorgängerbau der heutigen, 1654 entstandenen Kapelle wurde im Bauernkrieg 1525 zerstört. 1658 erhielt die Kapelle zwei Reliquien der hl. Adelgundis. Der Höhepunkt des Wallfahrtswesens auf dem Staffelberg war im 17. und 18. Jh. erreicht. Als 1772 die Basilika *Vierzehnheiligen* geweiht wurde, ging das Wallfahrtswesen immer mehr zurück.

Die Legende bringt die Gründung der Kapelle mit einem Ereignis aus dem Dreißigjährigen Krieg in Zusammenhang: Als das Kloster Banz von feindlichen Truppen besetzt wurde, fürchtete man deren Übergriffe auch in der Staffelberger Umgegend und postierte deshalb Bauern auf dem Berg, die dort Wache halten sollten. Einer der Bauern kam nun auf die Idee, in den Ruinen der Kapelle Schießübungen zu veranstalten. Mit seiner Lanze bezeichnete er die Stelle, auf die geschossen werden sollte. Da trat plötzlich aus dem noch stehenden Portal eine Klosterfrau und drohte mit dem Finger. Langsam durchschritt die Nonne das Kirchenschiff und verschwand hinter der Kapellenwand. Die Bauern waren sehr erschrocken und erkannten ihren Frevel. Es war die hl. Adelgundis selbst, die sie von ihrem schändlichen Tun abhalten wollte. Man deutete dies zugleich als Zeichen, daß der Ort geheiligt sei und errichtete die Kapelle wieder neu. Auf einer Tafel ließen sie ihr Erlebnis schreiben und hängten diese im Chor der Kirche auf.

Über dem seitlichen Eingang der Adelgundiskapelle ist ein Rabe dargestellt, aus dessen geöffnetem Schnabel Sand rieselt. Es handelt sich vermutlich um das Wappentier des *Pankraz von Rabenstein,* der als Bamberger Kanoniker im 16. Jh. zugleich Inhaber der Staffelsteiner Pfarrei war. Die Sage hingegen erzählt: Als man vor vielen Jahren mit dem Neubau der Kapelle begann, war es außerordentlich mühevoll, Sand und Wasser vom Tal auf den Berg zu schleppen. Da beobachtete ein Maurer, wie ein Rabe zur Baustelle kam und aus seinem Schnabel Sand rinnen ließ. Der Arbeiter folgte dem Raben und entdeckte, daß der Rabe zum sog. ‚*Querkelesloch*‘ flog. Tatsächlich fand man auf dem Boden der Höhle Dolomitsand. So konnte man sich den Transport sparen, und aus Dankbarkeit wurde der hilfreiche Rabe an die Kapelle gemalt.

STEGAURACH (Lkr. Bamberg)

Siebenschläfer-Kapelle

An der früheren Straße von Bamberg nach Würzburg, südwestlich des Dorfes Stegaurach, steht eine große, schmucklose Kapelle, die den heiligen Siebenschläfern geweiht ist. Das Giebelrelief und der Steinaltar stellen die Kirchenpatrone dar.

Einer frühchristlichen Legende zufolge waren sieben wegen ihres Glaubens verfolgte Schafhirten aus Ephesos in eine Höhle geflohen, wo man sie auf Befehl des Kaisers Decius im Jahre 251 einmauerte. Fast zweihundert Jahre sollen sie hier schlafend verbracht und

Siebenschläfer

auf wunderbare Weise überlebt haben. Da die Verehrung der Siebenschläfer in Franken nicht sehr häufig ist, wird vermutet, daß ein Lehensträger des Bischofs, der an einem Kreuzzug teilnahm, die Verehrung dieser Heiligen aus dem Morgenlande mit nach Hause brachte. Der Ausbau zur Pfarrkirche erfolgte 1746–47, die Umbenennung der Kirche ‚Zur Unbefleckten Empfängnis‘ ging damit einher. Die Kapelle

war nie offizieller Wallfahrtsort; dennoch pilgerten bisweilen fromme Menschen hierher, die nicht schlafen konnten und hier die Besserung dieses Leidens erflehten.
Der Legende nach wurde die Kapelle von einem Fuhrmann gestiftet, der an der damals sumpfigen Stelle mit Wagen und Zugvieh steckengeblieben war. Er gelobte, im Falle seiner Rettung den gefährlichen Platz aufzufüllen und darauf eine Kapelle zu Ehren der hl. Siebenschläfer zu errichten.

STEINENHAUSEN (Lkr. Kulmbach)

Schloß
Auf einer nach Westen gerichteten Bergzunge oberhalb des Zusammenflusses des Weißen und Roten Mains liegt in einem Park versteckt Schloß Steinenhausen. Es war ursprünglich freies Eigentum der Herren von Blassenburg mit dem Rosensiegel und kann wohl als Stammsitz dieses Geschlechts gelten. Der ursprüngliche Bau stammt aus dem 13. Jh., wurde jedoch schon frühzeitig zerstört, wahrscheinlich während des Hussiteneinfalls 1430. 1535 errichtete man das Schloß neu, 1588 wurden durch Friedrich Wilhelm von Guttenberg Erweiterungsbauten vorgenommen. Nach teilweiser Zerstörung durch Blitzschlag im 17. Jh. ließen der Domprobst Otto Philipp und sein Neffe Joh. Gottfried von Guttenberg die Gebäude in ihrer heutigen Form errichten. In der nationalsozialistischen Ära erfolgten eingreifende Umbauten. Heute ist das Schloß ein Altersheim.
In Schloß Steinenhausen soll eine *‚Weiße Frau'* spuken. Auch die Sage vom Reiter ohne Kopf, die man sich in dieser Gegend erzählte und die mit dem Steinkreuz nahe dem benachbarten → Schwarzach verbunden wird, könnte ihren Ursprung in Steinenhausen haben. Kriegsleute sollen einstmals versucht haben, die Gräber in der Schloßkapelle zu plündern. Als sie die erste der schweren Fußplatten aufbrachen, stieg daraus die Weiße Frau und verjagte die Plünderer. Seitdem geht sie in den Gängen des Schlosses um. Eine der früher hier lebenden Edelfrauen von Guttenberg hatte einstmals einen Traum, in der Kapelle sei vor dem Altar unter einer Steinplatte ein Schatz verborgen, der an einem bestimmten Tage um die Mittagszeit gehoben werden könne. Sie beauftragte einen Diener, diese Platte zu heben; später fand man diesen bewußtlos am Boden liegen. Er berichtete, eine weißgekleidete Frau mit bleichem Gesicht sei aus der Öff-

Schloß Steinenhausen vor dem Neubau von 1721 bis 1724 nach einem Stich von Christoph Lochner (1684 bis 1698)

nung hervorgekommen und er sei vor Schreck ohnmächtig geworden. Kurz darauf starb der unglückliche Schatzgräber.
Es gelang nicht, die Steinplatte wieder ganz einzusetzen, sondern sie ragte um Fingerbreite hervor. Die Tochter des damaligen Schloßverwalters Nützel besuchte am 15. Mai 1854 die Schloßkapelle und konnte die eigenartige Lage der Steinplatte bestätigen. Der fränkische Historiker *Erich Freiherr von Guttenberg* berichtet in einer im Stadtarchiv Kulmbach aufbewahrten Niederschrift vom 20. 2. 1951, daß sein Vater, der lebhaftes Interesse an der Sage von der Weißen Frau hatte, im Keller unter der alten Schloßkapelle Ausgrabungen durchführte. In einer Ecke des Kellers nämlich fehlte eine Fußplatte, statt dessen war dort festgetretener Estrich. Von Guttenberg schreibt:
„Die Erinnerung an die Sage von der ‚Weißen Frau' veranlaßte ihn zu einer Nachgrabung in aller Stille. Nach kurzer Zeit stieß er auf Holzbohlenreste, es erschien ein altertümlicher Schlüssel und in etwa 3/4 m Tiefe ein männliches Gerippe – ohne Kopf. Anstelle des Kopfes lag ein völlig rund bearbeiteter Sandstein! An den Seiten des Gerippes fanden sich Tonkrüge, etwa in Form heutiger Selterswasserkrüge, mit Erde aufgefüllt, außen mit eingepreßtem Kreuz. Ein schwacher Weihrauchduft war noch bemerkbar. Zweifellos handelt es sich um ‚geweihte Erde', die der profanen Grabstätte symbolisch eingefügt war. (...) Mein Vater füllte das Grab möglichst schonend wieder ein und

stellte den ursprünglichen Zustand wieder her (geschehen um 1910). Um törichtes Gerede und Panik unter den Dienstboten zu vermeiden, haben wir den Fund geheim gehalten. Steinenhausen war schon ohnehin durch die ‚Weiße Frau' verrufen genug."
Der fränkische Burgenforscher *Hellmut Kunstmann* sieht in dem Grabfund die Notbestattung eines gefallenen Burginsassen, die vermutlich während der Belagerung und darauffolgenden Zerstörung der ältesten Burg im Meranischen Erbfolgestreit zwischen 1248 und 1260 erfolgt ist. Bei der Sandsteinkugel dürfte es sich um eine Schleuderkugel aus einer Wurfmaschine (Blide) handeln, die dem Toten den Kopf weggerissen oder zerschmettert hatte und mit ins Grab gegeben wurde. Der Schlüssel stammt wohl aus dem 16. Jh., als man die Burg neuerbaute und dabei das Notgrab entdeckte. Dieser Fund könnte Anlaß für die Ausbildung der Sage vom Reiter ohne Kopf gewesen sein.

STERPERSDORF (Höchstadt a. d. Aisch, Lkr. Erlangen-Höchstadt)

Grab der Sibilla Weiß auf dem Lauberberg
Etwa 2 km südlich von Lonnerstadt liegt der kleine Ort Sterpersdorf. Südwestlich des Ortes erhebt sich ein Hügel, der sog. Lauberberg, wo neben einem Bauernhof eine dem hl. Antonius geweihte Kapelle steht. Südlich dieser Kapelle befindet sich eine Steinplatte, die von einem Zaun umgeben ist. Von diesem ‚Grab' behauptet die Volkssage, es liege darin die berühmte fränkische Seherin Sibilla Weiß begraben. Durch authentische Quellen läßt sich diese Behauptung allerdings nicht nachweisen.
Der Volksüberlieferung nach war Sibilla Weiß eine Adlige aus der Wetterau. Ihr Schloß soll sie bei → Lonnerstadt erbaut haben und sehr oft zur Antoniuskapelle herübergewandert sein. Eines Tages, als Sibilla wieder auf dem Lauberberg weilte, kam der Teufel zu ihr und versprach ihr alle Reichtümer der Welt, wenn sie nur ihrem Glauben abschwöre. Zornig wies Sibilla diese Versuchung von sich. Da sprang der Teufel wütend auf sie zu und wollte sie packen. In ihrer Not rief Sibilla den hl. Antonius um Hilfe an; der Teufel taumelte daraufhin zur Seite und verschwand gräßlich fluchend in der Erde.
Als sie starb, verfügte sie, daß man ihren Leichnam auf einen Esel legen sollte, der sie auf den Lauberberg tragen werde; dicht an der Antoniuskapelle wollte sie

begraben sein. Wenn aber einst ihr Grab von der Mauer weiche, so daß ein Reiter herumreiten könne, dann sei der Jüngste Tag nahe. Man erfüllte ihren Wunsch und legte sie neben der Antoniuskapelle zur letzten Ruhe.
Da durch die Regenfälle im Frühjahr der Sand von dem Grab abgeschwemmt wurde, sich weiter unten neu sammelte und einen neuen Grabhügel bildete, wanderte im Laufe der Jahre auch der Grabhügel der Sibilla Weiß. Immer mehr bewegte er sich von der Mauer weg, und bald hätte ein Mann herumreiten können. Nun bekamen die Lonnerstädter Angst, der Jüngste Tag sei nahe, und sie bauten deshalb die Kirchhofmauer direkt auf das Grab der Sibilla Weiß.

TAUBERBISCHOFSHEIM (Main-Tauber-Kreis)

T

Kapellen

Die Gegend um Tauberbischofsheim war, wie archäologische Funde bezeugen, schon in vorgeschichtlicher Zeit besiedelt. Der angelsächsische Missionar Bonifatius, der sich zwischen 725 und 735 mehrfach hier aufgehalten hat, gründete 735 ein (nicht mehr erhaltenes) Frauenkloster, als dessen Äbtissin er seine Verwandte Lioba, die er aus dem Kloster Wimborne bei Winchester holte, einsetzte. Die Frühzeit der Christianisierung hat auch in Sagen Niederschlag gefunden:
Als die Riesen (heidnische Ureinwohner des Landes) Miltenberg verließen, wandten sie sich nach Tauberbischofsheim. Die Bewohner hielten jedoch Tag und Nacht Wache und ließen die Riesen nicht ein, versorgten sie aber mit Nahrung. Als diese aber immer noch mehr verlangten, gab man ihnen auf den Rat einer weisen Frau namens Lioba abschlägigen Bescheid. Die Riesen schleuderten daraufhin Felsblöke gegen den Ort – doch kein einziger Stein traf sein Ziel, denn die weise Frau stand auf der Stadtmauer und lenkte mit einem Zauberstab die Felsen seitlich ab. Gefragt, woher sie diese wunderbare Kraft habe, gab sie zur Antwort: „Das vermag ich durch meinen Glauben, damit kann ich Berge versetzen.“ Die Riesen nahmen in der Folge das Christentum an und ließen sich taufen.
Die Legende schreibt der hl. Lioba auch den Bau zweier aus dem 12. Jh. stammender Kapellen zu: die *Achatiuskapelle* in *Grünsfeldhausen* (mit aus germanischer Zeit stammendem Näpfchenstein in der

Mauer) und die *Sigismundkapelle* bei *Oberwittighausen.* → Miltenberg

Bildstock mit Wappen

Im Garten des Erzbischöflichen Studienheims im Stammbergweg steht ein alter Bildstock. Das in der Kartusche eingesetzte Wappen soll das Wappen einer Familie Dalberg sein; es ähnelt dem französischen Königswappen. Es wird erzählt, während der Einquartierung französischer Soldaten sei einer von ihnen ermordet worden und die Stadt sollte zur Vergeltung niedergebrannt werden. Als aber der kommandierende General den Bildstock sah und darauf das Lilienwappen der französischen Könige zu erkennen glaubte, hob er aus Freude darüber den Brandbefehl auf, und die Stadt war gerettet.

Steinkreuz

Im Brückenwald bei Tauberbischofsheim steht ein sagenumwobenes Steinkreuz aus dem späten 15. Jh. Man erreicht es, indem man der Mergentheimer Straße folgt und bei dem hinter der Umgehungsstraße zur B 27 stehenden Felsen in östlicher Richtung abbiegt; nach ungefähr 2 km steht rechts am Wege das Kreuz. Es trägt die Jahreszahl 1491, sonst aber keine Inschrift. Es soll angeblich an einen Butterhändler erinnern, der hier ausgeraubt und ermordet wurde.
Bei diesem Kreuz ist es nicht geheuer: zur Geisterstunde hört man dort Heulen und Wimmern; Vorübergehende werden von einem Aufhocker geplagt, der ihnen auf den Rücken springt. Durch Gebet und Kreuzzeichen soll man sich aber vor dem Spuk schützen können.

TAUPERLITZ (Döhlau, Lkr. Hof)

Steinkreuze

In der Ortschaft Tauperlitz stehen zwei Steinkreuze. Das eine wurde 1970 am nordwestlichen Ortsrand an der Straßenböschung in der Nähe des Parkplatzes wieder aufgestellt. Beim Gasthaus *‚Wiesental‘*, nahe der ehemaligen Staudenmühle, zweigt von der Ascher Straße ein über die Höhe führender Weg ab. Etwa 250 m von der Stelle entfernt, wo sich einst das Anwesen *‚Pfarrhof‘* befand, unweit der heutigen Stadtgrenze von Hof, steht hart am Wegrand das andere Granit-Steinkreuz.
Die Sage bringt beide Steinkreuze in Beziehung zueinander: an einem kalten Wintertag brachte eine

Taufgesellschaft aus Tauperlitz ein Kind zur Taufe. Auf dem Rückweg fiel der Täufling unbemerkt vom Schlitten. Erst kurz vor dem Ortseingang wurde der Verlust von den Eltern bemerkt. Sofort machte man sich auf die Suche. Doch als man das Kind fand, war es bereits von Krähen, die sich hier in Schwärmen aufhielten, getötet und schrecklich zugerichtet worden. Zum Gedenken an dieses tragische Ereignis ließen die Eltern beide Kreuze errichten, das eine da, wo sie den Verlust bemerkten, das andere an der Stelle, wo sie die Leiche ihres Kindes fanden.

THULBA (Oberthulba, Lkr. Bad Kissingen)

Pfeilersäule mit Pietà

Der kleine Ort Thulba ist von der Ausfahrt ‚Bad Kissingen' der Autobahn Würzburg–Fulda in westlicher Richtung zu erreichen. Vor dem Anwesen der Bäckerei Dunkel steht eine 1879 von *Michael Dunkel* gestiftete Säule aus rotem Sandstein, die in einer Rundnische ein Pietà-Relief enthält. Die mündliche Überlieferung besagt, daß Michael Dunkel seine Schwester in Hetzlos verheiratet hatte. Allerdings ‚spukte' es im dortigen Haus, so daß ein ungestörtes Eheleben unmöglich wurde. Da stiftete Michael Dunkel für seine Schwester diesen Bildstock, worauf der Spuk sofort aufhörte.

TRAINMEUSEL (Wiesenttal, Lkr. Forchheim)

Eppeleinsburg

Südlich der B 470 liegt nahe bei Muggendorf auf einer Hochfläche der kleine Ort Trainmeusel. Urkundlich erstmals faßbar ist er 1137 als *‚Tragamusil'*, 1360 erscheint er als *‚Treyameyssel'*, 1405 als *‚Dremuschel'*, später als *‚Dreimeasel'* und *‚Trainmeusel'*. Der gefürchtete Raubritter *Eppelein von Gailingen* soll hier sein Stammschloß gehabt haben. Seine Spottbriefe an die Nürnberger unterzeichnete er immer mit „Appel von Gailing auf Illesheim und Dramaus, Herr zu Wald und Steinbach". Das *‚Dramaus'* Eppeleins wollte man mit Trainmeusel in Verbindung bringen: schon in einem Zehntregister des 16. Jh. heißt es, „daß zu Drameisel off des Georg Zolleisen Burg der Eppelein von Gäulichen gewohnt haben soll".

Von der sagenhaften ‚Eppeleinsburg' sind nur noch Reste erhalten, so etwa ein Stück von der Mauer des Kellers, in welchem Eppelein einen den Nürnbergern gestohlenen goldenen Vogelkäfig versteckt haben

soll. Wie vielen Räubern wurden auch Eppelein zauberische Fähigkeiten zugeschrieben: oft soll er auf seinem Wunderpferd über hohe Felsen geritten sein und über die Wiesent gesetzt haben, ohne daß die Hufe des Tieres das Wasser berührten. Als er später in Nürnberg gehängt werden sollte, gelang ihm durch einen tollkühnen Sprung über den Burggraben die Flucht.
Neueren Forschungen zufolge ist Eppelein niemals auf Trainmeusel ansässig gewesen; die Lokalisierung auf dieser Burg geht vermutlich auf Flurbezeichnungen des 16. und 17. Jh. zurück: 1684 wird ein Grundstück *‚Beim Eppeleinsturm'* erwähnt, in einer Urkunde von 1360 trägt es den Namen *‚Wall zum Werd'*. Es handelt sich hierbei um eine frühmittelalterliche Befestigungsanlage, die 1399 erneuert wurde, jedoch nicht als Sitz des Eppelein in Frage kommt. Die noch vorhandenen Mauerreste in Trainmeusel gehörten zu einer Egloffsteiner Behausung, die im 15. Jh. während des Hussiteneinfalls zerstört worden ist.
→ Burggaillenreuth, Nürnberg, Wohlmangesees

TREBGAST (Lkr. Kulmbach)

Marterl
Geht man von Trebgast in Richtung Himmelkron, so stehen nach 1,5 km am linken Straßenrand ein Steinkreuz und ein Marterl (Erinnerungsmal an Tote, die durch Unglücksfall oder Gewalt umkamen). Es wird erzählt, daß hier die Gräfin von Orlamünde, als sie auf den Knien von der Plassenburg nach Himmelkron gekrochen war, zusammenbrach. Angeblich gingen die Nonnen von Himmelkron jeden Nachmittag um drei Uhr zum Marterl und verrichteten dort ein Gebet.
→ Himmelkron, Kulmbach

TREUCHTLINGEN (Lkr. Weißenburg-Gunzenhausen)

Fossa Carolina
3 km nördlich von Treuchtlingen erreicht man auf gut ausgeschilderter Straße bei dem Dorf *Graben* die Fossa Carolina. 793 versuchte hier Karl der Große auf der niedrig gelegenen, 8 m hohen Wasserscheide Altmühl und Rezat miteinander zu verbinden. Doch beständiger Regen ließ die Dämme einstürzen und brachte den Grabenbau zum Erliegen. Weihnachten 793 ließ der Kaiser den Bau einstellen. Der fertige

Fossa Carolina, der Kanalversuch

Einschnitt am Scheitel der Wasserscheide ist 1300 m lang, 48 m breit und 12 m tief.
Die Gründe für das Scheitern des Baus erklärt die Sage so: der Prior des Klosters auf der heutigen → Wülzburg hatte Karl geraten, ein nahegelegenes heidnisches Heiligtum zu zerstören, erst dann würde Gottes Segen über dem Vorhaben liegen. Dies geschah – doch als die fünftausend Arbeiter davon erfuhren, blieben sie dem Bau fern. Sie waren zwar getaufte Christen, doch hielten sie die Erinnerung an ihre Vorfahren hoch in Ehren. Die Zerstörung des alten Heiligtums erboste sie so sehr, daß sie sich in die Wälder zurückzogen. Karl konnte keine Hilfskräfte mehr finden, zudem wurde er durch die Sachsenaufstände abgerufen, so daß der Bau unvollendet blieb.

TRIESDORF (Lkr. Ansbach)

Ehemalige Residenz und alte Poststation
Der bereits 1282 genannte Ort gehörte in seiner Frühzeit größtenteils den Herren von Seckendorff und dem Kloster → Heilsbronn. 1600 kaufte Ansbach den Seckendorffschen Besitz auf. Die heutige Anlage des Ortes geht auf das 17. Jh. zurück. Triesdorf diente den Markgrafen von Ansbach als Sommersitz. Das ‚*Weiße*‘ und das ‚*Rote Schloß*‘ (heute landwirtschaftliche Lehranstalt), die ‚*Kavaliershäuschen*‘, ein reichhaltiger Tiergarten, Alleen und Weiher verschönerten die ländliche Residenz. Ende des 18. Jh. war Triesdorf Lieblingsaufenthalt des umstrittenen letzten Markgrafen Carl Alexander (1736–1806). Auf Geheiß seines Vaters ungewollt mit der Prinzessin Frie-

derike Caroline von Sachsen-Coburg – einer phlegmatischen und später häufig kränkelnden Frau – verheiratet, zeigte er schon bald anderweitige Neigungen, wobei ihn ausschließlich geistvolle Frauen fasziniert zu haben scheinen.
Eine seiner Mätressen war die französische Schauspielerin Clairon, die seine Theaterleidenschaft teilte und auf deren Anregung hin in Triesdorf französische Komödien zur Aufführung kamen. Später verliebte er sich in eine Wiener Schauspielerin namens Josephine, die bald schwanger wurde. Bei einem Aufenthalt in Paris hatte der Markgraf aber inzwischen die englische Schriftstellerin Lady Eliza Craven (1750–1828) kennengelernt, die ihm bald nach Triesdorf folgte und binnen kurzem das gesellschaftliche Leben beherrschte. Ihrer unglücklichen Nebenbuhlerin machte sie durch Eifersucht, Mißgunst und Spott das Leben zur Qual, und diese mußte schließlich Triesdorf verlassen. Daß sie sich kurz vor Ankunft der Kutsche, die sie nach Ansbach bringen sollte, in der Poststation (heute Jugendkneipe *‚Quasimodo‘* direkt an der B 13) erhängt haben und bisweilen als klagender Geist, getrieben von ihrer unglücklichen Liebe zu Carl Alexander, umgehen soll, ist eine spätere, historisch haltlose

Lady Elisa Craven (Elisabeth von Ansbach-Bayreuth) (1759–1828)

Erfindung. Tatsächlich kam die gedemütigte Josephine schnell über diese Trennung hinweg und schrieb später in einem Brief, sie danke ihrem Schicksal, auf diese Weise, „endlich den curieusen Begierden des alternden Markgrafen“ entronnen zu sein. Der Markgraf trat nach dem Tod seiner Frau 1791 für eine jährliche Leibrente seine Länder an Preußen ab und heiratete Lady Craven. Er starb 1806 auf seinem Landsitz in England.

Unterzell (Würzburg)

Ehemaliges Kloster

Etwa 5 km mainabwärts von Würzburg liegt das ehemalige Kloster Unterzell, in dessen Gebäuden heute ein Heim untergebracht ist. Der ursprünglich mit Oberzell verbundene Frauenkonvent wurde um 1259 nach Unterzell verlegt. Im Bauernkrieg zerstört, ließ es Fürstbischof Julius Echter von Mespelbrunn 1606 neu errichten.

In den alten Gebäuden der vormaligen Prämonstratenser-Abtei soll eine verschleierte Nonne umgehen. Sie trägt einen Rosenstrauß in der Hand und wandelt mit langsamen Schritten durch die dem Gottesdienst entfremdeten Klosterhallen. Dies ist der Geist der am 21. Juni 1749 auf dem Hexenbruch bei Würzburg als letzte Hexe in Franken und ganz Deutschland verbrannten Maria Renata Singer von Mossau. Jedesmal, wenn sie bei ihrer nächtlichen Wanderung eine Rose aus ihrem Strauß zerpflückt hat und zu Boden fallen läßt, ist dies ein Zeichen, daß in Würzburg bald ein geistlicher Herr sterben wird.

Der Prozeß gegen die Subpriorin des Klosters Unterzell und die anschließende Hinrichtung der hochbetagten Frau erregte seinerzeit das Entsetzen vieler Zeitgenossen und den Zorn der Kaiserin Maria Theresia. Lange Zeit wurden die Akten dieses äußerst fragwürdigen Prozesses geheimgehalten.

Maria Renata Singer war wegen ihrer Strenge bei den Nonnen und wegen ihrer Unnachgiebigkeit den männlichen Klostervorstehern gegenüber überaus unbeliebt. Hinzu kam, daß die alte Frau unter hysterischen Zuständen litt, die auf andere Nonnen übergriffen, so daß es im Kloster zu einer regelrechten Besessenheitsepidemie kam: Maria Renata wurde beschuldigt, ihre Mitschwestern durch dem Essen beigemischte Kräuter ‚verhext‘ zu haben. Den Prozeß löste schließlich der Kaufmann und Stadtrat Vening aus, dessen beide Töchter ebenfalls in Unterzell lebten. In der Untersuchungskommission saßen zwar einige einsichtige Männer, die das Leben der Nonne retten wollten, doch letztlich siegte das Zeugnis des Prälaten von Oberzell. Drei Tage nach Urteilsverkündung wurde die greise Nonne, die nicht mehr gehen konnte, zum Richtplatz getragen, aus besonderer Gnade erst geköpft und anschließend verbrannt.

→ Oberzell

Hexenverbrennung

V

VIERZEHNHEILIGEN (Staffelstein, Lkr. Lichtenfels)

Wallfahrtskirche

Die 1742–72 erbaute Wallfahrtskirche ist ein Hauptwerk Balthasar Neumanns und seines Schülers Jakob Michael Küchel. Sie steht auf dem ehemaligen Grund des Hofes Frankenthal, der seit 1344 zum Kloster Langheim gehörte.

Visionen des Schäferjungen Hermann Leicht in den Jahren 1445/46 – das Jesuskind umgeben von vierzehn kerzentragenden, weiß-rot gekleideten Kindern – veranlaßten 1448 den Bau einer ersten Nothelferkapelle auf der bezeichneten Stelle. Rasch setzte eine Wallfahrt ein, so daß bereits 1466 eine Probstei als Haus für Wallfahrtspriester errichtet wurde. Die Vierzehn Nothelfer sind bestimmte Heilige, die als besonders wirkungskräftige Helfer in Nöten aller Ort (vor allem bei Krankheit) angerufen werden; ihr Kult ist schon im 13. Jh. nachweisbar und in Süddeutschland und Tirol weit verbreitet. In Vierzehnheiligen sind die Nothelfer mit ihren hinweisenden Attributen auf einem Deckengemälde sowie auf dem direkt über dem Ort der Erscheinung stehenden Gnadenaltar zu sehen.

Die Erscheinungen von Vierzehnheiligen. Holzschnitt von 1596

VOLKACH (Lkr. Kitzingen)

Kath. Pfarrkirche

In der Volkacher Pfarrkirche ist auf dem Hochaltar eine überlebensgroße Holzplastik des hl. Georg, Schutzpatron der Stadt, zu sehen, die ihn als Drachentöter zeigt. Die Geschichte vom Drachenkampf ist die zwar bekannteste, aber späteste Legende um den Heiligen, der um 303 als römischer Soldat den Märtyrertod erlitten haben soll. Nach der um 1270 entstandenen ‚*Legenda aurea*‘, der beliebtesten Legendensammlung des Mittelalters, hauste in Silena in Lybia in einem vor der Stadt gelegenen See ein Drache, der mit seinem Gifthauch alles verpestete und täglich sowohl Tier- als auch Menschenopfer forderte, um ihn zu besänftigen. Als schließlich auch die Tochter des Königs dem Untier zum Opfer fallen soll, erscheint zur rechten Zeit Ritter Georg und verspricht ihr Hilfe. Als der Drache aus dem See kommt, schwingt Georg

mit dem Zeichen des Kreuzes die Lanze und durchbohrt ihn; der König und alles Volk bekehren sich zum Christentum. (In der Bibel meint ‚Drache' oft den Teufel; auch in der christlichen Ikonografie hat der – überwundene – Drache diese Bedeutung).
In Volkach hat die Georgslegende sich mit einer Ortssage verbunden: Im Stadtgraben soll vor vielen hundert Jahren ein greulicher Drache gehaust haben, der mit seinem Atem Mensch und Tier vergiftete. Schließlich leitete man das Wasser ab, so daß der Graben austrocknete und der Drache sich nicht mehr halten konnte. – Nach einer anderen Version bestrich ein Schuster, der früher als Landsknecht Kriegsdienste geleistet hatte, seinen Spieß mit dem Saft des giftigen Bilsenkrauts und tötete den Drachen im Zweikampf. Zum Dank für die Errettung der Stadt geht alljährlich am Samstag nach Fronleichnam eine Wallfahrtsprozession von Volkach nach → Burgwindheim.
Tatsächlich wurde diese Wallfahrt im Jahr 1646 gestiftet und geht vermutlich auf ein Pestgelübde zurück. Es heißt, die Volkacher seien einst vom wahren Glauben abgefallen und zur Strafe von der Seuche heimgesucht worden. Sie erkannten ihre Verirrung und zogen in Prozession nach Burgwindheim, um in der Wallfahrtskirche zum Hl. Blut um Erbarmen zu flehen. Das Gebet wurde erhört, und alle kamen gesund nach Volkach zurück. (Die Begründung der Wallfahrt durch die Pestsage muß zur Drachensage nicht in Widerspruch stehen: das Ungeheuer mit dem giftigen Atem stellt die personifizierte Pest dar.)
→ Langenzenn

WAISCHENFELD (Lkr. Bayreuth)

Burg Rabeneck
Im Rabenecker Tal zwischen Doos und Waischenfeld liegt über dem Dorf die Burg Rabeneck, eine der schönsten Burgen in der Fränkischen Schweiz. Die Gründung erfolgte zu Beginn des 13. Jh. vermutlich durch Ministerialen, die sich nach der benachbarten Burg Rabenstein benannten. Die Edelfreien von Schlüsselberg, deren namengebende Burg zwischen Rabeneck und Waischenfeld gelegen war, hatten nur Rechte an der Burg. 1347 starb der letzte Schlüsselberger Konrad, und die Erben verkauften ihren Besitz an das Bistum Bamberg. In den folgenden Jahrhunderten wechselten die Besitzer häufig. 1525 wurde die Burg von Bauern zerstört, später wiederaufgebaut. Im 18. Jh. gelangte sie an die Grafen Schönborn.

Burg Rabeneck

Über Burg Rabeneck gibt es eine Reihe von Sagen, etwa folgende, die vom Untergang des Rabenecker Geschlechtes berichtet:

Der Burgherr von Rabeneck hatte zwei prächtige Söhne, die sich gut verstanden und unzertrennlich waren. Eines Tages jedoch verliebten sich beide in ein schönes Edelfräulein von der Schlüsselbergerschen Guttenburg, und da keiner sie dem anderen gönnen wollte, beschlossen sie, einen Zweikampf entscheiden zu lassen. In der Dämmerung traten sie auf einer am Wiesentfluß gelegenen Wiese gegeneinander an, doch da es heftig regnete, stürzten beide in die reißende Wiesent und ertranken – die letzten ihres Stammes.

Eine andere Sage überliefert die Entstehung eines Fischereiregals. Eine Burgfrau spielte einst gedankenverloren mit ihrem Handschuh, da erfaßte ein Windstoß denselben und trug ihn aus dem Fenster. Da der Handschuh ein Geschenk ihres Gemahls war, gelobte sie, falls er wiedergefunden würde, das Wasser, das er entlanggeschwommen sei, freizugeben; jedermann sollte dann freies Recht zum Fischen erhalten. Tatsächlich wurde der Handschuh bei der Behringersmühle aus dem Wasser geholt, und so galt nunmehr freies Fischereirecht von Rabeneck bis Behringersmühle. Diese Privileg hat sich bis in die Sechziger Jahre des 19. Jh. erhalten.

WALDSTEIN (Zell, Lkr. Hof)

Rotes Schloß

Der Waldstein bildet den nordwestlichen Teil des Fichtelgebirges. Vom höchsten Punkt, der über Stufen und Holzstiegen zu erreichen ist, hat man einen herrlichen Rundblick. Auf der Westseite des Waldsteingipfels steht die *Ruine Waldstein*, auch ‚Rotes Schloß' genannt.
Die 1166 erbaute Burg gehörte den Grafen von Sparneck und galt als uneinnehmbar. Als der berüchtigte Raubritter Hans Thomas von Absberg zwei Nürnberger Kaufleute entführt hatte und diese von Burg zu Burg schleppte, kam er auch zur Burg Waldstein. Hier entkamen ihm die Kaufleute, und nun zog auf Geheiß der Nürnberger das Heer des Schwäbischen Bundes gegen den Waldstein. Die Burg wurde am 11. Juli 1523 zerstört und niedergebrannt.
→ Absberg, Münchberg

Das Rote Schloß wird von den schwäbischen Bundestruppen geschleift (1523). Zeitgenössischer Holzschnitt

Teufelstisch

Im inneren Burghof des *‚Roten Schlosses'* liegt ein Fels, der wie eine umgedrehte Glocke aussieht und ‚Teufelstisch' genannt wird. Der Sage nach soll hier der Teufel mit der Spielleidenschaft verfallenen Menschen Karten spielen, wobei er Spielkarten aus Metall benutzt.

WALLDÜRN (Neckar-Odenwald-Kreis)

Wallfahrtskirche
Walldürn ist Wallfahrtsort zum Heiligen Blut mit heute noch lebendigem Kult; die jetzige Kirche wurde 1698–1712 erbaut und 1885 restauriert.
Der Legende nach soll sich beim Meßopfer durch Umschütten des konsekrierten Kelches auf dem Korporale (Linnentuch unter Hostie und Kelch) der Gekreuzigte, umgeben von elf weiteren Christushäuptern, abgebildet haben. Die älteste erhaltene Druckschrift *‚Über Ursprung und Entwicklung der heiligen Walldürner Wallfahrt‘* (1589) schildert dieses Blutwunder so:
„In Franken geschah durch Gottes Eingreifen ungefähr um das Jahr 1330 ein besonders bemerkenswertes Wunder des hl. Blutes. In Dürn, oder auch Walldürn genannt, feierte im Heiligtum des hl. Georg ein Priester namens Heinrich Otto das unblutige Opfer der hl. Messe. Da er aber etwas nachlässig und unaufmerksam die so große Handlung vollzog, stieß er den schon konsekrierten Kelch um. Und siehe, sofort ergoß sich das Blut des Herrn über das darunter liegende Korporale. Die Weinsgestalt wurde so rot wie Blut, und wohin es floß, da formte es sich zu einem wunderbaren Bild: in der Mitte das Bild des Gekreuzigten, an den Seiten aber mehrere ‚Veronicae‘ – so heißen nämlich im Volksmund solche Abbildungen – die das hl. Haupt Christi mit Dornen umwunden zeigen. Obwohl es nicht an Augenzeugen fehlte, verbarg der Priester in seinem Schrecken jenes Tuch, so wie es war, gezeichnet mit den genannten blutigen Bildnissen, im gleichen Altar, indem er einen Stein entfernte ... Als jener Priester zum Sterben kam, da bedrängte ihn seine Krankheit, mehr aber noch quälte ihn sein Gewissen wegen dieses Vergehens. Er wollte sterben. Aber etwas Unbegreifliches hielt seinen Tod auf. Da ging er in sich, bekannte seine Tat, nannte auch das Korporale und gab den Ort an, wo es verborgen lag. Darauf starb er. Man fand alles so, und die ganze Angelegenheit machte viel von sich reden. Und Gott mehrte die Kunde davon durch täglich neue Wunder. So kam es, daß schon ungefähr siebzig Jahre später die Behörden beschlossen, die ganze Angelegenheit genauestens zu untersuchen, um das Ergebnis dem Papst zu berichten.“

In einer päpstlichen Ablaßbulle wurde 1445 die Echtheit des hl. Blutes festgestellt und die Wallfahrt – die ihren Höhepunkt im 17. und 18. Jh. erreichte – anerkannt. Über wunderbare Gebetserhörungen berichtet ein Mirakelbuch:
„Item das sind die Zeichen des Heiligen Blutes. Item Hans Aach von Rumpfen dem war ein Kind ertrunken in einem Bache; das gelobten sie zu dem Heiligen Blute; da ward das Kind wieder lebendig; das geschah auf St. Joh. Baptist Abend. Item Irmel Rißenbach von Mudau die ist bei 17 Jahr blind gewesen und hat das Heilige Blut mit Andacht angerufen und sich dargelobt und ist sehend geworden. Item ein Kind von Buchen hatte geschlagen ein Leitbaum, daß man ihm das Hirn sah; das gelobte man mit Andacht zu dem Heiligen Blute; das Kind ist lebendig geblieben …"
Den Mittelpunkt der Wallfahrtskirche bildet der Heilig-Blut-Altar von 1626 an der Westseite des Nordturms. In einer Nische hinter dem Altar befindet sich ein Schrein, der das Wunderkorporale enthält. Die Gemälde der Außenflügel zeigen Szenen aus der Hl.-Blut-Legende.
→ Burgwindheim, Iphofen

WASSERTRÜDINGEN (Lkr. Ansbach)

Hesselberg
10 km nordwestlich Wassertrüdingen liegt weithin sichtbar der 689 m hohe Hesselberg mit Resten vor- und frühgeschichtlicher Befestigungen und Spuren reicher Besiedlung. Berg und Umgebung sind von Sagen umrankt.
Das Tal, das sich vom Schlößlesbuck herab gegen die Ortschaft Röckingen zieht, wurde seit alters her ‚Drutental' genannt. Hier sollen drei Jungfrauen gelebt haben; zwei waren ganz weiß, die dritte halb weiß und halb schwarz. Als einst ein Dienstknecht aus dem Wirtshaus Kalteis in Röckingen hier ackerte, erschienen ihm die ‚Schlößlesbuckjungferle' und baten ihn, mit in den Berg zu gehen, um sie zu erlösen. Einen großen Schatz werde er zur Belohnung dafür erhalten. Er werde sechs Männer mit bis zum Boden reichenden Bärten um einen Tisch sitzen sehen – er solle vorübergehen und sich nicht fürchten. Hinter einer zweiten Tür werde er in ein Gemach kommen, in welchem ein großer schwarzer Hund mit feurigen Augen sitze, dem zwischen den Fangzähnen ein Schlüssel hänge; er solle diesen Schlüssel furchtlos nehmen, auch wenn der Hund Feuer speie. Im dritten Gemach

Wallfahrt zum heiligen Blut in Walldürn

liege dann der Schatz. Der Knecht wurde dreimal aufgefordert, wagte aber nicht zu folgen.
In Dinkelsbühl lebte einst ein Hopfenhändler, der einen Sohn hatte, der wegen seiner Tugend und seines angenehmen Äußeren nur der Schöne Heinrich genannt wurde. Heinrich liebte Serpentina, die Tochter des Bürgermeisters. Allerdings war der Bürgermeister sehr geldgierig und wollte nur einem reichen Freier seine Tochter zur Frau geben. Der Schöne Heinrich war deswegen betrübt und getraute sich nicht, seinen Wunsch zu äußern. Als er aber eines Abends doch seinem Herzen freien Lauf ließ, sich seinem Vater anvertraute, lächelte dieser und sagte ihm, daß er mit einer reichen Erbschaft rechnen könne. Dies wurde dem Bürgermeister hinterbracht, der nun sogleich in die

Eheschließung einwilligte. Unglücklicherweise starb bald darauf der Vater Heinrichs ganz plötzlich am Schlagflusse, und als Heinrich die Geschäftsbücher durchsah, fand er nur Schulden, so daß der Hopfenhändler als Betrüger galt. Der Bürgermeister kündigte das Eheversprechen, und Heinrich verließ die Stadt.

Auf seinem Weg nach Nürnberg machte er Rast auf dem Hesselberg. Wehmütig dachte er an seine Serpentina und sprach in Gedanken ihren Namen dreimal aus. Eine Schlange, die zu ihm gekrochen war und die er streichelte, verwandelte sich bei diesen Worten in eine Jungfrau in blauem Seidenkleid mit einer goldenen Krone auf dem Haupt. Nachdem Heinrich ihr sein Leid geklagt hatte, nahm sie ihn mit in das Innere des Berges und führte ihn in einen großen Saal, der voller kostbarer Schätze war. Sie beschenkte ihn mit einer wunderschönen Kette, die er Serpentina als Brautgeschenk überreichen sollte und mit Gold, um sein väterliches Erbe auszulösen. Schließlich verriet sie ihm den Ort, wo sein verstorbener Vater sein Erbe hinterlegt hatte. Heinrich erfuhr, daß der Vater der verwunschenen Jungfrau ein Ritter Arno war, der seine Seele dem Teufel verschrieben hatte, um all die Reichtümer im Berg anhäufen zu können. Seine Gattin jedoch betete unaufhörlich, um die Seele ihres Mannes zu retten. Da erschien ihr die Mutter Gottes und sprach: „Wenn deine Tochter ihre Liebe niemals einem Manne schenkt, sondern ihr Leben Gott und der Kirche weiht, dann soll Ritter Arno von der ewigen Verdammnis befreit sein.“ Die Mutter versprach dies. Ihre Tochter verliebte sich aber in den Ritter Benno von Lenkersheim; am Tag der Verlobung öffnete sich der Berg und verschlang das Schloß. Der Vater wurde von höllischen Geistern entführt, sie selbst dazu verdammt, in Schlangengestalt solange auszuharren, bis die Kiste, aus welcher Heinrich sein Geld erhalten hatte, leer sei. Doch nur alle fünfzig Jahre darf sie menschliche Gestalt annehmen und Menschen, die ohne eigenes Verschulden in Not geraten sind, helfen.

Als sie Heinrich ihre Geschichte erzählt hatte, führte sie ihn wieder ins Freie und verschwand. Heinrich aber kehrte zurück nach Dinkelsbühl, fand in einem Wandschrank das Vermögen seines verstorbenen Vaters und konnte nun Serpentina heiraten.

WEIMERSHEIM (Weißenburg i. Bay., Lkr. Weißenburg-Gunzenhausen)

Evang. Pfarrkirche

Der Turmaufsatz der Weimersheimer Kirche ist auffällig schief. Der Sage nach wurde seine merkwürdige Gestalt vom Teufel verursacht, der sich am Kirchenbau beteiligt hatte. Vor vielen Jahren war die Kirche den Weimersheimern zu klein geworden, und sie beschlossen, einen Erweiterungsbau zu errichten. Der Turm erhielt eine schöne achteckige Form, nur die Turmspitze fehlte noch. Der Baumeister überlegte hin und her, wie er die schwierige Aufgabe lösen könnte, als ihm der Teufel erschien und seine Hilfe anbot. Als Lohn verlangte er die Seele dessen, der als erster nach dem Turmbau zu Grabe getragen werde. Der schlaue Baumeister sagte zu, und am nächsten Morgen begann die Arbeit an der Turmspitze, wobei alles wie von selber ging. Am kommenden Tag erklärte der Baumeister mit trauriger Stimme, daß sein bester Freund gestorben sei. Da rieb sich der Teufel grinsend die Hände und eilte zum Friedhof, wo gerade der Sarg versenkt werden sollte. Er riß den Sargdeckel auf und stieß einen gräßlichen Fluch aus: im Sarg lag der Hund des Meisters. Wütend erhob der Teufel sich in die Luft und schlug mit seinem Schweif die Kirchturmspitze ab, bevor er endgültig verschwand. Der Baumeister versuchte einen neuen Turmaufsatz zu bauen – doch wie er sich auch bemühte, die Turmspitze blieb stets schief.

WEISSENBURG I. BAY. (Lkr. Weißenburg-Gunzenhausen)

Limes

Westlich von Weißenburg liegt am Bahnhofsgelände das römische Castell *Biriciana,* das etwa um 90 n. Chr. im Zuge der Neuorganisierung des Limes errichtet wurde. Der nördlich von Weißenburg verlaufende Limes, der um die Mitte des dritten Jahrhunderts von den Alemannen endgültig durchbrochen wurde, wird im Volksmund als ‚Teufelsmauer' bezeichnet. Im *‚Geographischen Statistisch-Topographischen Lexikon von Franken'* des Caspar Bundschuh (Ulm 1801) findet sich hierzu folgender Text: „Es habe einst der Satan einen Antheil des Erdkreises von Gott verlangt und dasjenige Stück erhalten, das er, ehe der Hahn krähe, mit einer Mauer umschließen würde; der Teufel habe darauf diese Mauer, die durch die ganze Welt gehe und auf welcher der ewige Jude laufe, der Christo auf dem Kreutzwege keine Ruhe gönnte, immer um die Welt herumlaufen müsse und alle 7 Jahre wieder auf den nämlichen Platz käme, gemacht, allein ehe er ganz damit fertig war, habe der Hahn gekräht, und der Teufel, aus Wuth betrogener Hoffnung, habe das ganze Werk mit Ungestüm über den Haufen geworfen."

Römerbrunnen

Der ‚Römerbrunnen' liegt im Weißenburger Wald südlich der Stadt, unweit des *‚Bergwaldtheaters'* und ist auf der alten Eichstätter Straße bequem zu erreichen. Hier entspringt ein Bächlein, das in den nahen kleinen Weiher mündet.

Einst, so die Sage, hielt sich in dieser Gegend eine römische Kohorte auf, die das Gebiet sichern sollte. Einer der Soldaten stieß auf einen alten Mann und ein junges Mädchen. Er tötete den alten Germanen; das Mädchen konnte flüchten. Der Römer wollte sie zu seiner Sklavin machen und verfolgte sie tief in den Wald hinein. Schließlich blieb das Mädchen stehen und trat ihm mit erhobenem Speer entgegen. Als dieser merkte, daß es auf Leben und Tod ging, zückte er sein Schwert und durchbohrte ihre Brust. Nach dieser Tat begrub er die Leiche der Germanin. Als er nun wieder zu seinen Soldaten zurückwollte, stellte er fest, daß er die Orientierung verloren hatte. Im Wald umherirrend entdeckte er schließlich eine klare Quelle. Er ging dem Lauf des Bächleins nach und traf schließlich auf seine Kohorte. Er meldete den Vorfall und beschrieb den günstigen Lagerplatz auf der Anhöhe. Die Römer bauten diesen Platz zu einem Stützpunkt aus und faßten die Quelle zu einem Brunnen. An diesem Römerbrunnen soll bisweilen eine weiße Gestalt erscheinen: es ist das germanische Mädchen, das seinen Vater sucht und nicht finden kann.

WEISSENSTADT (Lkr. Wunsiedel i. Fichtelgebirge)

Evang. Kirche

Die evangelische Pfarrkirche wurde um 1518 erbaut, um 1717 erneuert und nach einem Brand 1825–27 verändert wiedererbaut. An den massigen Granitturm knüpft sich eine schildbürgerhafte Erzählung:

Bisweilen wehte es auf die vielen Vorsprünge des Kirchturmes Grassamen, die bei feuchter Witterung aufgingen, so daß sich dort ein regelrechter Rasen bildete. Vor vielen hundert Jahren kam nun der Bürgermeister des Ortes auf den klugen Gedanken, das schöne Gras auf dem Kirchturm wirtschaftlich zu nutzen; im Stadtrat wurde beschlossen, den Gemeindestier dort oben hinaufzuziehen, damit er das Gras abfresse. Man legte ihm ein Seil um den Hals, und einige starke Männer zogen das Tier hinauf. Dabei wurde dem Stier jedoch der Hals zugedrückt, so daß seine Zunge heraushing. Da riefen die Umstehenden: „Männer, ziehts; 's hat schon Gras erschmeckt, die Zunge streckt's schon darnach aus." Die Hörner des Stieres blieben aber am Turmabsatz hängen, so daß man ihn wieder herablassen mußte. Am Boden angekommen, blieb er tot liegen, und die Weißenstädter hatten seitdem den Spitznamen ‚*Bummelhenker*' (Bummel = Bulle).

WERTHEIM (Main-Tauber-Kreis)

Ringelturm auf der Burg

Über der Altstadt liegt die Burg, die seit 1634 Ruine ist, aber als eine der besterhaltenen in Süddeutschland gilt. Von einer Burg wird erst gegen Anfang des 12. Jh. berichtet, während der Ort am Nordufer des Mains bereits Ende des 8. Jh. genannt wird. Erster Graf von Wertheim war Wolfram I. (1097–1140), der den 25 m hohen Bergfried errichten ließ. Im 12. und 13. Jh. wurde die Anlage mehrfach erweitert. Den ‚*Zehnringeturm*', so genannt wegen der zehn Metallringe, ließ Johann II. im 15. Jh. zur Sicherung der Schlucht erbauen. Die auffälligen Ringe sind vermutlich aus verteidigungstechnischen Gründen angebracht. Sie boten Befestigungsmöglichkeiten für Sandsäcke, um sich damit gegen feindliche Geschosse zu schützen. Die Sage erklärt die Ringe folgendermaßen:

In einer Fehde zwischen Würzburg und Wertheim drohte der Bischof dem Grafen von Wertheim, das Wertheimer Schloß zu schleifen. Daraufhin ließ der Graf an der Außenseite des ersten Schloßturmes zehn dicke Eisenringe einfügen und dann antworten, er habe, um dem Gegner sein Vorhaben zu erleichtern, seine Burg bereits mit starken Ringen versehen; der Bischof solle nun mit Stricken kommen, sie an die Ringe binden und dann die Feste schleifen, wohin er möge. Seither sind die Eisenringe am Turm zu sehen, und der Turm heißt danach ‚Ringelturm' oder ‚Zehnringeturm'.

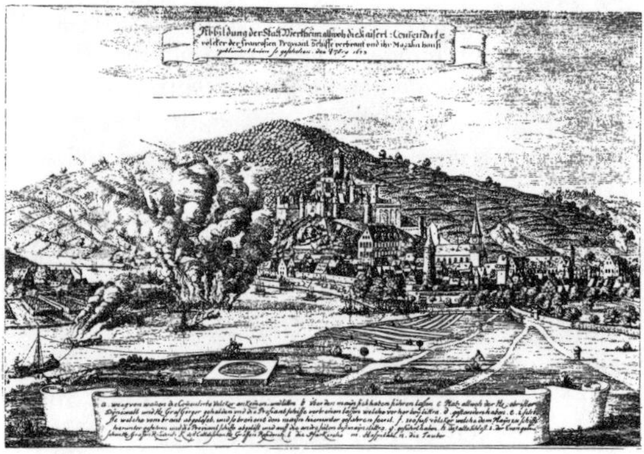

Belagerung der Stadt Wertheim durch die Franzosen

Grabmal für Graf Johann in der evang. Pfarrkirche

Die gotische Stadtpfarrkirche aus dem 14. Jh. war Grablege der Grafen von Wertheim und birgt insgesamt zehn bedeutende Renaissance-Grabmäler, darunter (an der linken Chorseite) das für Graf Johann († 1407) und seine beiden Frauen Margarethe von Rieneck und Uta von Teck.
Die sterbende Gattin des Grafen Johann I. von Wertheim, so berichtet die Sage, ließ sich von ihrem Gemahl versprechen, daß er nicht wieder heiraten wolle, bis er eine Braut gefunden, die ihr gleiche in allen Zügen. Die Sterbende hatte sich aber geirrt, wenn sie glaubte, dadurch eine zweite Ehe zu verhindern. Der Graf fand dennoch ein ähnlich anmutiges Fräulein und konnte somit guten Gewissens eine zweite Ehe eingehen.

WICHSENSTEIN (Gößweinstein, Lkr. Forchheim)

Holzkreuz

An der Straße von Wichsenstein nach Hardt, an der Abzweigung nach dem Üleinshof, steht an der Stelle, wo früher ein Steinkreuz stand, ein überdachtes Holzkreuz. In einer alten Chronik finden wir den Grund für die Kreuzsetzung:
„... Seinen Bruder erschlug an Fastnacht 1578 infolge eines Streites ein gewisser Lienhardt Seibot von Wichsenstein gebürtig auf dem Heimweg bei dem Wichsensteiner Acker des Hegla genannt, mit einer Holzhacke mit zwei Streich, die er ihm auf den Kopf gab. Er trug den Toten als der Tag anbrechen wöllen auf der Achsel nach Wichsenstein und begrub ihn bei

seinem Hause in die Rübgruben. Hat auch drei Bäumlein auf solch Grab gesetzt und ein wenig Gerste darauf gesät. Später hat er seine böse Tat freiwillig selbst bekannt, ist darauf Dienstag 27. Mai 1578 zu Ebermannstadt mit dem Schwert vom Leben zum Tode gerichtet worden.“

WINDISCHBUCH (Boxberg, Main-Tauber-Kreis)

Steinkreuz

10 km nördlich von Krautheim liegt das Dorf Windischbuch. An der Straße nach Assamstadt steht ein Steinkreuz, von welchem folgende Geschichte erzählt wird:

Während des Dreißigjährigen Krieges hatten schwedische Soldaten in Windischbuchen ihr Quartier und zogen von da weiter nach Assamstadt. Ein Offizier vermißte unterwegs seinen Geldgurt, glaubte ihn im Dorf vergessen zu haben und schickte darum seinen Burschen zurück. Der konnte aber den Gurt nicht finden, wie er seinem Herrn meldete – da zog dieser seinen Säbel und stach den Burschen tot. Als er dann weiterritt, sah er den Geldgurt, etwas versteckt, an seinem Sattel hängen. Da reute es den Offizier, seinen Diener umgebracht zu haben, und zur Sühne ließ er am Ort des Geschehens ein Steinkreuz setzen.

WOHLMANNGESEES (Wiesenttal, Lkr. Forchheim)

Druidenhain

Bei Wohlmanngesees im oberen Wiesenttal liegt in einem Fichtenwäldchen der sog. ‚Druidenhain‘, ein Labyrinth von Felsbrocken. Die Steine sind teilweise bis zu mehreren hundert Tonnen schwer und stehen einzeln oder auch in Gruppen beieinander. Vermutlich handelt es sich um einen prähistorischen Kultplatz. Einzelne Steine sind von Menschenhand bearbeitet, so etwa der *‚Taufstein‘*, ein kleiner Felsblock mit einer Öffnung in der Mitte, die groß genug ist, um ein neugeborenes Kind aufzunehmen. Der Ort gilt als Versammlungsplatz von Hexen. Auch der berüchtigte Raubritter Eppelein von Gailingen soll den Druidenhain einmal aufgesucht haben, um gemeinsam mit seinen Spießgesellen den *‚Bund der Zwanzig‘* zu gründen. Als ein Bauer aus Wohlmanngesees nachts hier vorbeiging und die um ein Feuer versammelten Gestalten schemenhaft wahrnahm, rannte er erschreckt davon und berichtete zu Hause, daß im Druidenhain

die Hexen einen Sabbat abhielten. Seither wurde der Ort gemieden.
→ Burggaillenreuth, Nürnberg, Trainmeusel

WOLFRAMS-ESCHENBACH (Lkr. Ansbach)

Wolframsbrunnen
Wolframs-Eschenbach ist die Heimat des Dichters und Minnesängers Wolfram von Eschenbach, der hier um 1170 geboren wurde und um 1220 starb. Neben Gottfried von Straßburg und Hartmann von Aue ist er der bedeutendste Vertreter mittelhochdeutscher Epik. Als sein Hauptwerk gilt der ‚*Parzival*', in dem sich keltische Sagenstoffe mit christlichen Elementen verbinden.
Mitten im Ort steht der Wolframsbrunnen mit einer neugotischen Brunnenfigur und folgenden Versen des Dichters:

„Vom Wasser kommt der Bäume Saft,
befruchtend gibt das Wasser Kraft
aller Kreatur der Welt.
Vom Wasser wird das Auge hell
Wasser wäscht eine Seele rein,
daß kein Engel mag reiner sein."

Wolframs-Eschenbach

Lange Zeit haben mehrere Städte den Anspruch erhoben, Geburts- und Todesort des Dichters zu sein. Daß Wolfram in der Pfarrkirche begraben war, bezeugen Nachrichten aus dem 15. und noch aus dem 17. Jh. – das Wissen darum ging jedoch später weitgehend verloren. Die entscheidenden Forschungen wurden Anfang des 20. Jh. durchgeführt, wobei man u. a. den

Grabstein des Dichters entdeckte. Seit 1917 nennt sich Eschenbach zum Gedächtnis an den großen Träger seines Namens Wolframs-Eschenbach.

Zigeunerkreuze
Am Ortsausgang, an der Straße Richtung Merkendorf, stehen die Zigeunerkreuze. Eine Sage erinnert an das tragische Schicksal von Zigeunern: An einem kalten Winterabend zog ein Zigeuner mit seiner Familie durch Eschenbach und bat um Herberge, da ein eisiger Wind wehte und sein kleinstes Kind sehr krank war. Doch wo er auch anklopfte und nach einer Schlafmöglichkeit fragte, überall wurde er abgewiesen. In seiner Verzweiflung tötete er sich und seine Familie vor der Stadt. Später wurden hier zum Gedenken fünf Steinkreuze errichtet.

WÜLZBURG (Weißenburg i. Bay., Lkr. Weißenburg-Gunzenhausen)

Festung
5 km östlich von Weißenburg erhebt sich die Festung Wülzburg. Bis ins 16. Jh. stand hier ein Benediktinerkloster, das erst im 12. Jh. greifbar wird, aber wesentlich älter ist.
Der Legende nach soll hier einst König Pippin der Jüngere (741–768) gejagt haben. Vom anstrengenden Ritt müde geworden, legte er sich unter einen grünen Baum und schlief ein. Im Traum erhielt er den göttlichen Befehl, an dieser Stelle eine Kapelle zu Ehren des hl. Nicolai zu erbauen. Aus der Kirche entstand später das Kloster. – Im 14. Jh. soll sich in der Abtei eine schreckliche Bluttat ereignet haben. Abt Heinrich (1391–95) war wegen seiner übergroßen Strenge unter den Mönchen gefürchtet. Sein Prior Donner erschlug ihn schließlich im Zorn mit einem Beil, wurde aber seinerseits von einem dem Abt zu Hilfe eilenden Klosterbruder getötet. Um die Sache zu verheimlichen, setzte man den Prior im Kreuzgang bei. Bischof Friedrich IV. von Eichstätt hielt jedoch ein strenges Strafgericht; die Leiche Donners wurde ausgegraben und in ungeweihter Erde verscharrt.
1588 begann Markgraf Georg Friedrich auf dem Areal des Klosters nach Plänen seines Baumeisters Georg Berwart eine Festung zu errichten. Die Anlage, deren Basis ein mächtiger Bastionsfünfstern bildete, gilt als modernste des späten 16. Jh. Bereits 1599 war der Bau fertiggestellt; 1658 erfolgte ein neuer

Auf- und Umbau. 1806 kam die Festung an Bayern. Prominentester Kriegsgefangener war im Ersten Weltkrieg Charles de Gaulle. Heute ist in der Festungsanlage eine Berufsfachschule für Kinderpflege der evangelischen Kirche untergebracht.

WUNSIEDEL (Lkr. Wunsiedel i. Fichtelgebirge)

Luisenburg

3 1/2 km südwestlich von Wunsiedel liegt die Luisenburg. Im 14. Jh. als *‚Luchsperg‘* oder *‚Lusburg‘* überliefert, wurde sie 1805 zu Ehren der Königin Luise von Preußen (1776–1810) umbenannt. Hauptattraktion ist das *‚Felsenlabyrinth‘*, ein Naturgarten mit Freilichtbühne, wo alljährlich im Sommer Festspiele stattfinden. Von der einstigen Burg ist heute nur noch eine Mauer vorhanden.

Der Sage nach soll die Burg in früheren Zeiten ein berüchtigtes Raubnest gewesen sein; die ganze Umgegend hatte unter den raublustigen Rittern zu leiden. Endlich beschloß der Rat von Eger, etwas gegen das Gesindel zu unternehmen. Man stellte einen fingierten Kaufmannszug zusammen, und einige Landsknechte verkleideten sich als Raubritter. Als nun tatsächlich die Luxburger den vermeintlichen Kaufmannszug angriffen, eilten die verkleideten Landsknechte auf die Burg, die ihnen bereitwillig geöffnet wurde. Sofort war die übriggebliebene Besatzung überwältigt; es dauerte nicht lange, bis die Raubritter enttäuscht zurückkehrten und sogleich in Ketten gelegt wurden. Die ganze Bande wurde nach Eger gebracht und erhielt dort ihren gerechten Lohn. Allerdings kam nie heraus, wo die Luxburger ihre Beute versteckt hatten; bis auf den heutigen Tag ist dieser Schatz nicht geborgen worden. Ein armer Geselle aus Wunsiedel soll einst den Eingang zum Verlies in Erfahrung gebracht haben. Er mußte durch einen langen Gang kriechen und gelangte schließlich an eine rostige, eiserne Tür. Sobald er den Türgriff bewegte, kamen aus einem Felsspalt häßliche Schlangen, die ihn anzugreifen drohten; sobald er von der Türe abließ, wichen sie von ihm zurück. Von Angst gepackt, wollte er flüchten, aber als er sich umblickte, glänzten die Steine wie pures Gold. Er wollte sich etwas davon abbrechen, doch in seinen Händen wurde es zu ekelhaftem Schleim und faulem Moos. Enttäuscht kroch er zurück ins Freie.

Die Überlieferung, nach der es in den Ruinen der Luxburg einen verborgenen Schatz geben soll, ist sehr alt.

Schatzgräber bei der Arbeit

Sie findet sich bereits in einem Visitationsprotokoll der Bergwerke im Burggrafentum Nürnberg des Jahres 1502. Darin wird von einem Keller der Burgruine berichtet, in dem ein Gold- und Silberschatz liegt.

WÜRZBURG

Der links des Mains gelegene *Würzberg* (seit dem 12. Jh. *Marienberg)* war schon in vorgeschichtlicher Zeit besiedelt. 704 ist ein *‚castellum Virteburch'* Sitz eines fränkischen Herzogs. 742 wurde Würzburg durch Bonifatius, der seinen angelsächsischen Landsmann Burkard zum Bischof einsetzte, kanonisches Bistum. Vorangegangen war eine Missionierungsarbeit des irischen Wanderbischofs Kilian, der hier im Jahr 689 mit seinen Gefährten Kolonat und Totnan den Märtyrertod erlitt.

Neumünster

Kiliangrab
Die Legende erzählt, Kilian habe zahlreiche Bekehrungen erreicht und auch Herzog Gozbert die Taufe spenden können. Er zog sich jedoch den Haß von dessen Gemahlin und früherer Schwägerin Geilana zu, als er die Trennung ihrer nach kirchlicher Auffassung unrechtmäßigen Ehe verlangte. In Abwesenheit des Herzogs ließ sie Kilian und seine Gefährten heimlich ermorden und unter einem Roßstall verscharren. Die zur Strafe mit Wahnsinn geschlagenen Mörder gestanden jedoch die Tat. Über dem Grab der Märtyrer wurde im 8. Jh. eine erste Kirche errichtet, die 855 abbrannte und durch einen Neubau ganz in der Nähe (an

der Stelle des heutigen Doms) ersetzt wurde. Am alten Platz entstand im späten 10. Jh. eine Kapelle, um 1056 eine größere Kirche. Im 13. Jh. wurde diese zur romanischen Pfeilerbasilika erweitert, im 18. Jh. schließlich zu einem Kuppelbau mit Barockfassade umgestaltet. Das Grab des hl. Kilian, an dem sich mancherlei Heilungswunder ereignet haben sollen, befindet sich in der Westkrypta. Kilian ist Patron des Bistums Würzburg; sein Festtag (8. Juli) wird mit einer Reliquienprozession und Schaustellung der Schädeldecken der Märtyrer im Dom feierlich begangen. Seit dem 11. Jh. ist das Kiliansfest mit einer Verkaufsmesse verbunden, da früher die großen Kirchenfeste zugleich Markttage waren. Heute zählt *‚Kiliani‘* zu den bedeutendsten Volksfesten Bayerns (12 Tage im Juli).

Kruzifix
In der nordöstlichen Nische der Rotunde ist ein aus dem 14. Jh. stammendes Kruzifix zu sehen. Auffallend sind die unter die Brust herabgenommenen Arme des Gekreuzigten, so als wolle er jemanden an sich drücken – etwa nach dem rätselhaften Satz im Evangelium: „Wenn ich am Kreuz erhöht werde, will ich alle an mich ziehen.“
Diese eigenartige und sehr seltene Darstellung hat die Legendenbildung angeregt: einst soll ein Kirchenräuber versucht haben, eine von frommen Betern geopfer-

Der Schotte St. Kilian und seine Schüler St. Kolonat und St. Totnan, Prediger in Würzburg

Der heilige Kilian

te Goldkette zu stehlen – da löste das Christusbild seine Arme vom Kreuz und umschlang den Dieb so fest, daß dieser nicht freikommen konnte und um Hilfe schrie. Er wurde seiner verdienten Strafe zugeführt – die Arme des Gekreuzigten aber blieben in der Stellung, wie sie den Dieb losgelassen, und werden noch heute so gezeigt.

Grab im Lusamgärtlein

Im Grashof nördlich der Kirche wurde 1953 eine um 1883 wiedergefundene Arkadenreihe des Neumünster-Kreuzgangs aus dem 12. Jh. aufgestellt. In diesem Hof, genannt ‚Lusamgärtlein', soll der Minnesänger Walther von der Vogelweide, der um 1230 wahrscheinlich in Würzburg starb, beigesetzt worden sein. Da er der Überlieferung nach unter einer Linde begraben wurde, pflanzte die Stadt eine neue und ließ auf

dem 1930 aufgestellten Gedenkstein vier Höhlungen zur Aufnahme von Körnern und Wasser einkerben, denn Walther (dessen Beiname auf sein ruheloses Wanderleben hinweist), soll ein Testament zur Versorgung der Vögel gemacht haben.
In einem Gedicht des 19. Jh. heißt es:

> „Wenn die Mittagsglocke tönte, flogen wohl vom Turm herab
> Von der Linde, aus dem Walde, all die Vögel noch aufs Grab;
> Doch bald fliegend, doch bald kreischend flogen sie dem Turm ums Haupt
> Klagend an den Abt, die Mönche, die des Erbes sie beraubt.
>
> All der Klostergräber Namen sind dahin schon lange Jahr',
> Nur die Sage noch erzählet, wo das Grab des Sängers war.
> Auch die Linde ist gefallen, aber oft tönt süßer Schall
> Nächtlich aus des Kreuzgangs Garten, Flöten einer Nachtigall."

Dom
Der erste im Jahre 788 geweihte Dom nahm noch den Platz über der Grablege des Märtyrers Kilian (der heutigen Neumünsterkirche) ein. Als dieser ‚Salvatordom' 855 abbrannte, baute man südlich davon einen neuen, der ebenfalls ausbrannte. Der dritte, jetzt bestehende Dombau geht in seinen Anfängen auf das 11. Jh. zurück; er wurde mehrfach umgebaut und 1187 dem hl. Kilian geweiht. Anfang des 18. Jh. erhielt das Innere eine barocke Stuckauskleidung. Die Decke ist mit zahlreichen steinernen Engeln geschmückt, von denen folgende Geschichte überliefert ist: Als während der Bauarbeiten das Geld ausgegangen war und die reichen Bürger um finanzielle Unterstützung für den Fortgang des Werkes gebeten wurden, schlug einer der Ratsherren vor, täglich die Reste der Mittagstafel zusammenzutragen und ans Volk zu verkaufen – der Erlös sollte dem erschöpften Dombaufond zugute kommen. So geschah es auch – und wenn in manchen Häusern Familienmitglieder erst nach beendeter Mahlzeit heimkamen und man ihren Essensanteil bereits fortgebracht hatte, hieß es: „Geht hin und speist mit den Engeln im Dom." Dieser Ausspruch ist in Würzburg zum ‚geflügelten Wort' geworden.

Dom zu Würzburg

Rathaus

Das Rathaus in der Domstraße hat sich aus dem befestigten Sitz des bischöflichen Schultheißen Billung entwickelt; es wurde 1212 nach dessen Sohn *‚Grafeneckart'* benannt. 1316 kaufte die Bürgerschaft dem verschuldeten Ritter Kunz von Rebstock den Gebäudekomplex ab und baute ihn während der folgenden Jahrhunderte zum Rathaus um.
Im ersten Obergeschoß liegt der (nach dem Kaiserbesuch von 1397 so benannte) *‚Wenzelsaal'*, ein zweischiffiger Raum des frühen 13. Jh., in dem es spuken soll: oft sieht man nachts ein unheimliches Licht in den Fenstern schimmern. Am 9. Mai 1525 hatte die Bürgerschaft, um sich vom Bischof zu lösen, sich durch feierlich publizierten Beschluß den aufständischen Bauern angeschlossen und Würzburg zur Hauptstadt des Bauernbundes *‚Armer Konrad'* erklärt. Der Bischof, der damals flüchten mußte, soll über die Würzburger Ratsherren einen Fluch ausgesprochen haben, und solange dieser fortwirkt, müssen die toten Ratsherren ihre gespenstischen Versammlungen abhalten.

Hexenturm

In unmittelbarer Nähe der Stephanskirche steht der sogenannte ‚Hexenturm', ein Teil der mittelalterlichen Stadtbefestigung. Er diente zur Zeit der Hexenverfolgungen, die in Würzburg besonders grausige Ausmaße annahmen, als Gefängnis für die Angeklagten. Ihren Höhepunkt erreichte die Prozeßwelle im 17. Jh. unter Fürstbischof Philipp Adolf von Ehrenberg

(1623–31), in dessen Amtszeit die Zahl der Opfer im Hochstift Würzburg sich auf 900 belaufen haben soll. Dabei wurden Personen jedes Standes, Alters und Geschlechts zum Feuertod verurteilt. Der ‚Hexenturm' gilt seitdem als Spukort, wo die Geister der unschuldig Hingerichteten umgehen: in manchen Nächten hört man ein sonderbares Heulen und Ächzen und sieht Gestalten mit Ofengabeln (dem klassischen Fluginstrument der Hexen) in der Hand im Zwinger umherwandeln. (‚Zwinger' ist der zwischen innerer und äußerer Ringmauer einer mittelalterlichen Stadtbefestigung liegende Umgang).

Alte Mainbrücke

Die beiden ältesten Siedlungskerne links und rechts des Mains waren durch eine Furt verbunden, die 1133 durch eine steinerne Brücke ersetzt wurde. Diese Brücke ist mehrfach durch Eisgang, Hochwasser und Sprengung (zuletzt 1945) zerstört und wiederaufgebaut worden. Die jetzige ‚Alte Mainbrücke' wurde 1473 begonnen, ist aber erst 1543 fertig geworden. Der Sage nach soll der Teufel dem damaligen Baumeister seine Hilfe angeboten und – als dieser nicht darauf einging – den Bau auf alle nur mögliche Weise gehemmt haben.

Der Figurenschmuck entstand im frühen 18. Jh. nach dem Vorbild der Prager Moldaubrücke. Die Original-Sandsteinstatuen von insgesamt zwölf Heiligen sind heute durch Kopien ersetzt. Am Stadtende der Brücke steht auf Pfeiler II König Pippin der Jüngere (751–768), der Vater Karls des Großen – der einzige, der nicht heiliggesprochen wurde. Bei den Würzburgern steht Pippin jedoch in hohem Ansehen: wer Rat und Hilfe braucht, soll abends auf die Mainbrücke gehen und zum hl. Pippin beten – so wird dieser ihm bis zum andern Morgen guten Rat geben. Noch heute heißt es, wenn jemand sich nicht schlüssig werden kann: „Geh auf die Brücke und befrage den heiligen Pippin!"

Festung Marienberg mit Marienkirche

An der Stelle der heutigen Festung befand sich schon in keltischer Zeit eine Wehranlage. Eine germanische Volksburg wurde im 6. Jh. fränkisch und war bis ins frühe 8. Jh. Sitz fränkisch-thüringischer Herzöge. Seit dem 13. Jh. gewann die Burg für die Bischöfe an Bedeutung; sie wurde zunehmend erweitert und befestigt und diente bis 1730 als Residenz der Würzbur-

Festung und Brücke in Würzburg

ger Fürstbischöfe. Seit 1945 ist sie Sitz des Mainfränkischen Museums.
Der Ostflügel zur Stadt hin, *‚Fürstenbau‘* genannt, wird von zwei Türmen abgeschlossen: im Südosten steht der aus dem 14. Jh. stammende *‚Sonnenturm‘*, im Nordosten der *‚Marienturm‘*, der aus Gründen der Symmetrie erst nach 1600 unter Bischof Julius Echter, der in Würzburg die Gegenreformation durchgeführt hat, erbaut und mit einer feuervergoldeten Marienstatue geschmückt wurde. 1631 wurden Burg und Stadt von den protestantischen Schweden erobert; vor diesem historisch-politischen Hintergrund muß die folgende konfessionell geprägte Warnsage verstanden werden:
Als die Schweden die Festung gestürmt hatten, wollten sie die Marienfigur, die ihnen besonders kostbar schien, rauben. Einer stieg auf den Turm, um sie herunterzuholen, wobei er höhnisch ausrief: „Da haben wir die Hexe!“ – nach dieser Lästerung stürzte er ab und brach sich das Genick.

Kirche
Die vom Innenhof aus zugängliche Marienkirche, deren Patronin Berg und Burg schon früh den Namen gab, wurde 706 erbaut und ist die älteste Rundkirche Deutschlands. Rechts vom Altar befindet sich ein eigenartig gefärbter Stein, der wie mit Blut bespritzt aussieht und danach *‚Blutstein‘* heißt. Der Sage nach handelt es sich um das Blut eines Kapuziners, der hier von schwedischen Soldaten ermordet wurde, während er die Messe las. Sein Blut spritzte auf diesen Stein und konnte nicht mehr abgewaschen werden;

die Sprünge in der Steinplatte sollen von seinem abgeschlagenen Kopf herrühren.

Käppele
Auf dem Nikolausberg, der südlichen Nachbarhöhe des Marienbergs, steht die Wallfahrtskirche ‚Käppele‘, ein um 1750 von Balthasar Neumann errichteter Zentralbau. Die als Annex der neuen Kirche erhaltene Gnadenkapelle von 1684 birgt eine Pietà des frühen 17. Jh., die bis heute viel besucht wird.
Das Bild der Schmerzhaften Muttergottes war Anlaß für eine Reihe von ‚Erscheinungen‘, die in Urkunden der Pfarrei zu St. Burkhard überliefert sind: „Die erste Erscheinung, welche Wachposten und Offiziere des gegenüberliegenden Bergschlosses Marienberg wahrgenommen zu haben beteuern, geschah am 21. März 1685, wo um 12 Uhr in der Mitternacht und darauf in der Frühe um 4 Uhr eine Viertelstunde lang ein Glöckchen von der Kapelle herübertönte. Das zweite Wahrzeichen ward sichtbar in der Nacht des 26. Juni 1687, wo die Schloßwachen die ganze Kapelle in Feuer stehen sahen und gegen Morgen die Gloken wie zum englischen Gruße läuten hörten ... Die siebente und letzte Erscheinung aber war die auffallendste und wurde von mehreren sowohl geistlichen als weltlichen Personen der Stadt Würzburg beobachtet. Am 25. Juli 1693 abends 8 Uhr sah man aus dem Türmlein der Kapelle eine Feuermasse auflodern, so daß man jeden Augenblick den Einsturz der ausgebrannten Kirche befürchtete. Man eilte den Berg hinan, um zu löschen. Als man aber zur Stelle kam, war weder Feuer noch irgend ein Brandschaden zu entdecken.“

Literatur

Assion, Peter: Weiße Schwarze Feurige. Neugesammelte Sagen aus dem Frankenland, Karlsruhe 1972

Baader, Bernhard: Neugesammelte Volkssagen aus dem Lande Baden und den angrenzenden Gegenden. Karlsruhe 1859. Nachdruck Hildesheim 1973

Bauer, Franz: Alt-Nürnberg. Sagen, Geschichten, Legenden. München 1969

Bechstein, Ludwig: Die Sagen des Rhöngebirges und des Grabfeldes. Würzburg 1842

Büttner, Heinz: Sagen, Legenden und Märchen aus der Fränkischen Schweiz. Erlangen [4]1992

Dünninger, Josef: Fränkische Sagen vom 15. bis zum Ende des 18. Jahrhunderts, Kulmbach 1964

Gropp, Ignatius: Wirtzburgische Chronik, Würzburg 1748

Hinze, Christa/Diederichs, Ulf: Fränkische Sagen, Düsseldorf-Köln [3]1993

Hofmann, Karl: Die Sagen des badischen Frankenlandes, Karlsruhe 1911

Klarmann, Johann Ludwig/Spiegel, Karl: Sagen und Skizzen aus dem Steigerwald, Gerolzhofen 1912

Klein, Diethard, H. (Hrsg.): Fränkisches Hausbuch. Geschichten und Lieder, Bilder und Gedichte aus dem alten Ober-, Mittel- und Unterfranken, hrsg. v. Diethard H. Klein. Freiburg i. Br. 1981

Kolb, Reinhold: Sagengold. Alte Erzählungen aus der Mergentheimer Umgebung. Bad Mergentheim 1984

Kriegelstein, Alexander: Denk- und Merkwürdigkeiten aus Mittelfranken. Mittelfränkische Heimatkunde. Bd. 5. München/Bad Windsheim, 1988

Kriegelstein, Alfred: Sagen, Legenden, Geschichten aus Mittelfranken. München-Bad Windsheim 1983

Meisterlin, Sigmund: Sigmund Meisterlin's Chronik der Reichsstadt Nürnberg (1488), Leipzig 1864

Panzer, Friedrich: Bayrische Sagen und Bräuche. Beitrag zur Deutschen Mythologie (1848/55). Neuauflage Göttingen 1954

Petzold, Leander: Historische Sagen. Bd. I–II. München 1976–77

Petzold, Leander: Deutsche Volkssagen. München [2]1978

Pfeifer, Valentin: Spessart-Sagen. Aschaffenburg 1965

Reichold, Andreas: Sagen aus Bayerns Nordostgebieten, Hof/Saale [7]1972

Schaub, Franz: Gespenster-Geschichten aus Franken. Eine Sammlung seltsamer Begebenheiten. Zaltbommel 1982

Schicklberger, Franz: Alte Geschichten aus Würzburg. Spaziergänge zu sagenumwobenen Stätten. Würzburg 1981

Schlund, Hans Hermann: Sagen aus Franken. Husum 1991

Schöppner, Alexander: Sagenbuch der Bayrischen Lande (1874). Neuauflage München 1979

Strassner, Erich: Fränkischer Volkshumor. Schwanksagen, Schildbürgergeschichten und Ortsneckereien aus Franken. Neustadt/A. 1979

Zapf, Ludwig: Sagen aus dem Fichtelgebirge. Hildesheim, 1980 (Nachdruck der Ausgabe 1873)

Sekundär-Literatur

Arnold, Klaus: Niklashausen, 1476. Quellen und Untersuchungen zur sozial-religiösen Bewegung des Hans Behem und zur Agrarstruktur eines spätmittelalterlichen Dorfes. Baden-Baden 1980

Bald, Herbert/Kuhn, Rüdiger: Die Spessarträuber. Legende und Wirklichkeit. Herausgegeben von Wolfgang Weismantel [2]1991

Berndt, Helmut: Unterwegs zu deutschen Sagen. Ein phantastisches Reise- und Lesebuch. Düsseldorf-Wien 1985

Bock, Friedrich: Zur Volkskunde der Reichsstadt Nürnberg. Lesefrüchte und Untersuchungen. Würzburg 1959

Brombierstäudl, Andreas: Iphofen. Eine fränkische Kleinstadt im Wandel der Jahrhunderte. Iphofen 1983

Brückner, Wolfgang (Hrsg.): Maria Buchen – eine fränkische Wallfahrt. Würzburg 1979

Brückner, Wolfgang/Lenssen, Jürgen (Hrsg.): Zisterzienser in Franken. Würzburg 1991

Buhl, Wolfgang (Hrsg.): Fränkische Reichsstädte. Würzburg 1987

Daxelmüller, Christoph: Jüdische Kultur in Franken. Würzburg 1988

Deschner, Karlheinz: Dornröschenträume und Stallgeruch. Über Franken, die Landschaft meines Lebens. München 1989

Dettelbacher, Werner: Franken. Kunst, Geschichte und Landschaft. Köln [12]1985

Dünninger, Josef/Treutwein, Karl: Bildstöcke in Franken. Konstanz 1960

Erb, Rainer: Der gekreuzigte Hund. Antijudaismus und Blutaberglaube im fränkischen Alltag des frühen 18. Jahrhunderts. In: Aschkenas 2. 1992, S. 117–150

Erb, Rainer (Hrsg.): Die Legende vom Ritualmord. Zur Geschichte der Blutbeschuldigung gegen Juden. Berlin 1993

Göksu, Cornelia: Heroldsbach. Eine verbotene Wallfahrt. Würzburg 1991

Graichen, Gisela: Das Kultplatzbuch. Ein Führer zu den alten Opferplätzen, Heiligtümern und Kultstätten in Deutschland. Hamburg 1988

Handbuch der Historischen Stätten Deutschlands Bd. 7: Bayern, hrsg. von Karl Bosl, Stuttgart 1981

Höllhuber, Dietrich/Kaul, Wolfgang: Wallfahrt und Volksfrömmigkeit in Bayern. Nürnberg 1987

Hofmann, Hanns Hubert: Burgen, Schlösser und Residenzen in Franken nach alten Vorlagen. Frankfurt 1961

Kramer, Karl S.: Fränkisches Alltagsleben um 1500. Würzburg 1985

Kunstmann, Hellmut: Das Rätsel um Eppelein von Geilingen in der fränkischen Schweiz, in: Fränkische Blätter für Geschichtsforschung und Heimatpflege 1962, S. 71 f.

Kunstmann, Hellmut: Der Burgenkranz um Werstein im Obermaingebiet. Neustadt/Aisch 1978

Mayer, Johann/Tradowsky, Peter: Kaspar Hauser. Das Kind von Europa. Stuttgart 1984

Mehl, Heinrich: Fränkische Bildstöcke in Rhön und Grabfeld. Frommer Sinn und kulturelles Erbe. Würzburg 1978

Meidinger-Geise, Inge (Hrsg.): Frauengestalten in Franken. Eine Sammlung von Lebensbildern, Würzburg 1985

Müller, Konrad M.: Mittelalterliches Franken. Ein Reisehandbuch. Würzburg 1980

Petzold, Leander: Dämonenfurcht und Gottvertrauen. Zur Geschichte und Erforschung unserer Volkssagen. Darmstadt: Wiss. Buchgesellschaft, 1989

Pleticha, Heinrich/Müller, Wolfgang: Höhlen – Wunder – Heiligtümer. Mythische und magische Plätze in Deutschland. Freiburg i. Br. 1994 (auch bei Wiss. Buchgesellschaft Darmstadt unter dem Titel: Geheimnisvolles Deutschland. Höhlen – Wunder – Heiligtümer)

Reclams Kunstführer Deutschland I, 2: Bayern Nord, Stuttgart 1983

Reuther, Hans: Dome, Kirchen und Klöster in Franken. Nach alten Vorlagen, Frankfurt 1963

Roser, Hans: Klöster in Franken: Freiburg 1988

Sayn-Wittgenstein, Franz Prinz zu: Schlösser in Franken. Residenzen und Landsitze im Fränkischen, München 1974

Schlauch, Rudolf: Hohenlohe Franken. Landschaft, Geschichte, Kultur, Kunst. Nürnberg ^{2}1973

Schlesinger, Gerhard: Die Hussiten in Franken. Kulmbach 1974

Schlosser, Michael: Bad Windsheim in alten Ansichten, Zaltbommel 1983

Schöler, Eugen: Fränkische Wappen erzählen Geschichte und Geschichten. Neustadt a. d. Aisch 1992

Schöler, Eugen: Federspiel – Auf den Spuren des Wilden Markgrafen. Nürnberg ^{3}1992

Schwammberger, Adolf: Geschichten und Beobachtungen (= Fürther Beiträge zur Geschichte und Heimatkunde, Heft 4). Neustadt/A. 1970

Seidenspinner, Wolfgang: Mythen von historischen Sagen. Materialien und Notizen zum Problemfeld zwischen Sage, Archäologie und Geschichte. In: Jahrbuch für Volkskunde (NF) 11. 1988, S. 83–104

Sieghardt, August: Im Bannkreis der Wiesent. Kultur-, Geschichts- und Landschaftsbilder aus der fränkischen Schweiz, 2 Bde. Nürnberg 1923

Das Steinkreuz. Mitteilungsblätter der Deutschen Steinkreuzforschung

Treutwein, Karl: Von Abtswind bis Zeilitzheim, Volkach 1970

Vasold, Manfred: Geschichten aus Frankens Geschichte. Hof 1989

Wackerfuß/Assion/Reutter (Hrsg.): Zur Kultur und Geschichte des Odenwaldes. Festgabe für Gotthilde Güterbock. Breuberg-Neustadt 1976

Walther, Gerd / Geschichte für Alle e.V.: FÜRTH – Die Kleeblattstadt. Rundgänge durch Geschichte und Gegenwart. Fürth 1991

Ortsverzeichnis

Die Hauptstichworte sind im Register **halbfett**, die Abbildungen *kursiv* verzeichnet.

Franken
0
10
20
30 km
Ostheim v.d. Rhön
Frickenhausen
RHÖN-
GRABFELD
Bad Neustadt a.d. Saale
Bad Brückenau
BAD KISSINGEN
Saale
Grosswenkheim
Münnerstadt
Nüdlingen
Bad Kissingen
Massbach
Thulba
Saale
Euerdorf
MAIN-
SPESSART
Hammelburg
Sodenberg
SCHWEINFURT
HASSBERGE
Alzenau
ASCHAFFENBURG
Schweinfurt
Königsberg
Hassfurt
Main
Lohr
Aschaffenburg
Karlstadt
Main
Heidenfeld
U N T E R F R A N K E N
Rohrbrunn
Mespelbrunn
Fährbrück
Rothenfels
Main
WÜRZBURG
Nordheim
Volkach
Dimbach
Ebrach
MILTENBERG
Sommerach
Stadt-
prozelten
Hasloch
Lengfurt
Oberzell
Klingenberg am Main
Main
Holz-
kirchen
Unterzell
KITZINGEN
Burgwindheim
Rüdenhausen
Wertheim
Würzburg
Geiselwind
Kitzingen
Bronnbach
Main
Oberscheinfeld
Birklingen
Iphofen
Miltenberg
MAIN-
Niklashausen
Einersheim
Gamburg
Amorbach
Ochsenfurt
Scheinfeld
Hardheim
Tauberbischofsheim
Bullenheim
Walldürn
TAUBER-
NEUSTADT a.d. AISCH -
Beckstein
Tauber
Burgerroth
Donebach
Rumpfen
Götzingen
Buchen
Neustadt a.d. Aisch
KREIS
BAD WINDSHEIM
Hettingen
Scheidental
Windischbuch
Bad Windsheim
Boxberg
Bad
Mergentheim
NECKAR-
ODENWALD-
KREIS
Sindolsheim
Burg-
bernheim
Marktbergel
Schlierstadt
Laudenbach
Tauber
Neckar
Oberwittstadt
Krautheim
M I T T E L
Diedesheim
Jagst
Rothenburg ob der Tauber
ANSBACH
Schöntal
Jagsthausen
Buchenbach
Kocher
Ansbach
Neunstetten
HOHENLOHEKREIS
Feuchtwangen
SCHWÄBISCH HALL
Jagst
HEILBRONN
Dinkelsbühl
Wassertrüdingen
Neckar
Kocher

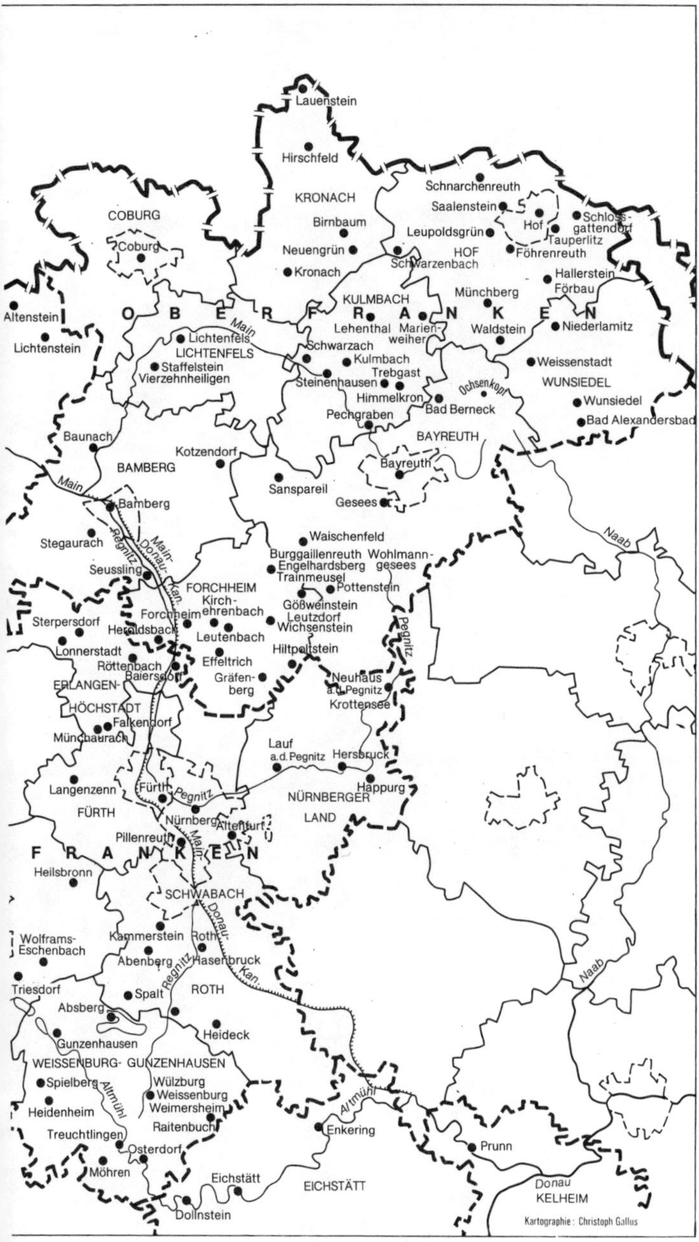

Lauenstein
Hirschfeld
KRONACH
Birnbaum
Neuengrün
Kronach
COBURG
Coburg
Schnarchenreuth
Saalenstein
Hof
Schloss-
gattendorf
Tauperlitz
Leupoldsgrün
HOF
Föhrenreuth
Schwarzenbach
Hallerstein
Förbau
Münchberg
KULMBACH
Altenstein
Lichtenstein
O B E R F R A N K E N
Main
Lichtenfels
LICHTENFELS
Staffelstein
Vierzehnheiligen
Lehenthal
Marien-
weiher
Schwarzach
Kulmbach
Waldstein
Niederlamitz
Weissenstadt
WUNSIEDEL
Steinenhausen
Trebgast
Himmelkron
Ochsenkopf
Bad Berneck
Wunsiedel
Bad Alexandersbad
Pechgraben
BAYREUTH
Baunach
Kotzendorf
BAMBERG
Bayreuth
Main
Sanspareil
Gesees
Bamberg
Stegaurach
Regnitz
Main-
Donau-
Kan.
Waischenfeld
Naab
Burggaillenreuth
Engelhardsberg
Trainmeusel
Wohlmann-
gesees
Seussling
FORCHHEIM
Pottenstein
Gößweinstein
Kirch-
ehrenbach
Leutzdorf
Wichsenstein
Sterpersdorf
Forchheim
Heroldsbach
Leutenbach
Pegnitz
Lonnerstadt
Hiltpoltstein
Röttenbach
Effeltrich
Baiersdorf
Gräfen-
berg
Neuhaus
a.d. Pegnitz
Krottensee
ERLANGEN-
HÖCHSTADT
Falkendorf
Münchaurach
Lauf
a.d. Pegnitz
Hersbruck
Langenzenn
Fürth
Pegnitz
Happurg
NÜRNBERGER
LAND
FÜRTH
Nürnberg
Altenfurt
Pillenreuth
Main
F R A N K E N
Heilsbronn
SCHWABACH
Donau
Wolframs-
Eschenbach
Kammerstein
Roth
Abenberg
Regnitz
Hasenbruck
Kan.
Naab
Triesdorf
Spalt
ROTH
Absberg
Heideck
Gunzenhausen
WEISSENBURG- GUNZENHAUSEN
Spielberg
Wülzburg
Altmühl
Weissenburg
Weimersheim
Heidenheim
Altmühl
Treuchtlingen
Raitenbuch
Enkering
Osterdorf
Prunn
Möhren
Eichstätt
EICHSTÄTT
Donau
KELHEIM
Dollnstein
Kartographie: Christoph Gallus

Die Schwarzen Führer

Franken

22,0 × 11,0 cm, 240 Seiten mit 104 SW-Abbildungen, einer Karte, Literaturhinweisen und Ortsverzeichnis, kartoniert

ISBN 3-89102-123-2

Nordwestdeutschland

22,0 × 11,0 cm, 176 Seiten mit 75 SW-Abbildungen, einer Karte, Literaturhinweisen und Ortsverzeichnis, kartoniert

ISBN 3-89102-122-4

Schwaben-Bodensee

22,0 × 11,0 cm, 248 Seiten mit 105 SW-Abbildungen, zwei Karten, Literaturhinweisen und Ortsverzeichnis, kartoniert

ISBN 3-89102-121-6

Schwarzwald

22,0 × 11,0 cm, 180 Seiten mit 73 SW-Abbildungen, zwei Karten, Literaturhinweisen und Ortsverzeichnis, kartoniert

ISBN 3-89102-120-8

Weitere Bände in Vorbereitung

In gleicher Ausstattung liegt vor:

Die Geister Großbritanniens
Ein Führer zu über tausend Spukorten

22,0 × 11,0 cm, 312 Seiten mit über 100 SW-Abbildungen und 20 Landkarten, Auswahlbibliographie und Glossar, kartoniert

ISBN 3-89102-316-2

„Ein höchst originelles Buch, das dem Liebhaber gruseliger Geschichten mehr als 1000 Lokalitäten im Vereinigten Königreich nennt, an denen Übersinnliches sein Unwesen treibt. Autor John Brooks führt, aufgeteilt in zehn Regionen, seine Leser von Südwest-England bis zu den Highlands im Norden. In kurzen Abschnitten werden Ort und Geschichte all jener Geister und unheimlichen Wesen geschildert, durchaus in sachlicher, zuweilen auch britisch-humoresker Art.“ *Die Welt*

„Das hat uns noch gefehlt, aber nun schließt der Eulen Verlag die Lücke und legt uns einen Geisterführer vor, von London nach Schottland und Wales. Die Verläßlichkeit der Erscheinungen konnten wir noch nicht prüfen, das Lesevergnügen ist garantiert.“ *Süddeutsche Zeitung*

Eulen Verlag